ESSAIS
DE MORALE
ET
DE CRITIQUE

DU MÊME AUTEUR

ÉTUDES D'HISTOIRE RELIGIEUSE
Quatrième édition. — Un volume in-8°.

DE L'ORIGINE DU LANGAGE
Troisième édition. — Un volume in-8°.

LE LIVRE DE JOB
Traduit de l'hébreu,
Avec une Étude sur l'âge et le caractère du Poëme. — Un vol. in-8°.

HISTOIRE ET SYSTÈME COMPARÉ DES LANGUES SÉMITIQUES
Tome 1er. Deuxième édition. — Un vol. gr. in-8°.

AVERROES ET L'AVERROISME
Essai historique. — Un beau volume in-8°.

Pour paraître prochainement:

LE CANTIQUE DES CANTIQUES
Traduit de l'hébreu
Et ramené à son plan primitif. — Un vol. in-8°.

PARIS. — IMPRIMERIE J. CLAYE, RUE SAINT-BENOIT, 7

ESSAIS
DE MORALE
ET
DE CRITIQUE

PAR

ERNEST RENAN
MEMBRE DE L'INSTITUT

PARIS
MICHEL LÉVY FRÈRES, LIBRAIRES-ÉDITEURS
RUE VIVIENNE, 2 BIS
1859
—

Reproduction et traduction réservées

PRÉFACE

Les morceaux réunis en ce volume n'ont, par le fond du sujet, aucune liaison nécessaire. Ils n'ont de commun que l'inspiration qui les a dictés et le sentiment qui en fait l'âme. Tous se résument en une pensée que je mets fort au-dessus des opinions et des hypothèses, c'est que la morale est la chose sérieuse et vraie par excellence, et qu'elle suffit pour donner à la vie un sens et un but. Des voiles impénétrables nous dérobent le secret de ce monde étrange dont la réalité à la fois s'impose à nous et nous accable; la philosophie et la science poursuivront à jamais, sans jamais l'atteindre, la formule de ce Protée qu'aucune raison ne limite, qu'aucun langage n'exprime. Mais il est une base indubitable que nul scepticisme n'ébranlera et où l'homme trouvera jusqu'à la fin des jours le point fixe de ses incertitudes : le bien, c'est le bien ; le mal, c'est le mal. Pour haïr l'un et pour aimer l'autre, aucun système n'est nécessaire, et c'est en ce sens que la foi et l'amour, en apparence sans lien avec l'intelligence, sont le vrai fondement de la certitude morale et l'unique moyen qu'a l'homme de comprendre quelque chose au problème de son origine et de sa destinée.

Le beau privilége qu'a la morale de réunir en un même sentiment tous les esprits honnêtes, quelque divisés qu'ils soient d'ailleurs sur les choses divines et humaines, est ce qui m'a engagé à composer ce volume de pièces aussi éloignées que possible de toute discussion. J'ai voulu qu'il protestât contre une pensée étroite que les personnes qui ne me connaissent pas m'ont souvent prêtée. Loin que j'aie jamais songé à diminuer en ce monde la somme de religion qui y reste encore, mon but, en tous mes écrits, a été bien au contraire d'épurer et de ranimer un sentiment qui n'a quelque chance de conserver son empire qu'en prenant un nouveau degré de raffinement. La religion, de nos jours, ne peut plus se séparer de la délicatesse de l'âme et de la culture de l'esprit. J'ai cru la servir en essayant de la transporter dans la région de l'inattaquable, au delà des dogmes particuliers et des croyances surnaturelles. Si celles-ci viennent à crouler, il ne faut pas que la religion croule, et un jour viendra peut-être où ceux qui me reprochent comme un crime cette distinction entre le fond impérissable de la religion et ses formes passagères seront heureux de chercher un refuge contre des attaques brutales derrière l'abri qu'ils ont dédaigné. Je veux certes la liberté de la pensée ; car le vrai a ses droits comme le bien, et on ne gagne rien à ces timides mensonges qui ne trompent personne et n'aboutissent qu'à l'hypocrisie. Dans les études historiques, en particulier, que j'envisage comme fournissant la vraie base de la science de l'humanité, il est clair qu'une grande indépendance de la théologie est nécessaire, puisque l'esprit de la théologie est justement l'inverse de celui de la vraie critique, et que l'histoire, en subissant le joug d'un dogme religieux, se condamne ou à une partialité avouée, ou à l'empirisme vulgaire qui, sous les faits matériels, ne sait pas saisir un esprit. Mais, je l'avoue, la science même et la critique sont à mes yeux des choses secondaires auprès de la nécessité de conserver la tradition du bien. Je ne me retirerais point satisfait de la vie, si mon action s'était bornée à soutenir un ordre d'études ou un système particulier; je suis, en effet, plus convaincu que jamais que la vie morale a un but supérieur et qu'elle correspond à un *objet*. Si la fin de la vie n'était que le bonheur, il n'y aurait aucun motif pour distinguer la destinée de l'homme de celle des êtres inférieurs. Mais il n'en est point ainsi : la *morale* n'est pas synonyme de l'*art d'être heureux*. Or, dès que le sacrifice devient un devoir et un besoin pour l'homme, je ne vois plus de limite à l'horizon qui s'ouvre devant moi. Comme les parfums des îles de la mer Érythrée, qui voguaient sur la surface des mers et allaient au-devant des vaisseaux, cet instinct divin m'est un augure d'une terre inconnue et un messager de l'infini.

La merveilleuse efficacité du devoir pour édifier et pacifier les âmes est l'explication d'un phénomène assez ordinaire dans l'histoire de la philosophie, je veux dire de l'apparente contradiction que nous offrent tant de nobles esprits qui n'ont cru qu'à la vertu. Lorsque l'Aristote des temps modernes, Kant, porta la critique à la racine même de l'intelligence humaine, résolu de ne s'arrêter que devant l'indubitable, il ne trouva rien de bien clair que le devoir. En face de cette révélation souveraine, le doute ne lui fut plus possible. Sur l'unique base de la conscience morale, l'inflexible critique reconstruisit tout ce qu'il avait renversé d'abord : Dieu, la religion, la liberté, que la raison ne lui avait donnés qu'enveloppés de contradictions, lui apparurent en dehors du champ de la controverse, dans une douce et pure lumière, assis non sur des syllogismes, mais sur les besoins les plus invincibles de la nature humaine, et à l'abri de toute discussion. La belle et hardie volte-face du penseur allemand est l'histoire de tous ceux qui ont parcouru avec quelque énergie le cercle de la pensée. Objet d'éternelle dispute pour la dialectique, d'évidente intuition pour le sentiment moral, la religion n'est ainsi le partage que de ceux qui en sont dignes et qui en trouvent la démonstration dans la voix docilement écoutée de leur cœur.

Je sais que cette foi aux vérités supérieures, dégagée des symboles dont les religions l'ont revêtue, ne contentera jamais la majorité des hommes, habituée à porter dans les choses infinies la grossière précision que réclame la pratique de la vie, et incapable de se dégager, même dans les questions morales, de toute vue intéressée. L'humanité a l'esprit étroit; ses jugements sont toujours partiels le nombre d'hommes capables de saisir finement les vraies analogies des choses est imperceptible. Comme, d'un côté, il est essentiel que tous croient au devoir, et que, d'un autre côté, il est impossible que tous aient la vue épurée de ce qui fonde le devoir, le penseur honnête éprouve d'abord une sorte de crainte en portant l'analyse sur les jugements étroits qui sont, pour la plupart de ses semblables, la raison de bien faire. La main tremble quand elle se porte pour la première fois sur les frêles appuis de cette pauvre ruine branlante qu'on appelle la moralité humaine; on trouve que c'est merveille qu'elle ait pu résister à tant de causes d'abaissement et de décrépitude, et on hésite à conspirer en apparence avec ceux qui travaillent à détruire le fruit de tant de dévouements, de tant de larmes et de tant de sang.

Ces scrupules qui se sont fréquemment élevés en mon âme, quand j'ai vu le scandale que bien des personnes pleines de droiture ont souffert de mes libertés spéculatives, il m'a fallu de sérieuses réflexions pour les faire taire. J'ai dû me prouver à moi-même que je faisais une chose bonne et utile en pensant librement et en disant librement ce que je pense, et je n'y ai réussi que quand j'ai vu avec évidence combien l'idée que la piété se fait du monde est incomplète et défectueuse. En envisageant la critique et le libre développement de l'esprit comme des forces ennemies, les personnes préoccupées d'une manière un peu superficielle du bonheur de l'espèce humaine ne s'aperçoivent pas qu'elles vont directement contre le but qu'elles veulent atteindre. L'extinction de l'esprit critique, en effet, amène nécessairement le béotisme ou la frivolité, qui marquent la fin de toute moralité sérieuse, et amènent plus de maux pour une nation que le libre examen avec ses conséquences légitimes ou supposées. Il ne semble pas que les pays où l'on a réussi à étouffer complétement la pensée (l'Espagne, les pays musulmans, par exemple) et ceux où on l'a rendue insignifiante, comme l'Italie du dix-huitième siècle, soient devenus beaucoup plus moraux. Tout ce qui élève l'homme et le ramène au soin de son âme l'améliore et l'épure; la qualité des doctrines importe assez peu. Les lecteurs capables de trouver du goût à un écrit sont capables aussi d'en découvrir le venin, s'il y en a. Quant à ceux qui s'en scandalisent, leur scandale même est un sentiment délicat et touchant, qu'ils ne doivent point regretter. On peut même dire qu'ils devraient savoir gré à celui qui provoque chez eux un tel acte de foi, et leur fournit l'occasion de s'envisager comme privilégiés d'une manière spéciale pour la possession de la vérité.

J'ai cru ces observations nécessaires afin d'expliquer pourquoi je me suis interdit de répondre ici à des critiques qui ont été adressées à mes précédentes études. Ce n'est point là l'effet du dédain ; c'est la conséquence de cette idée, fort arrêtée chez moi, que chacun se fait une foi selon sa mesure. Défendre un dogme, c'est prouver qu'on y tient et par conséquent qu'on en a besoin. La vivacité de ces attaques m'a même parfois inspiré de l'estime pour ceux qui en étaient les auteurs, et j'ai songé avec plaisir qu'elles détourneraient de me lire ceux pour qui une telle lecture serait en effet mauvaise. J'aurais parfois désiré qu'elles fussent écrites d'un style meilleur, et qu'on y eût évité certains malentendus. Mais la religion fait assez de bien dans le monde pour qu'on puisse lui passer quelques idées étroites et un peu de mauvais style. Les religions sont nécessairement amenées à calomnier ceux qu'elles regardent (à tort presque toujours) comme leurs adversaires. En effet, se posant comme évidentes, elles sont obligées de soutenir que la perversité du cœur ou de l'esprit peut seule porter à se mettre en opposition avec elles. Le critique, qui s'est fait une idée juste de ce qu'est l'opinion, en prend facilement son parti. Habitué à démêler l'éternel contre-sens qui fait le fond de l'histoire, il sait que la biographie de tous ceux qui se sont écartés des idées religieuses admises de leur temps est tracée d'avance. Sa propre estime et celle d'un petit nombre lui suffisent. Ne l'oublions pas : le tort que l'Église est obligée de nous faire n'équivaut pas à l'éducation morale que nous lui devons, et au service qu'elle nous rend en maintenant dans l'humanité un peu du sentiment des choses divines, sentiment sans lequel le monde, au point de vue moral, ne serait qu'un désert.

Écrits durant l'intervalle des huit dernières années, les morceaux recueillis en ce volume ont pu être reproduits sans modifications considérables. Un seul d'entre eux est antérieur à l'époque où j'arrêtai ma manière d'écrire, et où mes vues sur l'histoire moderne se fixèrent. C'est l'article sur Tosti. Je n'ai pas cru devoir le supprimer, parce qu'il présente avec une certaine vivacité un côté de la question italienne, question qui est spécialement étudiée en ce volume. Au moment où l'article dont je parle fut écrit (commencement de 1851), j'avais encore sur la Révolution et sur la forme de société qui en est sortie les préjugés ordinaires en France, et que de rudes leçons devaient seules ébranler. Je croyais la Révolution synonyme de libéralisme, et, comme ce dernier mot représente assez bien pour moi la formule du plus haut développement de l'humanité, le fait qui, selon une trompeuse philosophie de l'histoire, en signale l'avénement m'apparaissait en quelque sorte comme sacré. Je ne voyais pas encore le virus caché dans le système social créé par l'esprit français; je n'avais point aperçu comment, avec sa violence, son code fondé sur une conception toute matérialiste de la propriété, son dédain des droits personnels, sa façon de ne tenir compte que de l'individu, et de ne voir dans l'individu qu'un être viager et sans liens moraux, la Révolution renfermait un germe de ruine qui devait fort promptement amener le règne de la médiocrité et de la faiblesse, l'extinction de toute grande initiative, un bien-être apparent, mais dont les conditions se détruisent elles-mêmes. Certes, s'il était démontré que dans deux cents ans les hommes éclairés envisageront l'année 1789 comme ayant fondé définitivement dans le monde la liberté politique, religieuse et civile, comme ayant inauguré une phase de développement plus élevé pour l'esprit humain, des idées religieuses plus épurées, une ère meilleure, plus noble, plus lumineuse, il n'est pas d'esprit amoureux du beau et du bien qui ne dût prendre 1789 pour point de départ de sa foi et de ses espérances. Mais si les principes de 1789 signifient ce qu'on leur fait trop souvent signifier, s'ils renferment comme conséquence l'abaissement des choses de l'esprit et de la culture libérale, s'ils doivent amener le despotisme des intérêts matériels, et, sous prétexte d'égalité, la dépression de tous, au risque de provoquer les anathèmes d'un libéralisme peu éclairé, il faut, en rendant hommage aux sentiments qui animèrent les auteurs de ce mouvement extraordinaire, faire ce qu'ils feraient eux-mêmes, renier des conséquences qu'ils n'avaient ni voulues ni aperçues. Ce qui importe par-dessus tout, c'est que l'attachement fanatique aux souvenirs d'une époque ne soient point un embarras dans l'œuvre essentielle de notre temps, la fondation de la liberté par la régénération de la conscience individuelle. Si 89 est un obstacle pour cela, renonçons à 89. Rien n'est plus fatal à une nation que ce fétichisme qui lui fait placer son amour-propre dans la défense de certains mots, avec lesquels on peut la mener, pourvu qu'on s'en couvre, aux derniers confins de la servitude et de l'abaissement.

Je sais qu'à plusieurs de telles craintes pour l'avenir paraîtront un anachronisme, et qu'on y verra un effet de cette mélancolie que certaines personnes, indulgentes pour le présent comme le présent l'est pour elles, m'ont, dit-on, reprochée. Mais chacun a son caractère; bien que parfois je sois tenté d'envier le don de ces natures heureuses, toujours et facilement satisfaites, j'avoue qu'à la réflexion, je me trouve fier de mon pessimisme, et que, si je le sentais s'amollir, le siècle restant le même, je rechercherais avidement quelle fibre s'est relâchée en mon cœur. Un jour peut-être une telle rigueur s'adoucira, et, si quelque chose pouvait aider à ce changement, ce serait sans doute que les personnes dont l'optimisme ne me paraît pas justifié, sans devenir mélancoliques (ce qui n'est guère, je crois, dans leur caractère), arrivassent à comprendre que ce qui fait la joie des uns peut ne pas faire le bonheur de tous.

L'article sur l'Exposition donna lieu, lors de sa publication, à des objections fort diverses, dont quelques-unes me firent réfléchir et d'autres me touchèrent. A cette proposition que je crois incontestable : «Les progrès du grand art et de l'industrie sont loin d'être parallèles,» on opposa l'histoire; on fit appel à la Grèce antique, à l'Italie de la Renaissance, à la France du dix-septième siècle. La vérité est, ce me semble, que la Grèce, l'Italie et la France, aux trois époques précitées, possédèrent le degré d'habileté dans les arts mécaniques sans lequel il n'y a pas de société cultivée ; mais qu'elles n'offraient rien d'analogue à l'espèce d'idolâtrie matérialiste qui, de notre temps, a séduit les meilleurs esprits. La Grèce ne fut jamais ce qu'on peut appeler un État industriel; elle, qui ouvrit des concours pour l'art, la poésie, la force, l'adresse, et même pour la beauté, n'en ouvrit jamais pour l'industrie. Heeren et M. Bœckh ont très-bien montré que l'activité grecque aux belles époques était tournée tout entière vers la vie publique [1]. Il faut en dire autant de l'Italie du quinzième et du seizième siècle : l'esprit industriel, tel qu'il s'est montré depuis trente ou quarante ans, était alors inconnu. Colbert, en favorisant l'industrie, comme il le devait, la laissa au quatrième ou cinquième rang dans l'État.

Certes, les améliorations matérielles, surtout quand elles tournent au profit des classes populaires, ne sauraient être indifférentes. Une cer-

---

[1] Voir Heeren, *De la politique et du commerce des peuples de l'antiquité*, trad. française, t. VII, p. 229 et suivantes. — Bœckh, *Die Staatshaushaltung der Athener* (2ᵉ édit., Berlin, 1851), t. Iᵉʳ, p. 789 et suivantes.

taine mesure de facilité à se procurer les commodités de la vie est la condition évidente d'une civilisation complète. Personne n'a jamais élevé de doute sur ces points. L'erreur de l'école qui préfère les progrès de l'industrie aux chimériques grandeurs du passé, achetées si souvent au prix de l'abnégation, des sacrifices et du dévouement, est de supposer une valeur absolue, qui les rende par eux-mêmes désirables, à une foule d'objets qui ne valent que par ce qu'ils signifient. Quelle consolation, en effet, nous offre-t-on pour la perte de la poésie, de la liberté, de tant de belles et bonnes choses dont l'industrie croit pouvoir sevrer l'humanité? Une seule : le bien-être. Je n'examinerai pas si ce bien-être est aussi réel qu'apparent, si la vie populaire, et en général une vie modeste et indépendante, sont à l'heure présente plus faciles qu'elles ne l'étaient autrefois. Admettons que les classes inférieures se procurent aujourd'hui à bas prix beaucoup d'objets d'une utilité secondaire qui leur étaient autrefois interdits; peut-on dire qu'il en résulte pour elles des avantages matériels et moraux, suffisants pour compenser l'action corruptrice de tant de désirs que l'industrie a éveillés et qu'elle est impuissante à satisfaire? On regarde comme une conquête de la civilisation que la villageoise puisse se parer des objets que les duchesses seules portaient autrefois. Mais on ne songe pas que la villageoise, en prenant une partie du costume de la duchesse, n'a pas pris sa manière de le porter; qu'elle n'a fait par conséquent qu'échanger son costume naturel contre un costume bâtard et sans caractère. Mieux valait la bure; elle couvrait moins de cupidité et n'était pas sans bonne grâce.

La thèse soutenue dans l'article précité était tout esthétique. Le but de l'industrie n'est ni la morale, ni la culture intellectuelle. Qu'elle se contente de son rôle modeste; qu'elle n'aspire pas à franchir les limites de ses profitables labeurs, et nul n'aura de reproches à lui faire. L'industrie a de quoi se passer de poésie; il faut laisser cette consolation aux pauvres. Une campagne occupée par des genêts et de la bruyère est plus pittoresque qu'un champ cultivé, et, s'il s'agit de choisir un paysage, le peintre s'adressera plutôt aux grèves de la Bretagne ou au sublime désert de la campagne de Rome qu'aux plaines de la Beauce ou aux riches vallées de la Normandie. Quoi de plus vulgaire qu'un grand chemin? quoi de plus charmant qu'un sentier?... Mais qu'ai-je dit et de quel blasphème ne va-t-on pas m'accuser? Je me vois déjà signalé dans quelque traité d'économie politique à l'indignation des hommes sensés comme ayant soutenu qu'il faudrait, pour l'amour du pittoresque, laisser les terres en friche et supprimer toutes les routes carrossables.

Un autre démenti me fut adressé. En remarquant que l'Exposition n'avait pas produit une strophe digne de mémoire, je faisais d'avance réparation aux poëtes inconnus dont les œuvres pouvaient n'être pas arrivées jusqu'à moi. La muse de l'Exposition prit un moyen décisif pour me démontrer qu'elle existait; elle vint me trouver, et j'ai sous les yeux une vraie épopée et plusieurs odes qui réclament contre mon exclusion. Je l'avouerai : ces poëmes, en général fort peu académiques, tracés pour la plupart par des mains laborieuses et illettrées, m'ont touché. Je les ai ouverts trop souvent avec dédain, et presque jamais je ne les ai achevés sans être ému. La forme, à très-peu d'exceptions près, en est défectueuse, et cela malheureusement par prétention et par faux goût, bien plutôt que par rudesse. Mais quelques-uns de ces essais respirent tant d'honnêteté, de sympathie, de bonne volonté pour comprendre les choses élevées; on y trouve tant de cœur et un patriotisme si respectable dans sa naïveté, que moi, qui étais décidé

à en rire, j'ai presque fini par m'y plaire et par
oublier que pour soutenir ma thèse j'étais obligé
de les trouver mauvais. Jamais je n'accueillerai par
la raillerie quelque chose d'honnête. Autant il est
essentiel que dans le vaste champ de la publicité
l'esprit critique ait sa place et son entière liberté,
autant il faut se garder de détruire les illusions et
même un certain mauvais goût, partout où les illusions et le mauvais goût sont nécessaires. L'effort maladroit pour arriver à la lumière, le bé-
gayement informe d'un sentiment bon et pur, sont
des choses sacrées qu'il serait cruel d'accueillir par
le sourire. La gaucherie même de ce premier essai
d'une conscience qui se forme n'est pas sans charme,
et, si cette gaucherie voulait être un peu moins
prétentieuse, un peu moins attentive à imiter les
délicatesses mondaines, je finirais bien par trouver
une théorie d'esthétique pour la réhabiliter. Oui, si
l'on veut, l'Exposition a eu sa poésie dans certains
esprits bienveillants, accoutumés à prendre pour des
réalités leurs rêves de progrès. Tous les raffinements
du monde ne valent pas un bon sentiment, même
mal exprimé, et je serais inconsolable d'avoir
scandalisé le naïf enthousiasme de ces simples de
cœur dont la foi nous sauve. Il faut des éléments
très-divers pour le développement complet de l'es-

prit d'une nation ; la foi seule n'y suffit pas, et la critique seule y suffirait encore moins.

Le travail sur la poésie des races celtiques présente un caractère un peu différent de celui des autres articles recueillis en ce volume. Je l'y ai joint cependant ; car en un sens il les explique, et d'ailleurs il a eu pour moi, quand je l'ai écrit, une valeur esthétique et morale bien plutôt qu'un but d'érudition. Nous autres Bretons, ceux surtout d'entre nous qui tiennent de près à la terre et ne sont éloignés de la vie cachée en la nature que d'une ou deux générations, nous croyons que l'homme doit plus à son sang qu'à lui-même, et notre premier culte est pour nos pères. J'ai voulu une fois dans ma vie dire ce que je pense d'une race que je crois bonne, quoique je la sache capable, quand on exploite sa droiture, de commettre bien des naïvetés. Les vieux souvenirs de cette race sont pour moi plus qu'un curieux sujet d'étude ; c'est la région où mon imagination s'est toujours plu à errer, et où j'aime à me réfugier comme dans une idéale patrie.....

O pères de la tribu obscure au foyer de laquelle je puisai la foi à l'invisible, humble clan de laboureurs et de marins, à qui je dois d'avoir conservé la vigueur de mon âme en un pays éteint, en un siècle sans espérance, vous errâtes sans doute sur ces mers enchantées où notre père Brandan chercha la terre de promission ; vous contemplâtes les vertes îles dont les herbes se baignaient dans les flots ; vous parcourûtes avec saint Patrice les cercles de ce monde que nos yeux ne savent plus voir. Quelquefois je regrette que votre barque, en quittant l'Irlande ou la Cambrie, n'ait point obéi à d'autres vents. Je les vois dans mes rêves, ces cités pacifiques de Clonfert et de Lismore, où j'aurais dû vivre, pauvre Irlande, nourri du son de tes cloches, au récit de tes mystérieuses odyssées. Inutiles tous deux en ce monde, qui ne comprend que ce qui le dompte ou le sert, fuyons ensemble vers l'Éden splendide des joies de l'âme, celui-là même que nos saints virent dans leurs songes. Consolons-nous par nos chimères, par notre noblesse, par notre dédain. Qui sait si nos rêves, à nous, ne sont pas plus vrais que la réalité ? Dieu m'est témoin, vieux pères, que ma seule joie, c'est que parfois je songe que je suis votre conscience, et que par moi vous arrivez à la vie et à la voix.

28 avril 1859.

ESSAIS

DE

MORALE ET DE CRITIQUE

M. DE SACY

ET L'ÉCOLE LIBÉRALE

L'honnêteté est la véritable aristocratie de nos jours; celle-là n'a pas besoin d'être protégée, car, bien qu'on essaye aussi de la feindre, on ne réussit jamais à l'usurper. La noblesse finit toujours par s'attacher aux qualités qui à certaines époques décisives ont fait le salut de l'humanité. La classe privilégiée issue de la féodalité, qui jusqu'à la Révolution de 1789 a représenté en France l'établissement germanique, recueillait, à plus de mille ans d'intervalle, le bénéfice de la grande révolution qui substitua la barbarie apparente, mais en réalité l'indépendance individuelle et locale, au despotisme administratif de l'empire romain. Je me figure souvent que la noblesse de l'avenir sera de même composée de ceux qui, sous une forme ou sous une autre, auront résisté aux tendances mauvaises de notre temps, je veux dire à cet abaissement général des caractères qui, détachant l'homme de ce qui fixe la conscience politique, fait tout accepter, — à ce matérialisme vulgaire sous l'influence duquel le monde deviendrait comme un vaste champ d'épis dont un coup de vent fait fléchir à la fois toutes les têtes : état fatal qui, selon moi, peut conduire la société non point à sa ruine (ce mot ne saurait être prononcé quand il s'agit de l'espèce humaine dans son ensemble), mais à une violente réaction des forces individuelles contre une paresse avilissante et une inertie résignée.

Un fait considérable, que l'on peut regarder dès à présent comme un des résultats les plus importants de la première moitié de notre siècle, c'est que la résistance morale dont je viens de parler s'est surtout rencontrée parmi les hommes voués aux travaux de l'esprit. Les anciennes classes sociales y ont contribué pour leur part; mais aucune en particulier ne peut revendiquer l'honneur d'une protestation plus spécialement efficace. La révolution a tellement brisé dans notre pays toute agrégation et toute solidarité, qu'il n'en pouvait être autrement, et d'ailleurs ce n'est pas seulement de nos jours que l'action administrative du gouvernement a trouvé chez nous plus de résistance dans les individus que dans les différents ordres de l'État. Les gens d'esprit sont la vraie noblesse de notre histoire. La chevalerie française ne connut, au moins depuis l'avénement des Valois, que les qualités faciles de bravoure, de frivolité, d'élégance, qui devaient lui faire jouer dans le monde un rôle si brillant. Elle manqua trop souvent de sérieux et de moralité; elle oublia la fonction essentielle d'une aristocratie, la défense de ses droits, qui étaient à beaucoup d'égards ceux de tous, contre la royauté. Depuis le dix-septième siècle en particulier, tous les devoirs de la noblesse se résumèrent en un seul, servir le roi. C'était fort bien sans doute ; mais ce n'était pas tout. L'autre obligation de la noblesse, qui consiste à représenter les priviléges des individus, à limiter le pouvoir, à préserver les temps modernes de cette notion exagérée de l'État qui fit la ruine des sociétés antiques, la noblesse française y manqua. Elle ne comprit ses priviléges que comme une supériorité sur la bourgeoisie ; sa prérogative fut pour elle un principe de dédain et non de vraie fierté, un motif de servilité et d'impertinence bien plutôt qu'un devoir à remplir. De là cet esprit à la fois léger et lourdement conservateur, frivole et routinier, qui a formé le caractère de la noblesse française ; de là ce vice intérieur qui l'empêcha d'être le principe d'un gouvernement libre, et qui fit que, le jour où ce gouvernement s'établit sans elle, elle devint l'adversaire le plus décidé du régime dont elle aurait dû être la fondatrice et le soutien.

Où donc a été la résistance qui tant de fois dans notre histoire, malgré l'absence d'institutions régulières, a limité le pouvoir ? Où le roi de France a-t-il trouvé la seule force qui l'ait obligé de compter avec l'opinion ? Parmi les gens d'esprit. On pourrait montrer pendant presque tout le moyen âge le clerc, et, si j'ose le dire, le publiciste, conduisant la main de la royauté, alors même que celle-ci paraissait le plus rebelle à de telles inspirations. La seule époque de tyrannie proprement dite que la France ait traversée ne put se produire qu'après la suppression préalable des gens d'esprit. La Terreur, en décapitant la France, fut la vraie cause de l'abaissement inouï des caractères qui signale les dernières années du dix-huitième siècle et les premières du dix-neuvième. Certes, si les générations de 89 et de 92 n'eussent point été décimées par la hache ou faussées par l'exil, si tant de représentants éminents du dix-huitième siècle, qui, selon les lois ordinaires, auraient dû continuer leur existence dans le dix-neuvième et présider à l'inauguration de la nouvelle société, eussent survécu à la révolution, ce qui a suivi n'eût point été possible. Nulle comparaison ne doit être établie à cet égard entre les années que nous traversons et les premières de notre siècle. La société qui sortit immédiatement de la révolution fut servile parce que toute aristocratie intellectuelle avait disparu, parce que l'exercice le plus sérieux de la pensée se réduisait alors à des traductions d'Horace et à des vers latins. Tel n'est pas l'état de notre temps. L'esprit a survécu à son apparente défaite : les moyens de s'en passer n'ont point été découverts, et il ne semble pas que, malgré de pompeuses promesses, nul ait encore trouvé le secret de plaire sans talent ou d'attacher sans cœur.

Au milieu de cette plaine uniforme que l'égalité a créée autour de nous, une seule forteresse est ainsi restée debout, celle de l'esprit. On reproche souvent à la littérature le penchant qui l'entraîne vers les régions de la politique, et l'on a bien raison, si l'on entend par la politique les agitations frivoles d'une vulgaire ambition. L'homme supérieur appliquant ses facultés à un chétif maniement d'affaires ou à des détails d'administration commet en réalité un sacrilège et une maladresse : la pratique de la vie exige de tout autres qualités que la spéculation ; les hautes aspirations et les vues profondes sont de peu d'usage dans un ordre de choses où ce qui est humble et terre à terre a mille fois plus de chances de réussir que ce qui est grandement conçu et senti. Mais que la littérature doive se borner à un jeu d'esprit sans application aux questions sociales qui s'agitent de notre temps, c'est là une conception mesquine, qui dégrade du même coup la politique et la littérature, et dont l'effet serait de nous ramener aux grammairiens de l'antiquité. Si la littérature est sérieuse, elle implique un système sur les choses divines et humaines ; la politique, de son côté, suppose un parti pris sur le but des sociétés, et par conséquent une philosophie. La littérature et la science ne peuvent donc plus être une chose inoffensive, gouvernée administrativement, comme les spectacles ou les divertissements du public. Les œuvres vraiment belles ne se commandent pas ; l'homme capable de penser par lui-même n'acceptera jamais un joug qui suppose comme première condition chez ceux qui le portent la médiocrité, et la tentative d'une littérature officielle échouera toujours devant la double impossibilité de donner de l'originalité à ceux qui n'en ont pas et de discipliner ceux qui en ont.

I

« J'en fais l'aveu sincère, dit M. de Sacy en tête de l'intéressant recueil qui me suggère ces réflexions[1], je n'ai pas changé. Que ce soit un mérite ou un tort, je suis resté le même. Bien loin de m'avoir ébranlé dans mes convictions, la réflexion, l'âge et l'expérience m'y ont affermi. Je suis libéral comme je l'étais il y a trente ans. Je crois au droit et à la justice comme j'y croyais dans ma plus naïve jeunesse. Ce principe de liberté, que le temps et les circonstances ont ajourné dans la politique, je suis heureux de le reprendre dans les lettres, dans la philosophie, dans tout ce qui est du domaine de la conscience et de la pensée pure. C'est ce que nous essayons de faire au *Journal des Débats*. Avec des nuances de goût et d'opinion différentes, c'est l'esprit qui nous rallie tous ; c'est aussi celui, j'en ai l'espoir, qu'on retrouvera à chaque ligne dans les articles de critique et de littérature qui forment ces deux volumes. »

C'est en effet la gloire de l'école libérale, et la meil-

[1] *Variétés littéraires, morales et historiques*, par M. de Sacy, de l'Académie française ; 2 vol. Paris, 1858.

leure réponse qu'elle puisse faire à d'injustes dénigrements, que de s'être retrouvée, au lendemain de la catastrophe qui semblait lui donner tort, ce qu'elle était quand la direction du monde lui appartenait. Je dirai bientôt avec quelles réserves on doit admettre, selon moi, les principes de cette école; mais il est un éloge qu'on ne peut lui refuser : celui d'une conviction sérieuse, ne se laissant point rebuter par les contretemps, supérieure au succès, persistant à espérer contre toute espérance. On n'examinera pas si la résistance qu'elle a opposée aux faiblesses contemporaines eût pu être, je ne dis pas plus sincère, mais plus efficace. Peut-être, déshabituée qu'elle était de compter avec d'autres entraves que celles de sa conscience, n'a-t-elle pas toujours usé, comme l'affirmait M. Guizot dans une circonstance solennelle, de toute la liberté qu'elle avait. L'État n'ayant jamais intérêt à pousser les choses à l'extrême, l'individu a contre lui bien des avantages, quand il est à la fois prudent et résolu à ne pas céder ; mais il est tout simple que les hommes modérés, envisageant la liberté comme un droit de ceux qui en sont dignes, et non comme un privilége des audacieux, soient plus embarrassés que d'autres le jour où ils sont obligés d'être leurs propres censeurs. Cette contrainte d'ailleurs a d'excellents résultats littéraires : il semble que l'ennoblissement du publiciste ait daté

du moment où il ne lui a été possible de tout dire qu'à
la condition de le bien dire. A peine consentait-on autrefois à accorder une place en littérature à l'homme
voué au rude labeur d'écrire pour un jour : or voici
que l'Académie française, douée d'un tact si délicat
pour discerner et suivre chaque mouvement de l'opinion, vient d'admettre dans son sein un homme qui n'a
écrit que des articles de journaux, et qui déclare nettement qu'il n'écrira jamais autre chose. On se figurait
que les rapides improvisations de la presse quotidienne
ne pouvaient avoir la solidité des œuvres étudiées ; on
croyait que notre vieille langue académique n'est pas
celle qui convient à l'éloquence affairée d'un siècle
positif : or voici un livre composé d'articles de journaux, et ce livre, quelque jugement que l'on porte sur
le fond des idées, est peut-être celui de nos jours qui
rappelle le mieux la langue du siècle auquel on a dé-
cerné le titre de classique. L'occasion éphémère produit souvent des écrits qui ne le sont pas : Bossuet,
Bayle, Voltaire, composèrent à peine un ouvrage sans
y être provoqués par un fait contemporain ; les plus
beaux livres de l'antiquité furent en leur temps des
écrits de circonstance. Je dirai plus : on n'est complétement à l'abri de toute déclamation que quand une
nécessité vous force ainsi à parler ou à écrire, et qu'on
peut se rendre ce témoignage que ce n'est point par

choix qu'on s'ingère à occuper le public de soi et de sa pensée.

Des deux sortes d'esprits entre lesquels se partage le monde, les uns formant leur opinion par la vue spéciale et analytique de chaque objet, les autres par une sorte de raison générale et de foi en la droiture de leur instinct, la seconde est bien décidément celle à laquelle appartient M. de Sacy. Ce n'est ni un historien, ni un philosophe, ni un théologien, ni un critique, ni un politique : c'est un honnête homme ne demandant qu'à son sens droit et sûr des opinions sur toutes les questions que d'autres cherchent à résoudre par la science et la philosophie. L'historien réclamera contre ses jugements, le poëte réclamera, le philosophe réclamera, et souvent avec raison ; mais le bon sens général a aussi ses droits, à la condition qu'il ne soit pas intolérant et n'essaye point d'être une limite à la grande originalité. Tel il se montre chez M. de Sacy : les partis pris de cet écrivain si attachant ne sont pas ceux d'un esprit étroit, refusant d'admettre ce qui dérange ses habitudes, et fermé à tout ce qu'il ne comprend pas ; ce sont, si j'ose le dire, les pactes qu'un cœur honnête conclut avec lui-même pour ne pas regarder ce qui ne peut contribuer à le rendre meilleur. L'esprit vraiment étroit ne s'aperçoit pas de sa petitesse ; il croit le monde borné à l'horizon qu'il embrasse, et c'est par là qu'il nous irrite, comme tout ce qui est prétentieux et vain ; mais ici c'est une limite sentie et voulue, ce sont des préjugés ayant conscience d'eux-mêmes et ne cherchant point à s'imposer aux autres. Ces préjugés-là, ne venant ni de paresse ni de contrainte, sont la condition d'une foule d'excellentes qualités nécessaires au bien du monde. La force d'une société ne s'obtient qu'au prix d'un certain nombre de principes acceptés de confiance, et sur lesquels on n'attend pas la démonstration de la raison pour être fixé.

Avant d'examiner ce qu'une telle nature d'esprit peut produire, quand on l'applique aux genres de travaux intellectuels dont l'essence consiste précisément à tenir à la fois beaucoup de choses sous son regard, et à embrasser des mondes divers, dans une large et vive sympathie, il faut la voir appliquée à son élément naturel, qui est la morale. J'aurai peut-être quelques restrictions à proposer aux jugements de M. de Sacy critique littéraire, et de M. de Sacy historien ; je ne puis qu'applaudir sans réserve aux opinions de M. de Sacy moraliste. Ce n'est ni l'étendue, ni la pénétration, ni la curiosité de l'esprit qui font l'honnête homme : l'obstination systématique, si nuisible dans toutes les branches de la spéculation pure, est au contraire la condition même de la sagesse pratique et son fondement le plus assuré.

Une qualité charmante, que j'appellerai le goût du vieux en toute chose, donne aux écrits de morale de M. de Sacy une suavité qu'on a rarement égalée, et renferme le secret de ce ton exquis, mêlé de finesse et de bonhomie, qui répand sur tout son livre un si délicieux parfum de vétusté. Par là, l'auteur s'élève presque jusqu'à la poésie, bien que ce mot ne soit pas précisément celui qui convienne pour désigner ses dons ordinaires. La poésie et la morale sont en effet deux choses différentes ; mais elles supposent l'une et l'autre que l'homme n'est pas un être d'un jour, sans lien avec l'infini qui le précède, sans responsabilité envers l'infini qui le suit. Je l'avoue, il me serait impossible de résider ou même de voyager avec goût dans un pays où il n'y aurait ni archives ni antiquités. Ce qui fait l'intérêt et la beauté des choses, c'est le cachet de l'homme qui y a passé, aimé, souffert. Une petite ville de l'Ombrie, avec ses murs étrusques, ses ruines romaines, ses tours du moyen âge, ses casins de la Renaissance, ses églises jésuitiques du dix-septième siècle, aura toujours plus de charme que nos villes sans cesse rebâties, où le passé semble resté debout, non par son droit, mais par grâce et comme un décor théâtral. Le badigeon qui enlève la trace du temps, le niveau qui fait disparaître les vieilles assises de la vie humaine, sont les ennemis naturels de toute poésie. L'honnêteté est de même ce qui s'improvise le moins : elle est le fruit des générations. Aucun principe abstrait, ni philosophique ni religieux, n'a le pouvoir de créer un honnête homme. Tel se vante de n'avoir commencé à avoir quelque probité que le jour où il s'est converti. Oh! la grande illusion, et que je me défierais de cet homme-là, si je ne croyais qu'il s'est calomnié par figure de rhétorique et pour le besoin de sa cause! Bien des choses, et des choses excellentes dans l'ordre de l'esprit, sont jeunes dans le monde; mais il n'en est pas ainsi de l'ordre moral : ici rien n'est à inventer ni à découvrir. En morale, le vieux, c'est le vrai ; car le vieux, c'est l'honneur; le vieux, c'est la liberté.

Ce n'est pas du reste sans raison que M. de Sacy aime le passé : il ne l'a connu que par la meilleure de ses traditions. L'illustre Silvestre de Sacy, père de notre publiciste, appartenait à cette société pour laquelle le nom de jansénisme était moins le signe d'une dissidence dogmatique que l'indice d'une profession de gravité et de religion austère. Les plus charmantes pages du livre de M. de Sacy sont, selon moi, celles qu'il a consacrées au souvenir de ce monde vénérable au milieu duquel il a passé sa jeunesse, et dont il est parmi nous le dernier survivant. « Comme ils représentaient bien, dit-il en parlant de deux respectables libraires chers aux bibliophiles [1], comme ils représentaient bien cette vieille bourgeoisie de Paris, enrichie par un honorable commerce, ces familles qui se transmettaient la même profession de père en fils comme une noblesse, avec le magasin souvent noir et enfumé de l'aïeul et l'antique enseigne, armoirie qui en valait bien une autre! Quelle franche et gracieuse bonhomie éclatait dans leur accueil! quel air de candeur et de loyauté parfaite était peint sur leur visage! Le bon vieux temps respirait en eux tout entier. Point de prétention, point de morgue; rien qui sentît dans leurs manières l'humilité du gain ou l'orgueil de la fortune acquise. Ils étaient heureux, autant qu'on peut l'être en ce monde, par la douce et paisible uniformité de leur vie, par une union qui ne s'est pas démentie un seul jour, par le bonheur qu'ils répandaient autour d'eux... Ah! si c'étaient là en effet les bonnes gens d'autrefois, j'avoue qu'autrefois valait mieux qu'aujourd'hui. L'esprit de famille, hélas! serait-il au nombre des vieilleries féodales que nous avons abolies?... Je ne sais si c'est parce que je deviens vieux moi-même, mais il me semble que les hommes que j'ai connus dans ma jeunesse avaient une originalité de physionomie et un piquant de caractère qu'on ne retrouve plus aujour-

[1] MM. de Bure.

d'hui. J'ai vu toute l'ancienne Académie des Inscriptions. Sans faire tort à personne, on aurait de la peine à en composer une pareille maintenant, je le crois du moins. Dieu et la nouvelle Académie me pardonnent, si je me trompe! Ce qu'il y a de sûr, c'est que les printemps et les étés étaient plus beaux dans ce temps-là qu'ils ne le sont aujourd'hui. Qui dira le contraire en a menti. Pourquoi les savants ne se ressentiraient-ils pas de l'universelle décadence? »

Je dois à la nouvelle Académie des Inscriptions de protester ici doucement; mais que cette idylle de la rue Hautefeuille et de la rue Serpente (hélas! existent-elles encore?) a de charme, et que j'en veux au besoin de la ligne droite qui détruit tous les jours autour de nous l'image de ces anciennes mœurs! Comme en lisant cette page délicieuse je vois bien vivre nos vieux confrères, Silvestre de Sacy, Lanjuinais, Anquetil-Duperron, Camus, Larcher, du Theil, Villoison, Saint-Croix, Daunou, tant d'autres qui relevèrent, il y a soixante ans, les études anéanties! Nous comprenons plus de choses peut-être, nous sommes de plus subtils philologues, des critiques plus délicats. Depuis qu'on a pacifié la science comme tout le reste, nous avons peine à comprendre leurs luttes, leur roideur, leurs rivalités, leur assurance dans leur opinion ; mais aussi quelle verdeur! quelle fermeté! quelle estime pour eux-mêmes! quelle austérité de caractère! Comme ils haïssaient! comme ils aimaient! Ils avaient beaucoup de préjugés ; mais qui sait si nous ne devons pas les leur envier? Ils étaient d'une religion sévère, mais jamais d'une religion étroite. L'esprit sectaire, qu'ils portaient souvent dans leur foi, avait lui-même de grands avantages, les membres d'une secte dissidente étant presque toujours individuellement supérieurs aux fidèles des grandes églises établies, par le seul fait que la croyance est pour eux le résultat d'un choix et suppose un effort personnel de la raison.

C'est dans une de ces savantes et patriarcales maisons, embellies seulement par l'austère poésie du devoir, qu'il faut chercher les origines de M. de Sacy. Ce goût si délicat des travaux de l'esprit, cette culture si solide et si arrêtée, cette nuance de religion finement maintenue au milieu d'écueils divers, et où se combinent si heureusement les avantages du scepticisme et les bons côtés de la foi, cette piété en même temps si sincère et si libre, donnant la main à tout ce qui, en dehors d'elle, aspire au même but par d'autres voies, toutes ces qualités, qui sont si peu de notre temps, où en trouver l'explication, si ce n'est dans les habitudes studieuses d'une église d'élite, qui, au lieu de réclamer l'obéissance aveugle des croyants, leur faisait un devoir de penser par eux-mêmes? Ces rigides chrétiens étaient loin de soupçonner la théorie inventée de notre temps, et si commode pour la paresse, d'après laquelle le fidèle, remettant à qui de droit la charge de régler son symbole, est dispensé du soin de se l'assimiler par la réflexion. Ils aimaient les livres et lisaient beaucoup ; ils les copiaient même, et, dans quelques-unes de ces sévères familles, les jeunes personnes n'avaient pas de plus agréable passe-temps que de transcrire d'un bout à l'autre les écrits de Saint-Cyran et du père Quesnel. L'habitude où étaient souvent les laïques de dire leur bréviaire, en ramenant à chaque heure un cercle, varié dans sa monotonie, de prières, d'hymnes, de lectures pieuses, mettait un obstacle salutaire à la vulgarité et au laisser aller qui depuis ont envahi les mœurs. On étudiait l'antiquité à la manière de Lebeau, l'histoire à la manière de Rollin. On arrivait par le sérieux, la probité et la lecture des anciens, aux mêmes principes libéraux où la philosophie du siècle arrivait par une voie tout opposée. Une teinte générale de tristesse suppléait à la grande poésie dont le sentiment manquait en général à cette époque. Ce n'était pas la tristesse énervante qui n'aboutit qu'à l'impuissance et qui est une des plaies de notre siècle ; c'était la tristesse féconde qui naît d'une conception grave de la destinée humaine, comme la *Mélancolie* d'Albert Dürer; maîtresse et créatrice des grandes choses. La légèreté morale de notre temps tient en grande partie à ce que la vie est devenue trop facile et trop gaie, et sans doute, si l'idéal de bien-être matérialiste que rêvent quelques réformateurs venait à se réaliser, le monde, privé de l'aiguillon de la souffrance, perdrait un des moyens qui ont le plus contribué à faire de l'homme un être intelligent et moral.

Le laïque s'occupant de théologie paraît dans les pays catholiques un si singulier phénomène, que beaucoup de personnes n'ont pu voir sans surprise un homme mêlé à nos luttes de tous les jours publier une *Bibliothèque spirituelle* et essayer de relever la littérature ascétique du discrédit où elle était tombée. D'autres ont cru que le goût de ces sortes d'ouvrages implique une adhésion plus positive que ne le comporte la mesure générale de foi qui a été départie à notre temps. C'est là une double erreur qui tient au peu de pratique qu'a notre siècle des choses religieuses. Il est vrai que la piété chrétienne supposait une foi arrêtée aux époques de dogmatisme théologique ; mais elle ne la suppose plus depuis que la religion a quitté la sphère des disputes pour se réfugier dans la région calme du sentiment. A un autre point de vue d'ailleurs, il faut savoir beaucoup de gré à M. de Sacy d'avoir voulu relever le goût des lectures spirituelles. Ces lectures avaient de fort bons effets, en particulier sur les femmes. Elles les enlevaient aux soucis frivoles ou trop constamment vulgaires ; elles prenaient la place qu'une littérature plate et immorale devait ensuite usurper. En donnant à leur religion une base individuelle, elles les préservaient de cette avilissante docilité, de cette abdication morale, effet inévitable d'une dévotion qui ne réfléchit pas. Un des traits les plus caractéristiques de la nouvelle école qui a pris, au grand détriment de la solide piété, la direction des consciences, est précisément son impuissance à créer une littérature ascétique un peu sérieuse. Elle ne sait qu'injurier et disputer. Où sont ses Tauler ? où sont ses Henri Suso ? Les saines doctrines de la vie spirituelle ont aussi disparu en laissant un grand vide dans les âmes pures auxquelles elles procuraient un monde infini de consolations.

Le moraliste, et non le critique, m'occupe en ce moment ; j'ai à rechercher, non la vérité de telle ou telle croyance, mais ses effets sur le caractère et le goût. Or on ne peut nier que la religion n'exerce une influence entièrement différente sur le développement intellectuel et moral de l'individu selon la manière dont elle est acceptée. La foi qui semble au premier coup d'œil la plus inconciliable avec un développement libre élève, améliore et fortifie l'homme, dès qu'elle est le fruit d'une conviction acquise par l'exercice de la raison. Au contraire, la foi en apparence la plus large écrase et rapetisse celui qui s'y livre, quand on l'accepte comme un joug officiel émanant d'une autorité extérieure. Les derniers siècles ont souvent été intolérants et peu éclairés dans leur croyance; mais jamais, avant nos jours, on n'avait songé à poser en principe que la religion a pour objet de nous dispenser de réfléchir aux choses divines, à notre destinée, à nos devoirs. Il était naturel qu'après avoir mis l'homme civil et politique en tutelle administrative, on fît de même pour les consciences, et qu'on s'habituât à voir les dogmes comme les lois arriver tout faits d'un centre infaillible sans qu'on eût à les comprendre ni à les discuter.

Le goût si décidé de M. de Sacy pour le passé devait nécessairement l'amener à être sévère pour le présent. M. de Sacy est pessimiste, et il a bien raison. Il est des temps où l'optimisme fait involontairement soupçonner chez celui qui le professe quelque petitesse d'esprit ou quelque bassesse de cœur. Ici pourtant une explication est nécessaire. D'accord avec M. de Sacy sur les dangers sérieux que cause à la société moderne la perte de tant de qualités solides qui faisaient la force du vieux monde, je diffère un peu de lui sur la manière d'apprécier le mouvement intellectuel de notre époque. Je crois qu'aucun siècle n'a vu si loin que le nôtre dans la vraie théorie de l'univers et de l'humanité ; je pense qu'il y a dans quelques milliers de nos contemporains plus de pénétration d'esprit, de finesse, de vraie philosophie et même de délicatesse morale que dans tous les siècles passés réunis; mais cette riche culture, à laquelle, selon moi, aucune époque n'a rien à comparer, est en dehors du temps et a sur lui peu d'influence. Un matérialisme grossier, n'estimant les choses qu'en vue de leur utilité immédiate, tend de plus en plus à prendre la direction de l'humanité, et à rejeter dans l'ombre ce qui ne sert qu'à contenter le goût du beau ou la curiosité pure. Des soucis de ménage, dont les sociétés d'autrefois se préoccupaient à peine, sont devenus de grosses affaires, et les mâles poursuites de nos pères ont fait place à de plus humbles soins. Qu'on adopte le langage de telle religion ou de telle philosophie que l'on voudra, l'homme est ici-bas pour une fin idéale, transcendante, supérieure à la jouissance et aux intérêts. Les progrès matériels contribuent-ils à nous rapprocher de cette fin? Le monde, depuis sa transformation, est-il devenu dans son ensemble plus intelligent, plus honnête, plus soucieux de la liberté, plus sensible aux belles choses? Voilà toute la question. On peut croire au progrès sans partager cet optimisme dangereux qui voit sans honte l'humiliation de l'esprit, quand cette humiliation se présente comme favorable à certaines améliorations. Fussent-elles aussi démontrées que quelques-unes d'entre elles sont problématiques, ces améliorations seraient toujours, aux yeux des personnes libérales, une faible compensation à la perte des seules choses qui rendent la vie humaine désirable et lui donnent un sens et un prix.

Certes, les progrès matériels ne sont pas à dédaigner, et de deux sociétés également intelligentes et honnêtes dont l'une présenterait un riche épanouissement de civilisation extérieure, et dont l'autre serait privée de cet avantage, il faudrait sans hésiter préférer la première. Seulement ce qu'on ne doit point admettre, c'est qu'un progrès matériel puisse être considéré comme une compensation à une décadence morale. Le signe le plus certain de l'affaiblissement d'une société est cette indifférence aux nobles luttes qui fait que les grandes questions politiques paraissent secondaires auprès des questions d'industrie et d'administration. Tous les despotismes se sont fondés en persuadant aux sociétés qu'ils feraient leurs affaires beaucoup mieux qu'elles-mêmes. Chaque peuple a ainsi dans son histoire une heure de tentation où le séducteur lui dit en lui montrant les biens du monde : « Je te donnerai tout cela, si tu veux m'adorer. »

Ne prêtons point trop généreusement aux siècles passés une force morale qui a toujours été l'apanage

d'un petit nombre. La vertu diminue ou augmente
dans l'humanité selon que l'imperceptible aristocratie
en qui réside le dépôt de la noblesse humaine trouve
ou non une atmosphère pour vivre et se propager. Or
on ne peut nier que le grand développement de l'industrie, en prélevant un impôt énorme sur ceux qui ne
sont pas industriels, c'est-à-dire sur ceux qu'on eût
appelés autrefois les nobles, n'oblige en quelque sorte
le monde à prendre son unisson. Une loi fatale de la
société moderne tend de plus en plus à forcer chacun
d'exploiter le don ou le capital qui lui a été départi, et
à rendre impossible la vie de celui qui ne produit rien
d'appréciable en argent. Quelques partisans du système moderne avouent cette conséquence, et reconnaissent que l'industrie ne cessera d'être nuisible à
certaines classes que quand tous seront à leur manière
industriels. Qui ne voit que l'effet d'un tel état de
choses, s'il était poussé à l'extrême (ce qui, je le reconnais, n'arrivera jamais), serait de rendre notre
planète inhabitable pour ceux dont le devoir est précisément de ne point sacrifier leur liberté intérieure a
un avantage matériel? Ferez-vous de l'artiste un industriel, produisant des statues ou des tableaux d'après
la commande expresse ou supposée de l'acheteur? Mais
n'est-ce pas supprimer du même coup le grand art,
évidemment moins lucratif que celui qui s'accommode

à la frivolité et au mauvais goût? Ferez-vous du savant un industriel produisant des travaux pour le public? Mais, dans les choses scientifiques, plus un travail est méritoire, moins il est destiné à avoir de lecteurs. Un des plus grands mathématiciens de notre siècle, qui était en même temps un homme accompli, Abel, est mort de misère. Il est donc évident que, pour plusieurs des œuvres les plus excellentes de l'humanité, il y a disproportion infinie entre la valeur du travail et ce qu'il rapporte, ou, pour mieux dire, que la valeur du travail est en raison inverse de ce qu'il rapporte. Par conséquent, une société où la vie indépendante devient de plus en plus difficile, et où le non-producteur est écrasé par celui qui produit selon la demande du public, doit arriver à un grand abaissement de tout ce qui est noble ou, en d'autres termes, improductif. Le moyen âge poussa le sentiment de cette vérité jusqu'au paradoxe en faisant de la mendicité une vertu et en établissant que l'homme voué à des devoirs spirituels vit d'aumônes. C'était reconnaître au moins qu'il y a dans le monde des choses qui ne se payent pas, que l'esprit ne représente aucune valeur matérielle, et que, quand il s'agit des services rendus à l'âme, aucune rétribution ne peut passer pour un salaire. L'Église, avec beaucoup de tact, a retenu le même principe : elle n'admet pas qu'elle soit jamais

payée; elle se proclame toujours pauvre. Possédât-elle
l'univers, elle dirait encore que dans l'ordre des choses
matérielles elle ne veut que ce que demandait saint
Paul, *victum et vestitum*.

Le pouvoir de plus en plus agrandi de l'homme sur
la matière est un bien évident, et il faut applaudir aux
progrès que notre siècle a accomplis en ce sens ; mais
de tels progrès n'ont une valeur vraiment de premier
ordre que si, en mettant l'homme au-dessus des obstacles que lui oppose la nature, ils contribuent à lui faciliter l'accomplissement de sa mission idéale. Une
belle pensée, un noble sentiment, un acte de vertu,
font bien mieux de l'homme le roi de la création que la
faculté de faire parvenir instantanément au bout du
monde ses commandes et ses désirs. Cette royauté est
dans notre âme : l'ascète des déserts de la Thébaïde,
le contemplatif des sommets de l'Himalaya, esclaves à
tant d'égards de la nature, en étaient mieux les souverains et les interprètes selon l'esprit que le matérialiste
qui bouleverse la surface du globe sans comprendre le
sens divin de la vie. Leur tristesse pleine de philosophie et de charme valait mieux que nos vulgaires joies,
et leurs égarements font plus d'honneur à la nature
humaine que tant d'existences prétendues raisonnables
qui n'ont été remplies que par les calculs de l'intérêt
ou les luttes insignifiantes de la vanité.

C'est donc avec raison que M. de Sacy se plaint de la disparition d'une foule d'excellentes choses qui ne trouvent plus de place dans notre société. Ces choses n'étant pas de celles dont le besoin est de tous les jours, on ne remarque pas leur absence; mais avec le temps on s'apercevra de l'énorme lacune qu'elles ont laissée dans le monde en se perdant. La même erreur que notre siècle commet dans la théorie de l'éducation, en refusant de voir qu'au-dessus des connaissances spéciales, qui seules ont une application positive, il y a une culture générale qui ne sert qu'à former l'homme intellectuel et moral, il la commet dans les théories sociales. Tout ce qui échappe à ses catégories utilitaires lui paraît un luxe et un ornement. Certes, on peut ne pas regretter le gentilhomme : ce nom impliquait un fait de naissance, et les hommes distingués se recrutent de nos jours à peu près en égale proportion dans tous les rangs; mais ce qu'on doit regretter fort, c'est l'*honnête homme*, dans le sens qu'attachait à ce mot le dix-septième siècle, je veux dire l'homme dégagé des vues étroites de toute profession, n'ayant ni les manières ni la tournure d'esprit d'aucune classe. Chaque spécialité de travail entraîne le plus souvent des habitudes particulières, et même, pour y réussir convenablement, il est bon d'avoir ce qu'on appelle l'*esprit de son état*. Or la noblesse consiste à n'avoir aucune de ces limites;

la distinction ne peut être représentée dans le monde que par des gens n'ayant aucun état. Il n'est pas juste que ces gens-là soient riches, puisqu'ils ne rendent à la société aucun service appréciable en argent; mais il est juste qu'ils soient l'aristocratie, dans le sens très-restreint qu'il est permis désormais de donner à ce mot, afin que le mouvement général des choses humaines conserve sa dignité, et que les diverses manières de prendre la vie, dont les personnes vouées à des fonctions ou à des vues spéciales ne peuvent bien comprendre la légitimité, soient librement représentées.

Toutes les choses délicates et à longue portée souffriront, je crois, dans un prochain avenir, de la base beaucoup trop étroite que les réformateurs de la société moderne lui ont donnée. Rien de séculaire n'est resté possible. Tout ce qui a besoin de deux ou trois cents ans pour arriver à sa maturité a le temps de voir dans le cours de son existence le monde changer dix fois de maître et de plan. La fin imminente de la poésie dans l'humanité tient aux mêmes causes. La poésie est tout entière dans l'âme et le sentiment moral; or la tendance de notre époque est précisément de remplacer en toute chose les agents moraux par des agents matériels. L'objet le plus insignifiant, le tissu le plus vulgaire, par exemple, devenait presque une chose humaine et morale, quand des centaines d'êtres vivants avaient respiré, senti, souffert peut-être entre chacune de ses trames, quand la fileuse soulevant et abaissant alternativement le fuseau, quand le tisserand poussant la navette selon un rhythme plus ou moins pressé, y avaient contribué, en entremêlant leur travail de leurs pensées, de leurs propos et de leurs chants. Aujourd'hui une machine de fer, sans âme, sans beauté, a remplacé tout cela. Les anciennes machines, merveilleusement appropriées à l'homme, étaient arrivées avec le temps à une véritable unité organique et à une parfaite harmonie ; mais la machine moderne, anguleuse, sans grâce ni proportion, est condamnée à ne jamais devenir un membre de l'homme. Elle humilie et abrutit celui qui la sert, au lieu d'être pour lui, comme l'outil d'autrefois, un auxiliaire et un ami.

L'homme n'est un être divin que par l'âme : qu'il arrive à réaliser en quelque mesure la perfection intellectuelle et morale, et le but de son existence est atteint. Rien n'est indifférent de ce qui peut servir à cette fin sublime ; mais c'est une grave erreur de croire que les améliorations matérielles qui n'amènent pas un progrès de l'esprit et de la morale aient par elles-mêmes quelque prix. Les choses extérieures n'ont de valeur que par les sentiments humains auxquels elles correspondent. Le jardin le plus ordinaire renferme aujourd'hui des fleurs splendides que les serres royales possédaient seules autrefois. Qu'importe si les fleurs des champs, telles que Dieu les a faites, parlaient mieux au cœur de l'homme et y réveillaient un sentiment de la nature plus délicat? Les femmes peuvent se parer de nos jours comme les reines seules le pouvaient jadis; qu'importe si elles ne sont ni plus belles ni plus aimables? Les moyens de jouissance se sont raffinés de mille manières et multipliés à l'infini; qu'importe si l'ennui et le dégoût les empoisonnent, si la pauvreté de nos pères était plus heureuse et plus gaie? Les progrès de l'intelligence ont-ils été en proportion des progrès de l'industrie? Pour le goût des belles choses, valons-nous la génération qui nous a précédés et qui a produit le mouvement brillant et animé dont nous vivons encore? L'éducation est-elle dirigée dans un sens plus libéral? Les caractères ont-ils beaucoup gagné en force et en élévation? Trouve-t-on dans les hommes des temps nouveaux plus de dignité, de noblesse, de culture intellectuelle, de respect pour leurs propres opinions, de fermeté contre les séductions de la richesse et du pouvoir? Je n'essayerai pas de répondre; je dirai seulement que le progrès ne saurait consister qu'en cela. Jusqu'à ce qu'un tel progrès soit accompli, ce sera une mince consolation pour les âmes bien nées de n'avoir en échange des vertus du passé qu'une augmentation de bien-être qui ne rend pas plus heureux, et une assurance de repos qui ne rend pas meilleur.

II

Cet instinct essentiellement conservateur des belles et bonnes choses, qui fait de M. de Sacy un si excellent moraliste, a-t-il d'aussi bons effets sur ses jugements littéraires et historiques? Ici j'hésite à répondre. Le moraliste, procédant par le sentiment spontané de ce qu'il croit le meilleur, et le critique, procédant par la recherche indépendante et sans vues préconçues, sont nécessairement amenés à différer sur bien des points. Le moraliste n'hésite jamais dans ses jugements, car ils résultent pour lui d'un choix fait une fois pour toutes, et dont il a trouvé les motifs dans le tour de son esprit bien plus que dans un examen impartial et longtemps balancé. Le critique hésite toujours, car l'infinie variété du monde lui apparaît dans sa complexité, et il ne peut se résigner de gaieté de cœur à fermer les yeux sur des faces entières de la réalité. Le moraliste n'a pas beaucoup de curiosité, car pour lui il y a peu de choses à découvrir : à ses yeux, la règle du bien et du beau a été réalisée en quelques chefs-d'œuvre qui ne seront jamais égalés. Le critique cherche toujours, car

un élément nouveau ajouté à ses connaissances modifie
en quelque chose l'ensemble de ses opinions : il pense
que le jugement le plus droit ne supplée pas à ce que
les documents positifs peuvent seuls nous apprendre;
aussi toute découverte ou toute manière ingénieuse
d'interpréter des faits déjà connus est-elle pour lui un
événement. Le moraliste n'aime que les littératures
complétement mûres et les œuvres d'une forme achevée. Le critique préfère les origines et ce qui est en
voie de se faire; car pour lui tout est document et indice des lois secrètes qui président aux évolutions de
l'esprit. Le moraliste aime le vieux, mais non pas le
très-vieux; car dans les créations primitives il y a une
franchise d'allure qui dérange ses habitudes réfléchies.
Le critique recherche en tout le primitif : s'il connaissait quelque chose de plus vieux que les Védas ou la
Bible, là serait sa dévotion littéraire. La Grèce même
lui paraît bien jeune; il est tenté de reconnaître que
les prêtres égyptiens avaient raison, que les Grecs n'ont
été que des enfants légers et spirituels, qui nous ont
gâté une plus vieille antiquité. Le moraliste et le critique ne se rencontrent qu'en un point; mais ce point
tient lieu de tout : c'est l'amour du bien et du vrai, et
par conséquent de la liberté, condition de l'un et de
l'autre. Le caractère bien plus que l'esprit est ce qui
rapproche les hommes, et les plus grandes diversités

d'opinion ne sont rien auprès de la sympathie morale qui résulte de communes espérances et de communes aspirations.

La critique de M. de Sacy est une critique de préférences personnelles. La littérature du dix-septième siècle dans les temps modernes, la littérature latine dans l'antiquité, voilà, je crois, les deux monuments littéraires sur lesquels s'est porté son choix. « Je dois le confesser, dit-il, en littérature, mes goûts sont exclusifs. N'ayant jamais eu le temps de lire autant que je l'aurais voulu, je n'ai lu que des livres excellents ; je les ai relus sans cesse. Il y a une foule de livres, très-bons dans leur genre, je n'en doute pas, que tout le monde connaît, et avec lesquels je ne ferai jamais connaissance. C'est un malheur peut-être; mais malgré moi, et par un instinct dont je ne suis pas le maître, ma main va toute seule chercher dans une bibliothèque ces livres que les enfants savent déjà par cœur. » On ne dispute pas des goûts, et il faut reconnaître tout ce que celui de M. de Sacy a d'exquis. Ici pourtant je me permettrai d'être un peu plus archaïque que lui. J'aime le moyen âge, j'aime la haute antiquité. Je préfère le *Dies iræ* aux hymnes de Santeul, la poétique qui a inspiré les romans de la Table Ronde à celle de Boileau, et même les mystiques du treizième siècle à ceux de Port-Royal. Le beau, comme le bien, doit être cherché dans le

passé; mais il ne faut point s'arrêter à mi-chemin :
il faut remonter au delà de toute rhétorique ; le
primitif seul est le vrai, et seul a le droit de nous
attacher.

On ne peut refuser au dix-septième siècle le don spécial qui fait les littératures *classiques*, je veux dire une
certaine combinaison de perfection dans la forme et de
mesure (j'allais dire de médiocrité) dans la pensée, grâce
à laquelle une littérature devient l'ornement de toutes
les mémoires et l'apanage des écoles ; mais les limites
qui conviennent aux écoles ne doivent pas être imposées à l'esprit humain. De ce que telle littérature est
l'instrument obligé de toute éducation, et qu'il n'est
personne qui ne doive dire d'elle : *Puero mihi profuit
olim*, ce n'est pas une raison pour lui attribuer un
caractère exclusif d'excellence et de beauté. Ce caractère exclusif, je ne puis l'accorder aux écrits du dix-septième siècle en particulier, quelles qu'en soient les dura-
bles et solides qualités. Les nations étrangères, sauf
celles qui n'ont aucune originalité littéraire, ne comprennent pas l'attrait extraordinaire qu'ont pour nous
les ouvrages de ce temps, et n'y voient qu'une littérature
tertiaire, si j'ose le dire, un écho de la littérature
latine, écho elle-même de la littérature grecque. Les
Allemands, si larges et si éclectiques dans leur goût,
qui ont travaillé avec tant de passion à éclaircir les

moindres particularités de la littérature italienne, de
la littérature espagnole, de notre moyen âge provençal,
ne s'occupent presque jamais de notre grand siècle, et
ont peine à en voir l'intérêt. Ils ont grand tort, suivant
moi ; mais leur négligence tient à une cause fort grave.
Cette littérature est trop exclusivement française : elle
souffrira quelque chose, je le crains, de l'avénement
d'une critique dont la patrie est l'esprit humain, et
dont le propre est de n'avoir pas de préférences exclu-
sives. On ne lui contestera pas son titre de classique ;
on la laissera en possession des écoles, où elle seule
peut offrir un aliment approprié à la jeunesse ; les
curieux la liront, comme ils lisent toute chose, à titre
de document pour l'histoire d'une époque mémorable;
les écrivains y chercheront le secret d'exprimer en
notre langue même des pensées qui lui furent d'a-
bord étrangères. Mais qu'elle reste dans son ensemble la lecture exclusive des hommes de goût, que
les esprits distingués de tous les temps continuent
d'y recourir, pour s'élever, se consoler, s'éclairer sur
leurs destinées, voilà ce dont je doute. Nous avons
dépassé l'état intellectuel où cette littérature se produisit ; nous voyons mille choses que les hommes les
plus pénétrants du dix-septième siècle ne voyaient pas : le
fonds de connaissances dont ils vivaient est à nos yeux
incomplet et inexact. Il est difficile que la faveur du

public qui lit, non par acquit de conscience, mais par besoin intime, s'attache indéfiniment à des livres où il y a peu de chose à apprendre sur les problèmes qui nous préoccupent, où notre sentiment moral et religieux est fréquemment blessé, et où nous relevons à chaque pas des erreurs, tout en admirant le génie de ceux qui les commettent.

En histoire, je suis également tenté de trouver M. de Sacy trop peu soucieux des origines. Fidèle à son système littéraire, M. de Sacy craint que la discussion des faits et la diversité des opinions ne nuisent au beau style de l'histoire ; il trouve que le plus simple serait de prendre un système selon son goût, et de le suivre sur parole. « Je confesserai tout doucement, dit-il, qu'à l'aspect formidable de ces piles d'in-folio qui bouchent l'entrée de notre histoire, je me suis senti plus d'une fois prêt à maudire l'érudition et à regretter que nous ne nous en soyons pas tenus grossièrement à notre origine troyenne et à notre bon roi Francion, fils d'Hector et fondateur de la monarchie française. » Il pardonne à peine aux historiens les plus éloquents de notre temps d'être à la fois savants et critiques ; il voudrait une version convenue, sur laquelle les historiens rhéteurs ou moralistes, les Tite-Live et les Plutarque, pussent librement discourir. Le dix-septième siècle (la grande école des bénédictins exceptée) entendait bien l'histoire de cette manière; mais c'est là un des points sur lesquels il nous est le plus difficile de suivre la tradition classique. L'histoire est pour nous la vue immédiate du passé : or la discussion et l'interprétation des documents peuvent seules nous procurer cette intuition. Je vais certes scandaliser M. de Sacy; mais, s'il m'était donné de choisir entre les notes d'un historien original et son texte complétement rédigé, je préférerais les notes. Je donnerais toute la belle prose de Tite-Live pour quelques-uns des documents qu'il avait sous les yeux et qu'il a parfois altérés d'une si étrange manière. Un recueil de lettres, de dépêches, de comptes de dépenses, de chartes, d'inscriptions, me parle beaucoup mieux que le récit le plus dégagé. Je ne crois même pas qu'on puisse acquérir une claire notion de l'histoire, de ses limites et du degré de confiance qu'il faut avoir dans ses divers ordres d'investigation, sans l'habitude de manier les documents originaux.

Le libéralisme, ayant la prétention de se fonder uniquement sur les principes de la raison, croit d'ordinaire n'avoir pas besoin de traditions. Là est son erreur. « Nous en avons fini, il faut l'espérer, dit M. de Sacy, avec les Gaulois et les Francs. Que notre liberté vienne ou non des Germains, au fond peu nous importe. L'enfant est né; il est grand et fort. Si un Boulainvilliers réclamait aujourd'hui, au nom des Francs ses ancêtres, les droits de la conquête, nous lui répondrions qu'en 1789 et en 1830 les vaincus, les Romains, les serfs, ont pris leur revanche, et qu'à leur tour ils sont les conquérants et les vainqueurs. » Eh bien! non; ni 1789 ni 1830 n'ont valu, pour fonder la liberté, ce que vaudrait à l'heure qu'il est un fait émané de barbares il y a mille ans, comme serait une grande charte arrachée par les barons révoltés, une humiliation infligée à la royauté envahissante, une ferme résistance des villes pour défendre leurs institutions. Si la Gaule, au lieu de ses instincts d'égalité et d'uniformité, avait eu quelque peu d'esprit provincial ou municipal; si de fortes individualités, comme les villes d'Italie ou les *ghildes* germaniques, avaient pu se former sur notre sol; si Lyon, Rouen, Marseille, avaient eu leur *caroccio*, symbole de l'indépendance de la cité, la centralisation administrative eût été prévenue; Philippe le Bel, Louis XI, Richelieu, Louis XIV, auraient été brisés; la Révolution n'eût été ni possible ni nécessaire. L'erreur de l'école libérale est d'avoir trop cru qu'il est facile de créer la liberté par la réflexion, et de n'avoir pas vu qu'un établissement n'est solide que quand il a des racines historiques. Dominée par une idée toute semblable à celle qui gouverne la Chine depuis des siècles, je veux dire par cette fausse opinion que la meilleure société est celle qui est rationnellement organisée pour son plus grand bien, elle oublia que le respect des individus et des droits existants est autant au dessus du bonheur de tous qu'un intérêt moral surpasse un intérêt purement temporel. Elle ne vit pas que de tous ses efforts ne pouvait sortir qu'une bonne administration, mais jamais la liberté, puisque la liberté résulte d'un droit antérieur et supérieur à celui de l'État, et non d'une déclaration improvisée ou d'un raisonnement philosophique plus ou moins bien déduit.

Des deux systèmes de politique qui se partageront éternellement le monde, l'un se fondant sur le droit abstrait, l'autre sur la possession antérieure, la France, pays de logique et d'idées généreuses, a toujours préféré le premier. Qui oserait lui en faire un reproche, puisque c'est à ce glorieux défaut qu'elle doit la splendeur de son histoire et la sympathie du genre humain? Mais telle est la nature fuyante de tout ce qui tient aux sociétés que la nation qui, avec une sincérité parfaite, a voulu travailler à la liberté du genre humain était mise par cela même dans l'impossibilité de fonder la sienne. Des serfs achetant leur liberté sou par sou et arrivant après des efforts séculaires, non à être les égaux de leurs maîtres, mais à exister vis-à-vis d'eux, se sont trouvés dans les temps modernes plus libres que la nation qui, dès le moyen âge, proclama les droits de l'homme[1]. La liberté achetée ou arrachée pied à pied a été plus durable que la liberté par nature. En croyant fonder le droit abstrait, on fondait la servitude, tandis que les hauts barons d'Angleterre, fort peu généreux, fort peu éclairés, mais intraitables quand il s'agissait de leurs priviléges, ont en les défendant fondé la vraie liberté.

Sur presque tous les points qui touchent à l'organisation de la société civile, l'école libérale me paraît ainsi avoir beaucoup mieux vu le but à atteindre que les moyens pour l'atteindre. Supprimant les priviléges des individus et des corps, elle ne pouvait envisager les différents offices sociaux que comme des attributions de l'État. Le pouvoir dans un tel système étant exercé uniquement par des fonctionnaires, et ces fonctionnaires n'ayant point la propriété de leurs fonctions, ni par conséquent aucune possibilité de résistance, on voit à quel degré de tyrannie on pouvait se trouver ainsi amené. Certes, s'il y a quelque chose de théoriquement absurde, c'est la vénalité des offices judiciai-

---

[1] On connaît la curieuse ordonnance de Louis X : « Comme selon le droit de nature chacun doit être franc,... nous, considérant que notre royaume est dit et nommé le royaume des Francs, et voulant que la chose s'accorde vraiment avec le nom, par délibération de notre grand conseil, avons ordonné et ordonnons... »

res, en vertu de laquelle certaines personnes achetaient et vendaient le droit de juger. Et cependant on comprend qu'un magistrat possédant sa charge, mis ainsi au-dessus de tout désir et de toute espérance, peut offrir plus de garanties que le magistrat fonctionnaire et, par conséquent, dépendant de celui qui confère la fonction. — Il en faut dire autant du pouvoir exécutif. La conception féodale, d'après laquelle le roi possédait sa couronne par le droit de l'épée, comme le sujet possédait ses franchises contre lui, est l'inverse de la raison. S'il est au contraire une conception logique, c'est celle de la souveraineté envisagée comme une délégation de la société. L'histoire démontre que la première notion, tout absurde qu'elle est, a produit le meilleur état politique que le monde ait connu, et que la supériorité de la civilisation moderne sur celles de l'antiquité tient à ce que la royauté n'a été durant des siècles, parmi nous, qu'une grosse métairie, envers laquelle on était quitte une fois qu'on s'était libéré des redevances établies par les bonnes coutumes ou consenties par les états.

Pour voir dans tout son jour cette grande loi de la philosophie de l'histoire, que certes la logique n'eût pas révélée, c'est surtout la Chine qu'il faut étudier. La Chine offre à la philosophie de l'histoire le spectacle merveilleusement instructif d'une autre humanité se développant presque sans contact avec celle de l'Europe et de l'Asie occidentale et poursuivant sa ligne avec une rigueur dont nos civilisations bien plus compliquées ne sauraient donner une idée. Or la Chine a réalisé dès la plus haute antiquité le type d'une société rationnelle fondée sur l'égalité, sur le concours, sur une administration éclairée. Le Tchéou-li, sorte d'almanach impérial du temps des Tchéou [1], au douzième siècle avant notre ère, dépasse sous ce rapport tout ce que les États modernes les plus bureaucratiques ont essayé. L'empereur et les princes feudataires sont contenus par les rites et par la censure, les employés de tout grade par la dépendance hiérarchique et par un système d'inspection perpétuelle, le peuple par l'enseignement, que l'État seul a le droit de lui donner. Le système entier repose sur une idée unique, celle de l'État chargé seul de pourvoir au bien de tous [2]. Qu'on imagine l'Académie des sciences morales et politiques et l'Académie française érigées en ministères, et gouvernant l'une les choses de l'esprit, l'autre les mœurs, on aura un aperçu assez juste de la constitution intellectuelle et politique de la Chine. L'idéal de ceux qui rêvent une

---

[1] Voyez la traduction qu'en a donnée feu M. Édouard Biot (Paris, 1851) et l'ouvrage du même savant sur l'*Histoire de l'instruction publique en Chine* (Paris, 1847).

[2] M. Mohl, *Journal asiatique*, août 1851.

règle administrative des esprits a été là depuis longtemps réalisé [1]. Quand les jésuites montrèrent à Khienlong les erreurs de l'astronomie consacrée, l'empereur refusa de les laisser corriger, parce que cette réforme eût mis en défaut les livres classiques et forcé d'introduire des mots nouveaux. Qu'est-il résulté de cette organisation, en apparence si raisonnable, en réalité si fatale? Un état de décrépitude sans pareille dans l'histoire, où un empire de cent cinquante millions d'hommes attend que quelques milliers de *barbares* viennent lui apporter des maîtres et des régénérateurs. Ce qui s'est passé lors de l'invasion de l'empire romain par les bandes germaniques se passera pour la Chine. Tout État qui sacrifie les intérêts moraux et la libre initiative des individus au bien-être va contre le but qu'il se propose : un petit nombre d'hommes énergiques, venant du dehors ou du dedans, suffit alors pour renverser un pays indifférent à tout, sauf au repos, pour s'en faire acclamer, et pour fonder ainsi de nouveau la vraie noblesse, qui est celle de la force morale et de la volonté.

« Quelque engouement que l'on professe aujourd'hui pour la barbarie et pour les barbares, il faut le recon-

---

[1] Voyez le Mémoire de M. Bazin sur l'Académie de Pékin (*Journal asiatique*, janvier 1858).

naître, dit M. de Sacy, notre civilisation est romaine, notre centralisation est romaine, nos lois et nos lettres sont romaines ; c'est l'esprit romain qui a fini par vaincre l'esprit barbare ! » Cela est très-vrai. Tout le secret de notre histoire réside dans la lutte de l'esprit gallo-romain contre l'esprit germanique (celui que M. de Sacy appelle *barbare*), le Gaulois ayant en horreur la souveraineté divisée qui constituait la féodalité, et voulant sans cesse revenir à l'administration égalitaire de l'empire, non à celle des premiers Césars, empreinte encore d'un certain esprit aristocratique, mais à celle du temps de Dioclétien, qui est toujours restée l'idéal de notre pays. La Révolution française et ce qui a suivi sont le dernier acte de la lutte de l'esprit gaulois et de l'esprit germanique, se terminant par la victoire définitive du premier. Bien des éléments germaniques entrèrent, je le sais, dans les commencements de la Révolution, et donnèrent aux mouvements de ces premières années une apparence vraiment libérale ; mais ils disparurent dans la lutte, et laissèrent dominer seul l'esprit gaulois, qui, depuis la Convention jusqu'à 1815, donna pleine carrière à son goût d'administration unitaire et à son antipathie contre toute indépendance. C'est alors que la *raison d'État*, proclamée pour la première fois par les légistes de Philippe le Bel, prend définitivement le dessus sur le noble principe du moyen âge, n'admettant que le droit des individus. Je ne suis pas de ceux qui regardent le moyen âge comme une époque accomplie de moralité et de bonheur; mais il me semble cependant que l'école libérale le calomnie un peu. Le moyen âge ne fut une époque atroce que dans sa seconde moitié, quand l'Église devint persécutrice et la féodalité sanguinaire. Il y eut avant cela de longs siècles durant lesquels la féodalité fut vraiment patriarcale et l'Église maternelle. Je crois que, du huitième au douzième siècle, les pays chrétiens qui étaient à l'abri des incursions des Sarrasins et des Normands vivaient assez heureux.

Je n'insisterais pas sur ces subtilités historiques, si les fautes de conduite de l'école libérale n'avaient tenu presque toutes à sa philosophie de l'histoire, incomplète et parfois défectueuse. Une erreur sur la révolution carlovingienne, sur les commencements de la féodalité, sur le treizième siècle, sur Philippe le Bel, n'est pas aussi inoffensive que le croit M. de Sacy. On porte toujours la conséquence du principe d'où l'on est sorti. Issu de l'idée abstraite d'une souveraineté rationnelle exercée pour le plus grand bien de la nation, le parti libéral ne put s'envisager comme un simple mainteneur chargé de protéger les droits de tous et de développer l'initiative de chacun. Par la nécessité des choses, il fut amené à trop gouverner.

Il vit avec raison qu'une société, pour être florissante, doit être très-forte ; mais il se trompa en croyant que le moyen de fortifier une société est de la gouverner beaucoup. Malgré d'innombrables mesures de précaution, l'ordre qu'il avait établi et soutenu, non sans gloire, tomba par la plus inouïe des surprises dont l'histoire ait gardé le souvenir. Je ne veux pas rendre le parti libéral responsable d'une situation qu'il n'avait pas créée. Un principe fatal le dominait : la Révolution, à laquelle il se rattachait, pouvait produire des administrations, mais non des corps. Le principe qui crée les institutions, à savoir la conquête et le droit personnel, était le principe même qu'elle entreprenait de supprimer.

L'organisation de l'instruction publique me paraît l'exemple le plus propre à faire comprendre les graves conséquences du principe adopté par l'école libérale, et à montrer comment ce principe est susceptible par sa nature de se tourner contre ceux qui l'ont fondé. L'Angleterre, l'Allemagne, l'ancienne France, avaient pourvu aux intérêts de la science et de l'éducation par des corporations riches et à peu près indépendantes du pouvoir civil. La France nouvelle, selon son habitude, a résolu le même problème par l'administration. Annuellement, chaque ville de France reçoit d'un bureau de la rue de Grenelle des hommes qu'elle ne connaît pas, et qui sont chargés d'élever ses enfants selon certains règlements, à la confection desquels elle n'a eu aucune part. « Tout ce qui est relatif aux repas, aux récréations, aux promenades, au sommeil, dit le règlement de 1802, se fera par compagnie... Il y aura dans chaque lycée une bibliothèque de quinze cents volumes ; toutes les bibliothèques contiendront les mêmes ouvrages ; aucun ouvrage ne pourra y être placé sans l'autorisation du ministre de l'intérieur. » Cette création a été considérée comme la plus belle de l'époque, et je serais volontiers de cet avis, s'il m'était démontré que les hommes chargés d'appliquer un tel règlement seront toujours des hommes d'un esprit large, fin, distingué, comprenant avec délicatesse les problèmes de l'éducation et du gouvernement des esprits ; mais, de bonne foi, peut-on avoir cette assurance? Or, si l'on admet comme possible l'hypothèse où une telle administration tomberait entre les mains d'hommes qui n'auraient pas toutes les qualités qui viennent d'être énumérées, que l'on songe aux conséquences. Les intérêts les plus chers de l'esprit, tout le mouvement littéraire, scientifique, philosophique, religieux même, seraient exposés à une maîtrise d'autant plus dangereuse que la machine administrative dont on se servirait pour l'exercer serait plus perfectionnée.

Cessons donc de croire que la Révolution de 1789

nous dispense de pénétrer plus avant dans le passé de l'humanité. Quelque important que soit cet événement, il produit sur nous une illusion d'optique, à peu près comme le dernier plan de montagnes borne toujours la vue, et cache les montagnes bien plus hautes qui sont au delà. La Révolution séduit d'abord par la fierté de ses allures, et par ce grand air passionné qu'ont toutes les histoires qui se déroulent dans la rue. Longtemps elle m'a ébloui : je voyais bien la médiocrité intellectuelle et le peu d'instruction de ceux qui la firent ; mais je m'obstinais à prêter à leur œuvre une grande portée politique. Depuis, j'ai reconnu qu'à un petit nombre d'exceptions près, les hommes de ce temps étaient aussi naïfs en politique qu'en histoire et en philosophie. Voyant peu de choses à la fois, ils n'aperçurent pas combien la société humaine est une machine compliquée, combien ses conditions d'existence et de splendeur tiennent à d'imperceptibles nuances. La connaissance approfondie de l'histoire leur manquait entièrement : une certaine emphase de mauvais goût leur troublait le cerveau et les mettait dans cet état d'ivresse particulier à l'esprit français, où se font souvent de grandes choses, mais qui rend impossible toute prévision de l'avenir et toute vue politique un peu étendue.

Sont-ce là des motifs pour désespérer et pour envisager le développement libéral de la France comme flétri dans sa fleur ? Non, certes ; ce sont des motifs pour redoubler de sérieux et pour suppléer par notre application aux avantages que nos pères ne nous ont pas légués. En politique comme en morale, les vrais devoirs sont ceux de tous les jours. Il n'y a que les âmes faibles qui règlent leurs opinions en vue des succès probables de l'avenir. Je dirai presque que l'avenir n'importe pas à l'honnête homme, puisque, pour se dévouer aux belles et aux bonnes choses, il n'est pas nécessaire de supposer qu'elles soient destinées à l'emporter. Si quelque classe de la société française n'a pas rempli la tâche qui lui semblait dévolue, il n'en faut pas conclure qu'une seule chose, c'est que sa place est à prendre. Toute nation traverse l'histoire en traînant avec elle un vice essentiel qui la mine, comme chacun de nous apporte en naissant le principe du mal, qui, à moins d'accident, doit l'emporter ; mais une foule de hasards viennent sans cesse détourner les événements du cours qu'ils auraient suivi s'ils avaient obéi à une pente nécessaire. Les révolutions de la démocratie athénienne sont encore aujourd'hui l'entretien du monde, et pourtant, dès son premier jour, cette démocratie était entachée d'un défaut radical. L'empire romain avait en lui, dès le temps d'Auguste, le germe de sa dissolution ; pourtant il vécut quatre ou cinq siècles avec sa plaie, et dans sa lente agonie il traversa le siècle des Antonins. Le grande lacune que la France porte au cœur ne doit pas davantage nous interdire les longues espérances et les constants efforts.

Certes, si une seule race et une seule domination s'étendaient sur l'Europe moderne, si les nations chrétiennes formaient un monde unitaire, analogue à l'*orbis romanus*, la décadence serait inévitable, puisqu'il n'existerait plus en dehors de ce cercle fermé aucun élément de régénération. Mais le principe de diversité et de vitalité propre qui a créé en Europe un obstacle invincible à toute domination universelle fera le salut du monde moderne. Une civilisation divisée a des ressources qu'une civilisation unitaire ne connaît pas. L'empire romain périt, parce qu'il n'avait pas de contrepoids; mais si, à côté de l'empire, il y avait eu des Germains et des Slaves fortement organisés, l'empire, obligé de compter avec les obstacles et la liberté du dehors, eût suivi une ligne toute différente : le despotisme, en effet, ne peut durer qu'à une condition, c'est que tous les pays qui l'entourent soient à son unisson. Là est le motif d'espérer. Le stoïcien avait raison de s'envelopper dans son manteau et de désespérer de la vertu; car il n'y avait nulle issue au cercle de fer où il vivait, et jusqu'au bout du monde alors habitable il eût trouvé l'odieux centurion, représentant de son implacable patrie. Cent fois dans l'histoire la pensée la plus élevée et la plus délicate a péri; cent fois la bonne cause a eu tort, et je suis persuadé que les auteurs des plus nobles efforts que l'humanité ait tentés pour s'élever vers le bien resteront à jamais confondus dans le culte sommaire des saints inconnus. Cela tenait à ce que, dans les siècles passés, la puissance de l'esprit était resserrée en d'étroites limites. Depuis le commencement des temps modernes, la conscience de l'humanité s'est immensément élargie. La dignité du caractère et la noblesse n'ont plus seulement pour récompense la sympathie d'un petit nombre de belles âmes, toujours amies des vaincus. Symmaque ne fait plus dans le vide son plaidoyer pour les dieux morts, et Boëce n'écrit plus en prison sa *Consolation de la Philosophie*.

M. COUSIN

Presque toutes les générations, en entrant dans la vie, ont commencé par une opinion exagérée de leur force et des destinées qu'elles se croyaient appelées à remplir. Les grandes générations sont celles qui, après bien des luttes, des mécomptes, des demi-victoires et des demi-défaites, arrivent sur leurs vieux jours à réaliser une partie de leurs rêves de jeunesse. C'est au contraire un des traits caractéristiques de celle qui depuis quelques années a pris possession d'elle-même que de débuter par la défiance et l'abandon. La génération qui nous a précédés, celle qui entra dans la carrière en 1815 et atteignit en 1830 la plénitude de sa virilité, apportait avec elle des espérances presque illimitées. En tout, elle se disait appelée à renouveler, et, comme si l'humanité fût née une seconde fois avec elle, elle se croyait capable d'inaugurer en son siècle une littérature nouvelle, une philosophie nouvelle, une histoire nouvelle, un art nouveau. Elle n'a pas donné tout ce qu'elle promettait : elle promettait l'infini; elle n'a pas renouvelé l'esprit humain : cette œuvre est plus difficile qu'on ne le croit d'abord. Mais, en ne tenant qu'une très-petite partie de son programme, elle a donné beaucoup; la génération qui a suivi, en tenant toutes ses promesses, donnerait, ce semble, assez peu de chose. Dès les premiers pas, on lui a montré l'horizon comme tout près d'elle; le but le plus élevé que l'on proposait à son activité était de conserver timidement ce qu'avaient créé ses pères, et l'expérience a prouvé que c'était trop lui demander. Dans l'épreuve suprême des esprits et des cœurs, les uns, dès le premier orage, se sont enveloppé la tête et n'ont plus voulu voir; les autres, entraînés par des lueurs trompeuses, ont marché dans le hasard et la nuit. Chez les uns, tous les signes des âmes faibles, la réaction sournoise, le dépit; chez les autres, le froissement des âmes prématurément éprouvées; chez tous, un douloureux aveu : nous ne vaudrons pas nos pères!

Cette défiance, cette humble opinion de soi-même, doivent-elles s'appeler modestie ou conscience de son infériorité? L'avenir le dira. Il est certain du moins que jamais génération n'entra dans l'histoire avec un sentiment si peu arrêté de ses devoirs, avec si peu de préoccupation du but à poursuivre, avec si peu de foi et de philosophie. La libérale antiquité voyait un vice dans le sentiment que le christianisme a érigé en vertu sous le nom d'*humilité;* elle croyait qu'il n'est pas bon de faire peu de cas de soi-même et d'abdiquer volontairement sa fierté. Qu'eût-elle pensé d'une jeunesse qui, au lieu de dire à ses pères, comme les enfants de Sparte : « Nous serons un jour ce que vous êtes, » se résigne à mourir de froid et de peur, et se condamne à l'immobilité pour ne point ébranler le frêle édifice sous lequel elle espère trouver le repos?

Je ne veux pas rechercher jusqu'à quel point la génération qui nous a précédés peut être responsable de cet abaissement. Je n'examinerai pas si, en nous léguant le désavantage d'une position acquise, elle ne pouvait laisser à notre activité un jeu plus libre, si, en traçant autour de nous un cercle d'où elle nous défendait de sortir, elle n'a pas étouffé ou fait dévier notre originalité, les uns, plus dociles, s'étant renfermés dans une médiocrité résignée, les autres, plus rebelles, s'étant précipités par réaction dans les aventures. Mieux vaut n'accuser que la fatalité de ces irremédiables défaillances. Peut-être aussi l'esprit français n'est-il pas appelé à dépasser certaines limites, et les nations latines, avec leurs qualités brillantes et tout extérieures, leur vanité, leur esprit superficiel, leur manque de sens moral et d'initiative religieuse, ne sont-elles destinées à autre chose qu'à captiver le monde par une rhétorique sonore et à l'étonner à certains jours par de brutales apparitions.

Un des traits d'infériorité les plus frappants de la génération nouvelle, c'est son indifférence pour la culture intellectuelle et les choses désintéressées. Quelque jugement que l'on porte sur l'ensemble des travaux que laissera derrière elle la génération qui nous a précédés, il faut reconnaître que jamais race d'hommes ne posséda plus éminemment cet appétit des choses qui fait saisir la vie avec ardeur comme une proie désirable. Les lacunes qu'on peut découvrir dans son développement furent celles de son esprit, non de sa curiosité; elle aima le monde et y prit goût. Sa mélancolie, je n'y crois guère : elle en parlait trop pour que le mal fût bien profond. Quand vint le jour de l'action, ces Werther de la veille se trouvèrent la tête fort lucide et pleine du sens de la réalité. C'est nous qui sommes les vrais dégoûtés, nous qui doutons de l'esprit humain, sceptiques ou dévots, sans goût pour la contemplation des choses, sans passion pour l'univers. Étrange renversement ! ce sont des hommes d'un autre âge qui soutiennent de nos jours la cause de l'esprit, et arrêtent la jeunesse sur la pente d'une entière abdication !

I

Ces réflexions, que tant de faits contemporains suggèrent, ne m'ont jamais plus vivement frappé qu'en lisant le volume charmant que M. Cousin a récemment donné au public[1]. Les morceaux qui le composent sont fort divers, et l'auteur a bien fait de ne chercher à établir entre eux aucun lien artificiel ; mais un trait commun les unit : je veux dire un vif et brillant enthousiasme, ce goût de la beauté en toute chose que, depuis les jours de la Grèce antique, nul n'a peut-être si richement possédé, cette activité toujours florissante, ce privilége divin du génie qui change en or tout ce qu'il touche et crée l'intérêt des sujets par la passion dont il les anime. M. Cousin, plus qu'aucun autre écrivain de notre temps, a eu le don

[1] *Fragments et Souvenirs.* Paris, 1858.

de diriger l'opinion et de rendre contagieuses ses admirations et ses sympathies. Qui ne se rappelle ce tableau plein de grâce de la vieillesse de Kant, ces pages éloquentes sur Santa-Rosa, ces belles études sur Rousseau? On ne parcourra point ici la série des objets que M. Cousin a aimés et fait aimer : on cherchera de préférence la raison générale qui a tenu le siècle sous le charme de ce brillant esprit. Le volume dont nous parlons contient à cet égard une véritable révélation. Une pensée tardive, mais à laquelle tous applaudiront, a porté M. Cousin à publier en 1858 les notes de son voyage d'Allemagne de 1817. Il a jugé à propos de nous livrer, après quarante ans, les souvenirs de l'impression première qu'il reçut à ce moment décisif où il alla chercher au delà du Rhin le ferment d'un esprit nouveau. Aucun morceau n'est aussi propre à nous livrer le secret de son éducation intellectuelle et à nous faire comprendre sa véritable originalité.

Les critiques superficiels, qui appellent allemand tout ce qui est obscur et obscur tout ce qu'ils ne comprennent pas, ont accusé M. Cousin d'être un esprit allemand : je ne connais pas de jugement plus frivole. M. Cousin me semble au contraire un des représentants les plus caractérisés de l'esprit français au milieu d'une génération qui elle-même, par ses qualités et ses défauts, porta fortement l'empreinte de sa nationalité. Je n'en veux donner pour le moment qu'une preuve superficielle et tout extérieure. La marque essentielle de l'esprit français, c'est de n'être bien compris qu'en France. Plus une œuvre présente avec énergie les traits d'un génie particulier, moins elle est faite pour être complétement appréciée au dehors. L'*Histoire de la Civilisation* de M. Guizot, traduite en allemand ou en anglais, conservera tout son prix, et la traduction ne sera pas fort inférieure à l'original : en serait-il ainsi pour les leçons de M. Villemain? Non certainement ; ces études si délicates y perdraient une partie de leur grâce et la fleur d'atticisme qui a pour nous tant de séduction. Je pense de même que l'œuvre si complexe de M. Cousin ne peut être bien appréciée que par des lecteurs pénétrés du goût français, qu'un étranger n'y verrait pas mille beautés qui nous charment, et qu'il y apercevrait bien des lacunes dont l'art prodigieux du maître nous dérobe le sentiment.

Le curieux récit de voyage que M. Cousin vient de nous livrer est du reste ici d'un poids décisif. Il est évident que M. Cousin n'a vu et connu l'Allemagne que dans la mesure qui convenait à son originalité. De grands obstacles l'empêchèrent heureusement d'aller au delà, il nous avoue lui-même que bien des choses, dans la doctrine des maîtres qu'il interrogeait, produisaient sur lui, sans qu'il y eût de sa faute peut-être, l'effet des ténèbres visibles de Dante. Tous les contacts intellectuels vraiment fructueux s'opèrent de la sorte. Trop bien savoir est un obstacle pour créer : on ne s'assimile que ce qu'on ne sait qu'à demi. Si Raphaël et Michel-Ange avaient connu les monuments figurés de la Grèce comme on les connaît de nos jours, le commerce de l'antiquité n'eût pas été pour eux si fécond. Le torse du Vatican et quelques débris de second ordre leur en ont bien plus appris que ne l'eussent fait les trésors de l'acropole d'Athènes et de Pompeï. Si Mahomet avait étudié de près le judaïsme et le christianisme, il n'en eût pas tiré une religion nouvelle; il se fût fait juif ou chrétien, et eût été dans l'impossibilité de fondre ces deux religions d'une manière appropriée aux besoins de l'Arabie. La connaissance exacte divise et distingue, mais ne réunit pas; les combinaisons de doctrines ne se font qu'à la condition de deviner et d'entrevoir plutôt que de savoir.

L'Allemagne, quand la vit M. Cousin, était du reste à un de ces moments décisifs où une nation communique plus volontiers son âme à ceux qui l'interrogent avec sympathie. C'était en 1817, au lendemain du grand mouvement qui fit lever l'Allemagne contre la prétention toute française de régenter l'esprit. La compression de l'étranger et surtout l'abus de la centralisation avaient révélé l'esprit allemand à lui-même. Les peuples germaniques ne retrouvent toute leur force que le jour où ils voient leur liberté intellectuelle menacée : les droits de l'âme et de la conscience ont seuls le privilége de les passionner. L'*Association de la vertu*, le rôle si original de penseurs et de poëtes comme Fichte, Arndt, Uhland, avaient donné à la crise héroïque que venait de traverser l'Allemagne un caractère à part, et en avaient fait une des plus grandes victoires que toutes les forces morales de l'humanité liguées entre elles aient jamais remportées.

La France, de son côté, était merveilleusement préparée pour recevoir une infusion d'esprit nouveau. Il semble que la race gauloise ait besoin, pour produire tout ce qui est en elle, d'être de temps en temps fécondée par la race germanique : les plus belles manifestations de la nature humaine sont sorties de ce commerce réciproque, qui est, selon moi, le principe de la civilisation moderne, la cause de sa supériorité et la meilleure garantie de sa durée. Les premières années de la Restauration furent un de ces moments décisifs, où, par des voies imperceptibles, s'introduit un ordre nouveau d'idées et de sentiments. Un mur tomba, les horizons s'élargirent ; la France ouvrit l'oreille à des bruits ignorés jusque-là. Les inoculations de ce genre se font d'ordinaire par une sorte d'opération instantanée, comme si un principe mystérieux pénétrait à un moment donné tout le tempérament moral et le changeait jusque dans ses plus intimes profondeurs. Un mot, une page, recèlent alors une révolution intellectuelle, et les esprits, aspirant le souffle d'un monde inconnu, ressemblent à ces êtres aériens des fables antiques que le vent seul faisait concevoir.

La sécheresse, le formalisme, la petitesse d'esprit, n'ont jamais été, dans les temps modernes, portés plus loin qu'en France à la fin du dernier siècle et au commencement de celui-ci. Enfermée dans un cadre officiel d'où on lui défendait de sortir, la pensée s'était en quelque sorte atrophiée et réduite à un chétif exercice d'école. Les traditions savantes étaient détruites, excepté dans les sciences physiques et mathématiques, qui n'exigent de ceux qui les cultivent ni élévation de caractère ni indépendance; la philosophie était abaissée, la poésie réduite à des amplifications de rhétorique ou à de fades déclamations. Mais dans un pays doué d'aussi inépuisables ressources que la France il ne faut jamais désespérer. Quelques mois amenèrent un réveil inouï. La liberté suffit pour opérer un tel miracle; non cette liberté qui, laissant à tous le droit de tout dire, n'est favorable qu'à la médiocrité, mais cette liberté régulière, également éloignée de la licence, qui dégénère en tumulte, et de la compression, qui ne veut autour d'elle que le désert.

C'est à l'avenir qu'il faut laisser le soin d'assigner à chacun des hommes qui prirent part à ce mouvement glorieux son rôle distinct ; mais il est permis de dire dès à présent que nul n'y contribua plus que M. Cousin, que nul n'y porta une spontanéité plus vive, plus décidée, plus sûre d'elle-même. Son originalité est bien plus dans son caractère personnel que dans son œuvre. En philosophie, M. Cousin n'a jamais voulu être créateur : plusieurs fois il s'est fait gloire de n'avoir rien inventé en ce genre, croyant trouver là même le signe de la bonne philosophie. En fait de style, il avait trop bon goût pour ne pas voir que les habiles écrivains n'ont jamais besoin d'innover, et qu'on peut tout dire avec une vieille langue sans lui faire violence. En fait d'érudition et de philologie, il n'a jamais prétendu, malgré des services réels, au rang de maître. Ce qui lui appartient, c'est l'esprit de tout cela, c'est sa passion pour le beau et le grand, l'auréole dont il entoure ce qu'il aime, l'éclat, la vie, la lumière dont chaque chose se revêt sous sa main. Voilà ce qui donne tant de charme à ce volume, reste d'un monde si loin de nous. On y sent à chaque page l'ambroisie divine d'une jeunesse favorisée par le temps, et la sérénité d'une époque où l'espérance, la liberté, une dynastie bien née, d'un sang vieux, généreux et bon, répandaient sur toute chose le doux et chaud rayon d'un soleil de printemps.

Le dix-huitième siècle et ses continuateurs au commencement du dix-neuvième, avec tant de précieuses qualités, avaient le tort de mêler aux plus bienfaisantes doctrines une sorte de platitude systématique. L'épicuréisme semblait chez eux revivre, moins la poésie de Lucrèce. Ils prêchaient le vrai spiritualisme, l'humanité, la pitié, l'équité sociale, et ils trouvaient bon de se dire matérialistes, de nier dans les termes l'idée dont ils fondaient la réalité. Ils prêchaient le Dieu véritable, celui qu'on sert par la justice et la droiture, et ils se disaient athées. Ils prêchaient l'idéalisme par excellence, la sainteté du droit, la prééminence de l'esprit, et ils niaient l'idée, ils réduisaient tout aux sens. Apôtres et croisés à leur manière, ils traitaient de fanatiques et d'insensés ceux qui avaient fait pour une autre opinion ce qu'ils faisaient pour la leur. Les premières connaissances de physiologie et de cosmologie scientifique produisirent ce résultat. On vit le jeu des organes, et on crut avoir expliqué tout l'homme ; on vit les atomes et les lois qui président à leurs mouvements, et on crut avoir expliqué l'univers. L'âme seule échappait. L'âme, voilà ce que M. Cousin voulut réhabiliter ; voilà la noble cause dont il fit choix, et au profit de laquelle il dépensa tant de véritable éloquence et de si inépuisables ressources d'esprit.

Dans cette réaction contre le matérialisme superficiel de l'école dominante, n'alla-t-il pas trop loin ? Beaucoup le pensent, mais tel n'est pas mon avis. Sa doctrine, selon moi, a besoin, non d'être restreinte, mais d'être expliquée. Elle est vraie dans son ensemble, quoique certaines parties laissent désirer plus de précision scientifique. Oui, certes, le spiritualisme est le vrai. La noblesse et la véritable existence n'apparaissent dans le monde qu'avec l'âme. L'individu conscient et moral est le couronnement de l'édifice entier de l'univers ; tout est en vue de lui, et lui seul donne à tout un sens et une valeur. L'âme est la première des réalités et la seule pleine réalité, puisque la matière n'est qu'un agrégat multiple, séparable, sans unité, un agrégat fortuit qui se fait et se défait, qui n'a nulle identité permanente, nulle individualité, nulle liberté. L'âme est immortelle ; car, échappant aux conditions serviles de la matière, elle atteint l'infini, elle sort de l'espace et du temps, elle entre dans le domaine de l'idée pure, dans le monde de la vérité, de la bonté, de la beauté, où il n'y a plus de limites ni de fin. Elle est libre et souveraine ; car, dominant le corps qui la porte et ses instincts inférieurs, elle se crée une royauté sans bornes par la culture de sa raison et le perfectionnement de sa moralité. Elle est de race divine, car, dépassant la planète à laquelle elle est liée sous le rapport de l'espace, elle atteint la région de l'absolu et sonde l'univers. En un sens, on peut dire qu'elle crée Dieu, puisqu'elle seule en dévoile la nécessité, puisque Dieu, obscurément révélé par la nature, ne devint clair que le jour où un homme vertueux succomba dans sa lutte pour la justice, où une conscience pure préféra la pudeur à la vie, où un être noble et bon contempla le ciel dans la sérénité de son cœur. Elle crée des récompenses infinies, puisqu'elle décerne la volupté suprême de bien faire; elle crée des châtiments infinis, puisqu'à son tribunal, le seul qui compte, la bassesse et le mal ne rencontrent que le mépris.

Il faut donc approuver complétement M. Cousin d'avoir proclamé que l'âme est l'essence même et le tout de l'homme, puisque ce qui existe est évidemment ce qui est libre, conscient, indivisible et sans étendue : c'est l'âme qui est, et le corps qui paraît être. Mais comment l'âme entre-t-elle au nombre des réalités? Quelle est son origine (car il est notoire qu'elle commence, le rêve d'existences antérieures ne pouvant trouver de place dans une théorie scientifique)? Toutes les origines sont humbles, et cette sorte d'humilité n'abaisse personne. Le fruit divin qui, une fois détaché de sa tige, semble n'avoir jamais existé que par lui-même, tient cependant de la terre par la racine d'où il sort. L'âme n'a rien de matériel, mais elle naît à propos de la matière. L'ancienne hypothèse de deux substances accolées pour former l'homme, hypothèse qui en tout cas doit être maintenue pour la commodité du langage, est vraie si l'on entend parler de deux ordres de phénomènes, dont l'un dépasse l'autre de toute la distance de l'infini; mais elle est fausse si l'on entend soutenir qu'à un certain moment de l'existence organique, un nouvel être vient s'adjoindre à l'embryon qui auparavant ne méritait pas le nom d'homme. C'est là une manière grossière de se représenter les choses, qui est en contradiction avec les résultats de la science expérimentale de la vie, et qui répugnera toujours au physiologiste. S'il est une induction qui résulte naturellement de l'aspect général des faits, c'est que la conscience de l'individu naît et se forme, qu'elle est une résultante, mais une résultante plus réelle que la cause qui la produit et sans commune mesure avec elle, à peu près comme l'harmonie d'un concert n'existerait pas sans les tubes et les cordes sonores des exécutants, bien qu'elle soit d'un tout autre ordre que les objets matériels qui servent à la réaliser.

Le matérialisme est donc un non-sens plutôt qu'une

erreur. Il est le fait d'esprits étroits qui se noient dans leurs propres mots et s'arrêtent au petit côté des choses. La raison et la moralité se produisent dans le monde par suite de l'existence d'un certain organisme ; mais, une fois produites, elles font oublier leur cause génératrice. La matière est la condition nécessaire de la production de la pensée ; mais la pensée triomphe à son tour de la matière, la dompte, la méprise et lui survit. Le matérialiste est comme un enfant qui ne verrait dans un livre qu'une série de feuilles noircies et liées entre elles, dans un tableau qu'une toile enduite de couleurs. Est-ce là tout ? N'y a-t-il pas encore l'âme du livre et du tableau, la pensée ou le sentiment qu'ils représentent, et cette pensée, ce sentiment, ne méritent-ils pas seuls d'être pris en considération ? Le matérialiste voit la grossière réalité, mais non ce qu'elle signifie ; il voit la lettre, mais non l'esprit. Je me trompe : il voit l'esprit à sa manière ; mais, cédant à une sorte de timidité déplacée, il recule devant les formules élevées, qui seules, quand il s'agit des choses morales, renferment la vérité.

Il faut en dire autant de l'athéisme. L'énorme malentendu qui si souvent transforme en blasphémateurs de la Divinité ses plus pieux et plus sincères adorateurs est avant tout une erreur de grammaire. On ne s'entend pas sur les mots. Quel hymne vaut le poëme de

Lucrèce? Quelle vie de saint offre un plus parfait idéal de l'ascétisme et de la perfection morale que celle de tel penseur de nos jours à qui je ne connais qu'un seul travers d'esprit, celui de se croire athée? Ah! que les prières basses et presque toujours intéressées de l'homme vulgaire sont un moindre hommage à la Divinité que cette réserve exagérée qui retient parfois sur les lèvres du savant scrupuleux le mot que tant d'autres profanent par l'hypocrisie et la légèreté!

M. Cousin ne tint pas toujours compte de ces délicates nuances. Aspirant à philosopher pour un grand nombre, il dut chercher moins à raffiner ses formules qu'à les rendre claires et capables d'être acceptées. Dans les dogmes religieux et philosophiques, la forme est toujours relative, le fond seul est vrai; mais la forme est loin d'être indifférente. L'humanité, qui, dans son ensemble, est incapable de délicatesse critique, ne voit jamais sans inquiétude ruiner les symboles qu'elle a longtemps acceptés. Comme le patriarche antique, quand elle a perdu ses idoles, elle s'écrie : « J'ai perdu mes dieux! » Le devoir de la science, d'un autre côté, est de rechercher des formules de plus en plus rapprochées du vrai. De là une contradiction qui ne cessera qu'avec l'esprit humain. Tous les partis pris sont légitimes quand ils sont sérieux et honnêtes. La plus grave erreur de la critique est de reprocher aux hommes de génie de n'avoir pas été autres qu'ils ne furent. M. Cousin atteignit son but, qui était, non de créer une doctrine originale, mais de donner une forme éloquente et en un sens populaire aux grandes vérités de l'ordre moral. Je vais montrer que tout ce que des juges malveillants seraient tentés d'appeler ses défauts fut la conséquence de ce grand parti pris. Du moment qu'on admet que le dessein était noble et élevé, les défauts qui en étaient la condition sont absous d'avance, et il n'en est pas un seul dont on ne puisse dire ce que l'Église dit de la faute originelle : *Felix culpa!*

II

Au premier coup d'œil, on ne peut nier que la direction générale de la carrière de M. Cousin ne s'éloigne fort de ce que l'exemple des philosophes du passé nous ferait envisager comme l'idéal d'une vie toute dévouée à la pensée. Quand Descartes, du fond de son poêle de Hollande, aussi seul, comme il le dit lui-même, au sein d'une grande ville qu'au milieu d'une forêt dont les arbres marcheraient, méditait sur le point de départ de toute connaissance et sur les lois de l'univers ; quand l'ascète de la philosophie moderne, celui que M. Cousin a si bien comparé à l'auteur inconnu de l'*Imitation de Jésus-Christ*, quand Spinosa, dans son pauvre réduit, en polissant ses verres de lunettes, se mirait, pour me servir de l'expression de Schleiermacher, dans le monde éternel; quand le fondateur de la philosophie allemande, les yeux fixés, durant quarante ans, sur une vieille tour du château de Kœnigsberg, dressait la plus profonde analyse des rouages de l'esprit qui ait jamais été essayée; quand Leibniz lui-même, dont la vie pourtant fut bien plus mêlée à l'action, rêvait à ses monades, le monde n'existait pas pour eux. Semblables à de purs esprits, placés en dehors des intérêts, des passions, des événements de leur époque, ils ne se doutaient pas qu'il y eût une société humaine, ou du moins ils spéculaient comme s'il n'y en avait pas. Vous eussiez dit à ces grands hommes : « Prenez garde, vous allez déplaire à tous les partis, créer des embarras à vos amis, faire peur aux têtes faibles, égarer des esprits mal faits, » ils eussent souri : peut-être eussent-ils consenti à se taire; mais certainement leur fière pensée ne se fût pas détournée d'un pas pour d'humbles soucis étrangers à la passion du vrai, la seule qui les touchât.

Tel n'est pas M. Cousin. Si l'on entend par philosophe un savant d'un genre spécial, l'inventeur d'un système nouveau, le créateur d'une doctrine originale, ce mot n'est pas celui qui convient pour le désigner. M. Cousin appartient encore plus à la littérature qu'à la science. C'est avant tout un écrivain, un orateur, un critique, qui s'est occupé de philosophie. Son nom réveille plutôt l'idée du talent, de l'éloquence, que l'idée d'un genre de spéculation déterminé. La nature lui avait accordé trop de dons pour qu'il pût ne demander la gloire qu'à un seul, et, dans la foule des qualités qu'il joignit à celles du philosophe, une seule eût suffi pour le bannir de cette sévère phalange des chefs de la pensée abstraite, où chacun est marqué au front d'un signe fatal. La marque d'une vocation spéciale, c'est d'être tellement imposée par la nature, que celui en qui elle se manifeste, écarté de sa voie, eût été condamné à l'impuissance ou à la médiocrité. Or M. Cousin eût réussi en tout ce qu'il eût voulu entreprendre, et lui-même s'est plu à le montrer. On sent que le talent qu'il a appliqué à la philosophie, il eût pu l'appliquer à toute autre chose, que la philosophie a été pour lui un choix et non une nécessité, l'objet d'un penchant sérieux et sincère, mais non d'un amour irrésistible et exclusif.

Et d'abord le philosophe, dans le vieux sens du mot, n'était pas écrivain. Je m'explique. Une pensée forte et vraie arrive toujours à s'exprimer d'une manière originale; il n'y a que la pensée fausse ou languissante qui produise les ouvrages décidément mal écrits. Bayle et Leibniz manient la langue d'une manière lourde et inhabile, et pourtant quel charme dans l'austère sincérité de leurs écrits ! Je veux dire seulement que le philosophe d'autrefois n'était pas d'ordinaire un artiste de langue, que le souci du vrai seul le préoccupait, que le beau résultait de l'ensemble et de la direction de son œuvre sans que l'auteur y pensât. M. Cousin s'est imposé des conditions plus étroites. On ne peut nier que le soin du style n'entraîne certains sacrifices de la pensée. Bien écrire en français est une opération singulièrement compliquée, un compromis perpétuel, où l'originalité et le goût, l'exactitude scientifique et le purisme, tirent l'esprit en sens inverse. Un bon écrivain est obligé de ne dire à peu près que la moitié de ce qu'il pense, et s'il est, avec cela, un esprit consciencieux, il est obligé d'être sans cesse sur ses gardes pour ne pas être entraîné par les nécessités de la phrase à dire bien des choses qu'il ne pense pas. L'éloquence d'ailleurs, comme l'entend M. Cousin, a des exigences impérieuses. Toutes les doctrines ne sont pas également éloquentes, et je crois bien que plus d'une fois M. Cousin a dû se laisser entraîner vers certaines opinions autant par la considération des beaux développements auxquels elles prêtaient que par des démonstrations purement scientifiques. Ce n'est point là une critique, car le beau est après tout une des marques de la vérité; mais sans doute on eût fort étonné Descartes, si on lui eût dit qu'un jour la philosophie la plus vraie serait celle qui pourrait s'exprimer par les plus belles phrases, et que le tour oratoire qu'une doctrine est susceptible de revêtir passerait pour un argument en sa faveur.

La carrière politique que M. Cousin parcourut avec de si brillants succès contribua bien plus encore à limiter sa liberté philosophique. Si le monde était conduit seulement par les idées, ce serait au philosophe de le diriger; mais le tissu des affaires humaines est composé de tout autre chose. De plus en plus les intérêts obtiennent dans la direction de ce monde une voix prépondérante. L'ignorance, la sottise et la méchanceté tenant aussi une place considérable dans la marche des événements, se mettre aux prises avec les choses humaines, c'est s'obliger à tenir compte d'une foule d'éléments fort peu philosophiques : la profondeur d'esprit et la hauteur métaphysique sont, en pareille matière, d'un assez mince usage. Le milieu où s'agite la politique est humble : l'humanité, dans son ensemble, représente un homme de moyenne capacité, égoïste, intéressé, assez souvent ingrat; il faut que l'homme pratique soit humble aussi. Les hautes visées ne feront que l'égarer. Voilà pourquoi les grands hommes n'agissent guère dans le monde que par leurs défauts ou leurs petits côtés. L'homme tout à fait détaché des faiblesses de la terre serait impuissant, puisqu'il n'y aurait plus aucune commune mesure entre lui et le milieu médiocre ou pervers où il se trouverait égaré.

Le propre du philosophe est de ne pas songer aux conséquences, ou, pour mieux dire, d'élever la spéculation à cette hauteur où toute conséquence mauvaise est bannie, et ne se présente même pas à la pensée. Arrivé à ce degré de maturité et de bonté que l'étude sait donner, le penseur est en quelque sorte réduit à l'impossibilité de mal faire. La philosophie n'est pour lui que l'épopée de l'univers; le vrai mot dont il aime à désigner ses spéculations est celui de l'antiquité : *placita*, ce qui lui a plu, le point de vue que, entre mille autres, il a préféré. La source du bien est pour lui, non dans telle ou telle doctrine, mais dans sa noblesse, dans le sentiment de sa filiation divine, dans l'habitude qui fait que l'idée du mal n'a plus d'accès près de lui. Mais tel n'est pas l'état du commun de l'humanité. Si l'humanité par sa tête touche le ciel, dans son ensemble elle a l'esprit étroit et formaliste. Il faut peu de chose pour lui donner le vertige. Aux yeux du philosophe, l'humanité se compose de quelques individus exceptionnels, préservés des tentations et des malentendus où tombe la foule ; mais pour le politique il n'en est point de la sorte. Se jetant résolûment dans la mêlée des choses humaines, il en subit les conditions. Il doit se résigner à traiter avec la médiocrité d'esprit; il doit composer avec elle et lui faire des concessions. Chaque mot, il doit le peser, non-seulement au scrutin de la vérité, mais au scrutin de l'utilité. Chaque doctrine, il doit l'accepter, non parce qu'elle lui paraît plus scientifique, plus rapprochée de la vérité, mais plus accommodée aux circonstances, plus utile pour sa fin.

Mais, dira-t-on, la vérité peut-elle avoir de fâcheuses conséquences, et la science est-elle grosse de tempêtes? L'homme de tact qui juge les doctrines, non par des considérations scientifiques, mais par leur physionomie générale et leurs tendances, n'a-t-il pas un bon *criterium*? Si telle ou telle doctrine est utile au maintien de la société, n'est-ce pas une grande preuve que cette doctrine est la vérité? Ce raisonnement serait très-juste si l'espèce humaine se composait de quelques milliers d'hommes cultivés de la même manière, vivant uniquement de la vie intellectuelle et morale, exercés à toutes les finesses de la spéculation. L'humanité au fond pose sur le vrai; ce qu'elle n'atteint jamais, c'est la fine nuance : les formules où elle se complaît sont lourdes et grossières. Il faut, pour fixer les idées de la foule, un symbole arrêté et qui ait un certain air d'évidence. Tout serait sans venin, si tous étaient élevés à ce degré de pureté où l'acte seul de la pensée est un hommage rendu à la Divinité; mais les plus fortes et les plus belles doctrines prises par des esprits étroits et scolastiques peuvent se tourner en poison. Le penseur qui veut se mêler aux affaires humaines est donc obligé à une foule de ménagements. La doctrine du philosophe serait bonne pour tous, si tous étaient aussi honnêtes et aussi intelligents que lui : dans ses livres, il n'a point à se gêner, car celui qui les lit le fait à ses risques et périls, et témoigne par le seul fait de les ouvrir que cette lecture n'a pour lui aucun danger; mais dès qu'il s'agit d'un prosélytisme plus étendu, il tremble. Le champ des misères humaines lui est inconnu, et il évite tout contact avec les régions du monde moral dont il n'a étudié ni l'état ni les besoins.

Loin de nous l'idée même d'un reproche contre l'illustre écrivain auquel la culture libérale doit en France une si solide reconnaissance. Ce que nous cherchons à faire comprendre ici, ce sont les limites fatales que les facultés humaines se créent l'une à l'autre. Qui osera regretter que M. Cousin ait été ce qu'il est : un philosophe éloquent, mêlé au mouvement de son époque, un vrai tacticien de la pensée, traitant en diplomate les questions qu'on n'avait guère abordées jusque-là qu'avec la simplicité scientifique? Mais, pour remplir ce programme, pour rester toujours *possible*, comme on dit aujourd'hui, que de sacrifices il a dû faire! que de fois il a dû préférer ce qui est pâle à ce qui est vif et profond! que de fois il a dû tenir compte de la sottise prétentieuse et du dogmatisme tranchant! M. Royer-Collard avait avant lui proclamé ce principe, que chaque gouvernement a sa philosophie, substituant une sorte de philosophie d'État à la religion d'État de l'ancien régime. L'argument sur lequel il semblait insister le plus en faveur du spiritualisme, c'est qu'à ses yeux le spiritualisme est la philosophie qui convient le mieux au gouvernement représentatif. On faisait ainsi sortir la philosophie de la sphère purement scientifique; on l'introduisait dans le champ des matières qui relèvent de l'opinion et du tact; on en faisait une chose du monde. C'était en un sens l'ennoblir, et dans un autre l'abaisser et l'assujettir à une foule d'exigences. Est-ce que chaque gouvernement a sa chimie, sa physique ou son astronomie? est-ce que chaque gouvernement a sa philologie? Le but politique bien plus que la science elle-même devenait ainsi la mesure de toute chose : or, quelque excellent que soit un but, dès qu'il est étranger à la pure recherche du vrai, la philosophie souffre toujours d'y être subordonnée.

On s'est habitué à présenter comme une des qualités de l'esprit français cette rigueur de logique en vertu de laquelle les théories ne restent jamais longtemps chez nous à l'état de spéculation, et aspirent très-vite à se traduire dans les faits. C'est là sans doute un des traits de l'esprit français, mais j'hésite beaucoup, pour ma part, à y voir une qualité. Il n'est pas de plus grand obstacle à la liberté de la pensée. Une vie comme celle de Kant, passée dans la paix profonde d'une université de province, au milieu d'une sorte de respect religieux, une telle vie est impossible en France. Supposons Kant professeur de faculté, que de tracasseries n'eût-il pas eu à subir! Combien de fois eût-il été mandé au ministère! A combien d'inspecteurs et de chefs de cabinet eût-il dû rendre compte de sa doctrine! Pour conquérir sa liberté, il eût été obligé de devenir homme politique; pour lui donner droit d'enseigner telle ou telle opinion sur les catégories de l'entendement, il eût fallu des barricades. C'est souvent pour les étrangers un sujet d'étonnement de voir le pays du monde le plus téméraire et le plus systématique, quand il s'agit de révolutions, si étroit, si timide, quand il s'agit de la pensée pure. Au fond, cela s'explique : la théorie en France naît tout armée; c'est un ennemi, un révolutionnaire dont il faut se garder, et, en effet, le jour où une digue cesse de lui être opposée, elle s'impose, elle est tyrannique ou dés-

astreuse. En Allemagne, au contraire, où la pensée
naît inoffensive, étrangère aux choses de ce monde,
déclarant tout d'abord qu'elle n'a ni le droit ni la
prétention de toucher à l'ordre établi, il est naturel qu'elle soit plus libre. Elle ne demande que le
royaume de l'air : on le lui abandonne. — Si vos théories sont vraies, me dira-t-on, elles doivent être
bonnes à appliquer. Oui, si l'humanité en était digne
et capable. La théorie est toujours un idéal; il sera
temps de la réaliser le jour où il n'y aura plus dans le
monde de sots ni de méchants.

Je le répète encore, il ne s'agit point ici d'une critique contre les représentants d'une génération que
nous n'égalerons pas; mais, puisque les circonstances
nous ont dispensés des soucis qui pèsent sur eux,
puisque nous n'avons, comme eux, ni à tenir compte
de l'opinion, ni à sacrifier notre liberté au devoir de
rester *possibles*, prenons notre revanche par la science
indépendante et désintéressée. Les compromis, qui
vont si bien à l'orateur, nuisent déjà à l'écrivain, mais
sont tout à fait préjudiciables au savant. Partageons-
nous le monde de l'esprit, puisque le monde de l'action
nous est interdit. M. de Maistre peint quelque part la
science moderne « les bras chargés de livres et d'instruments de toute espèce, pâle de veilles et de travaux, se traînant, souillée d'encre et toute pantelante,

sur le chemin de la vérité, en baissant vers la terre son front sillonné d'algèbre. » Un gentilhomme comme M. de Maistre devait se trouver humilié en effet de pénibles investigations, et la vérité était bien irrévérencieuse de se rendre pour lui si difficile. Nous ne sommes pas obligés à tant de délicatesse : nous ne devons pas rougir de paraître pédants, si ce mot signifie patients et sérieux. Certes, il serait plus commode de pouvoir, sans se déranger de son fauteuil, atteindre la règle indubitable : l'infaillibilité papale est une institution très-aristocratique, et qui doit plaire aux gens du monde. Malheureusement la vérité est roturière; elle est peu sensible aux grands airs; elle ne se livre qu'aux mains noircies et aux fronts ridés. Qu'y faire? Est-ce notre faute si cette fière déesse exige de ses adorateurs un long noviciat d'apprentissage et d'œuvres serviles, si elle est comme le royaume des cieux, qui souffre violence, et que les violents seuls ravissent?

La philosophie étant le centre et en quelque sorte la région commune où toutes les branches de la culture intellectuelle se réunissent, on y arrive par les voies les plus opposées. La littérature, la politique, les sciences physiques, les sciences historiques, y mènent également et produisent des façons très-diverses, mais toutes incomplètes, de philosopher. M. Cousin étant, malgré la haute valeur de ses spéculations, plus particulièrement de la classe des philosophes littéraires et politiques, les personnes préoccupées surtout du côté scientifique doivent naturellement trouver chez lui quelques lacunes, lacunes qui s'expliquent du reste par l'éducation universitaire qu'il reçut. Le tour des études dans la vieille université était beaucoup plus littéraire que scientifique : on ne croyait pas qu'en dehors des carrières d'application les sciences physiques et mathématiques eussent quelque prix. C'est là une erreur aussi grave que celle des esprits étroits et jaloux qui plus récemment ont soutenu que les études littéraires ne pouvaient servir qu'à l'homme de lettres. Je voudrais, pour ma part, que les sciences physiques et mathématiques tinssent dans l'éducation une place pour le moins égale à celle que l'on accorde aux études littéraires. La seule tendance qui soit fatale en pareille matière, c'est l'esprit industriel et utilitaire, qui rabaisse également la science et la littérature, cet esprit qui a fait croire à quelques hommes médiocres qu'on pouvait élever les âmes et former les caractères en enseignant aux jeunes gens l'arpentage et les procédés de fabrication des bougies ou du savon. Quant aux études scientifiques purement spéculatives, elles contribuent au moins autant que les études littéraires à la culture intellectuelle, et peut-être, si elles entraient pour une plus grande part dans l'enseignement commun, corrigeraient-elles ce penchant fâcheux qui porte l'esprit français à s'occuper plus de la forme que du fond même des choses et à préférer en tout l'appareil oratoire à la vérité.

C'est pour n'avoir pas assez compris le côté progressif et vivant de la science que la philosophie universitaire a si vite dégénéré en quelque chose d'aride, où l'on est réduit à se taire ou à se répéter. Si l'on envisage en effet la philosophie non comme une science qui serre son objet par des approximations successives, mais comme une scolastique pétrifiée, où toute espérance de découverte est interdite, que reste-il à faire ? Une seule chose : mettre en phrases plus ou moins bien tournées la doctrine qu'on suppose fixée une fois pour toutes. Qui ne voit que c'est là une besogne fastidieuse, à laquelle des esprits jeunes, vifs et sincères, ne se résigneront jamais ? Aussi, sur toute la ligne, les sciences, soit historiques, soit naturelles, me paraissent-elles destinées à recueillir l'héritage de la philosophie. Si la philosophie ne veut pas rester une toile de Pénélope, sans cesse et toujours vainement recommencée, il faut qu'elle devienne savante. Chaque branche des connaissances humaines a ses résultats spéciaux qu'elle apporte en tribut à la science universelle. Les principes généraux, qui seuls ont une valeur philosophique, ne sont possibles qu'au moyen de la recherche érudite des détails. La tentative de construire la théorie des choses par le jeu des formules vides de l'esprit est une prétention aussi vaine que celle du tisserand qui voudrait produire de la toile en faisant aller sa navette sans y mettre du fil.

Les sciences historiques surtout me paraissent appelées à remplacer la philosophie abstraite de l'école dans la solution des problèmes qui de nos jours préoccupent le plus vivement l'esprit humain. Sans prétendre refuser à l'homme la faculté de dépasser par son intuition le champ de la connaissance expérimentale, on peut reconnaître, ce semble, qu'il n'y a réellement pour lui que deux ordres de sciences, les sciences de la nature et les sciences de l'humanité : tout ce qui est au delà se sent, s'aperçoit, se révèle, mais ne se démontre point. Le grand problème de ce siècle, ce n'est ni Dieu ni la nature ; c'est l'humanité. Or les vraies sciences de l'humanité sont les sciences historiques et philologiques. L'ancienne psychologie, envisageant l'individu d'une manière isolée, faisait une œuvre utile sans doute, et qui a amené de solides résultats ; mais notre siècle a bien vu qu'au delà de l'individu il y a l'espèce, qui a sa marche, ses lois, sa science, science autrement féconde et attrayante que celle des rouages intérieurs de l'âme humaine, science qui est destinée à devenir l'objet principal des méditations du penseur, mais qui, dans l'énorme confusion où le passé nous est parvenu, ne peut se construire qu'au moyen des plus patients labeurs. La politique étudie l'espèce humaine pour la gouverner ; l'économie politique l'étudie pour l'administrer : la science dont nous parlons étudie l'humanité comme la plus grande réalité qui soit accessible à l'expérience, pour suivre les lois de son mouvement, et déterminer, s'il se peut, son origine et sa destinée. L'histoire, je veux dire l'histoire de l'esprit humain, est en ce sens la vraie philosophie de notre temps. Toute question de nos jours dégénère forcément en un débat historique; toute exposition de principes devient un cours d'histoire. Chacun de nous n'est ce qu'il est que par son système en histoire.

En général, l'idée d'une science indépendante, supérieure, ou, si l'on veut, étrangère à la politique, n'est pas le fait de la génération à laquelle appartient M. Cousin. Il ne peut entrer dans la pensée de personne de blâmer une tendance qui a produit de si brillants résultats. Mais, d'un autre côté, comment ne pas trouver quelques inconvénients à un état intellectuel où tout est devenu une affaire politique, où l'on ne peut avoir une opinion sur les choses les plus inoffensives sans être du gouvernement ou de l'opposition? La conséquence d'un tel principe, donnant à l'État un droit d'inquisition sur les choses de l'esprit, devait être à la longue, et indépendamment de la volonté de ceux qui l'ont fondé, l'abaissement de la grande science libre. J'avoue qu'à cet égard je me permets de faire quelques reproches à la génération qui nous a précédés. Elle a trop voulu régler l'esprit; la culture intellectuelle est devenue une des branches de l'administration publique; le ministère de l'instruction publique a été celui de la science et de la littérature. L'intention était bonne et libérale; mais on ne connaît jamais son successeur, et c'est un excellent principe de toujours faire comme si ce successeur devait être un ennemi. Mon opinion est qu'en subordonnant ainsi la haute culture à la politique, en établissant en principe que l'État seul enseigne, et qu'un homme ne peut communiquer oralement sa pensée aux autres à moins de se constituer le salarié de l'État, qui naturellement peut faire ses conditions, le parti libéral a fondé un énorme instrument de tyrannie qui fera courir les plus grands dangers à la civilisation moderne. Le moyen âge était plus vraiment libéral. Abélard n'eut à demander aucune autorisation pour réunir autour de lui, sur la montagne Sainte-Geneviève, les foules qui désiraient l'écouter.

III

La plus grave difficulté qui soit sortie de ce système, beau et noble sans doute, mais qui, comme tout système, avait ses inconvénients, c'est celle des rapports de la science avec la religion établie. Pour le spéculatif sans ambition, qui ne demande d'autre part en ce monde que la liberté, rien de plus simple. Les religions sont pour lui des faits moraux et historiques d'un immense intérêt. Elles naissent de l'instinct divin qui entraîne l'âme vers l'infini, et du besoin que l'homme éprouve de donner une forme concrète et limitée à ce sentiment; les religions sont de la sorte des formes toujours imparfaites, mais toujours respectables, d'un sentiment éternel. Voilà qui est clair; mais, dès qu'on ne se contente plus de la critique pure, dès qu'on entre dans le champ de l'action, qu'on se met en rapport avec des masses d'hommes pour lesquels la religion est un intérêt et une passion, il faut transiger, et transiger avec des puissances qui sont de leur nature exigeantes et ombrageuses : de là des difficultés sans nombre; on fait des concessions, on déploie une immense habileté, et on ne contente personne. On ne se contente pas soi-même ; en effet, la moralité d'une bonne portion de l'espèce humaine tenant à la religion, on craint, même en voulant l'épurer, de travailler à l'affaiblir. Et pourtant l'esprit humain a des droits évidents dont la défense constitue, pour ceux que leur vocation appelle de ce côté, le plus sacré des devoirs. La timidité a raison à sa manière, mais non à ce point qu'on doive, pour lui complaire, entraver le progrès ; autrement il aurait fallu interdire aux prédicateurs du christianisme de toucher aux idoles, puisque en renversant ces antiques images, auxquelles les idées religieuses étaient attachées depuis tant de générations, ils risquaient d'ébranler en même temps le sentiment qui s'y rapportait.

Personne dans cette lutte périlleuse n'a déployé plus d'habileté que M. Cousin. Son parti pris général est exposé avec beaucoup de clarté dans le remarquable morceau où il nous rend compte des réflexions qui se pressèrent dans son esprit durant la dernière nuit qu'il passa en Allemagne. Il accepta le christianisme dans sa forme la plus générale, évitant la discussion des détails, refusant de regarder de près, s'armant des noms classiques dont on s'est habitué à faire dans le sein du catholicisme une sorte de parti modéré. « Depuis le concile de Nicée, la doctrine chrétienne, solidement établie, marche et se développe avec une régularité parfaite, avec une grandeur et une clarté saisissantes ;

mais auparavant quel enfantement laborieux et obscur ! que de ténèbres ! que de lacunes !... Renonçons donc une fois pour toutes à l'exégèse et à la théologie. Prenons le christianisme tel qu'il est sorti du concile de Nicée, avec le dogme arrêté et achevé de la Trinité ; acceptons ce dogme en lui-même, sans rechercher son histoire, sa formation, son origine... » Cela est habile, mais cela est-il vraiment philosophique ? Dans une religion qui se donne comme un fait historique, ne sont-ce pas au contraire les origines qui importent ? S'il y a un livre révélé de Dieu, ce livre vaut bien la peine qu'on cherche à l'entendre. Si Dieu a jamais parlé aux hommes, il est peu naturel de préférer au texte même de ses enseignements des interprétations séparées du fait révélateur par un intervalle de quatre, cinq, ou même seize et dix-sept siècles.

« Je n'ai pas encore rencontré, dit M. Cousin, deux théologiens qui s'accordent. Du haut de leur science hébraïque et orientale, que je ne puis pas contrôler, tous s'attaquent, tous s'accusent des plus grandes erreurs. » Cela est vrai des théologiens proprement dits, mais ne saurait s'appliquer à ceux qui cherchent à faire, au point de vue rationaliste, l'histoire des textes réputés sacrés. Grâce aux progrès que la science de l'hébreu a faits depuis un demi-siècle, on comprend les monuments hébreux (sauf quelques passages qui, faute de rapprochements suffisants, seront toujours des énigmes) à peu près comme on comprend Homère. Les incertitudes de l'exégèse scientifique ne seraient guère plus grandes que celles auxquelles est sujette l'histoire de la philosophie et de la littérature grecques quand il s'agit d'époques un peu anciennes, si l'exégèse ne s'appliquait à des textes qui sont pour de grandes réunions d'hommes un objet de foi, d'où il résulte que, dans cet ordre de recherches, les thèses les plus désespérées continuent à avoir des défenseurs, et que les résultats les plus certains sont traités de paradoxes hardis, quand ils contrarient les opinions accréditées.

En somme, M. Cousin me semble, dans cette délicate question, accorder trop et trop peu : trop, car il concède à l'enseignement religieux une autorité qui, si elle était réelle, réduirait la philosophie au rôle de servante, comme on disait autrefois; trop peu, car cette façon de s'incliner devant un dogme dont on fait abstraction dans la direction de sa propre pensée renferme une sorte d'indifférence et de dédain. Au fond, ceux-là témoignent peut-être plus de respect pour le christianisme, qui y reviennent sans cesse et en parlent plus sans doute que ne le voudrait la sagesse. S'ils s'en occupent, c'est qu'ils lui accordent une très-grande place dans l'ensemble des choses humaines, et que peut-être ils l'aiment encore. L'éducation peu religieuse qu'ont reçue la plupart des hommes de la génération qui nous a précédés explique seule comment ils ont pu prendre à l'égard du christianisme une position aussi dégagée de tout lien antérieur. N'ayant connu le christianisme que tard et à un âge réfléchi, n'ayant pas été bercés de ces belles croyances qui laissent toujours dans l'âme un parfum de poésie et de moralité, ils ont agi avec notre vieille mère d'une façon sèche et hautaine, qui nous blesse. Ils sont chrétiens par politique ; nous le sommes de sentiment. Qui de nous est plus près du royaume de Dieu? Rien de moins fondé assurément que les reproches que le clergé s'est cru autorisé à adresser à M. Cousin : je ne connais point en France d'homme auquel l'Église doive en réalité plus de reconnaissance. Quel est l'ecclésiastique qui eût su comme lui, au sortir de l'énorme abaissement où étaient tombées les idées religieuses vers le commencement de ce siècle, ressusciter le spiritualisme et remettre en honneur les mots sacrés qui semblaient bannis à jamais de l'enseignement de la philosophie? Dans les mouvements religieux qui ont suivi, ne l'a-t-on pas vu obéir docilement aux préférences de l'opinion et prêter un charme inattendu aux plus austères figures du catholicisme, à celles-là mêmes que les catholiques semblaient avoir oubliées? Il faut avouer toutefois que c'est une position difficile que celle de catholique malgré l'Église. Loin de nous toute pensée qui tendrait à jeter une ombre de doute sur la sincérité des mouvements intérieurs d'une âme aussi spontanée dans ses entraînements : il est bien permis de dire cependant que ce qui frappe dans le caractère général de l'œuvre de M. Cousin n'est pas ce qu'on entend d'ordinaire par le sentiment chrétien. Préoccupé surtout des grandeurs classiques et du type oratoire que l'antiquité et le dix-septième siècle nous ont légués, il ne semble pas aimer beaucoup le ton simple, naïf et populaire du véritable christianisme primitif; il ne connaît guère le moyen âge, cette admirable source de poésie. L'esthétique de la nouvelle école catholique, à laquelle on ne peut contester quelque valeur, paraît avoir fait sur lui peu d'impression.

On vient de voir à quelles lourdes nécessités inconnues aux anciens sages M. Cousin a dû se soumettre. Non content d'être philosophe, il voulut être écrivain, homme politique, et pourtant je n'ai pas dit encore la plus pesante de ses chaînes : il voulut être chef d'école. Je ne connais pas de position plus délicate. Le philosophe isolé n'est responsable que de son propre salut, mais le chef d'école a charge d'âmes. Il faut qu'il prenne garde de scandaliser les petits qui le suivent : de là des précautions plus maternelles que philosophiques, mille scrupules, mille attentions pour les consciences tendres (les meilleures de toutes), dont il est le directeur spirituel. Que dire quand cette école est l'Université tout entière, quand on s'impose la tâche de tracer à des jeunes gens de vingt-deux ans ce qu'ils doivent enseigner à des enfants plus jeunes de quelques années sur Dieu, l'univers et l'esprit humain! M. Cousin ne recula pas devant cette entreprise hardie. La création de l'enseignement philosophique en France est bien son fait, et certes ce n'est pas là une gloire médiocre : cet enseignement, quelque timide qu'il dût être, cultivait l'esprit des jeunes gens les faisait réfléchir et était, après l'enseignement de l'histoire, celui qui portait les meilleurs fruits. A un autre point de vue d'ailleurs, l'école dont M. Cousin peut être appelé le chef a rendu à la science un service signalé, je veux dire en produisant un très-bel ensemble de travaux sur l'histoire de la philosophie. Sans parler de quelques esprits d'élite qu'on range parfois dans cette école, mais auxquels ne peut s'appliquer le nom de disciples, l'éclectisme a produit une foule de caractères éminemment honnêtes et de très-consciencieux travailleurs. Mais, à côté de cela, que de naïveté! Combien de fois le maître a dû sourire de l'aplomb de jeunes disciples s'érigeant tout d'abord en gendarmes de la philosophie, et croyant tenir dans leurs rédactions de l'École normale la science universelle réduite aux proportions d'un manuel! Ces inconvénients sont inévitables : il n'est pas de développement, si distingué qu'il soit, qui, embrassé par des esprits ordinaires, ne dégénère forcément en pédantisme et en vulgarité.

Pour juger la philosophie de M. Cousin, il ne suffit donc pas de la prendre en elle-même, comme une construction scientifique : il faut la prendre dans l'application que M. Cousin a voulu en faire; il faut rechercher si elle pouvait être plus complète, obligée qu'elle était de rester une philosophie d'école et de répondre aux attaques de ceux pour qui sa timidité même était une hardiesse inouïe. Par là M. Cousin ressemble beaucoup à Voltaire, dont il dit tant de mal; c'est avant tout un chef voulant organiser, régler et discipliner un parti intellectuel. Entre mille moyens excellents pour atteindre ce but, mais moins heureux si on les envisage au point de vue de la science pure, je n'en citerai qu'un seul, le choix qu'il a fait de ses drapeaux. Une des garanties que le novateur est obligé d'invoquer dans sa lutte contre la petitesse d'esprit est celle de certains noms qu'on est parvenu à consacrer, et devant lesquels tout le monde consent à s'incliner. Platon, Descartes, Bossuet, tels sont, je crois, les trois noms que M. Cousin a le plus souvent invoqués et derrière lesquels il a le mieux réussi à masquer son originalité. Certes, le choix était excellent : Platon est un incomparable philosophe. Tout ce que je regrette, c'est le tort qu'on lui a fait en l'exposant à l'admiration un peu pédantesque de jeunes disciples, qui se sont mis à chercher une doctrine arrêtée dans les charmantes fantaisies philosophiques que ce rare esprit nous a laissées. Descartes est un homme de premier ordre, surtout comme géomètre; il est fâcheux qu'on l'ait un peu surfait comme métaphysicien, et surtout qu'on se soit cru obligé de tant insister pour sa gloire sur cette circonstance, insignifiante quand il s'agit de métaphysique, que sa philosophie serait, à un titre spécial, la philosophie française. Qu'est-ce que cela prouve pour la vérité de ses théories? Bossuet, écrivain excellent et orateur sublime, n'a pas beaucoup à nous apprendre sur le fond même des choses; on lui a fait grand tort en le forçant d'avoir une philosophie : il n'en avait d'autre que celle de ses vieux cahiers de Navarre, et quand il mit au net pour son royal élève ses rédactions d'école, il ne se doutait guère qu'un jour on les prendrait si fort au sérieux. Tout cela est peu critique, tout cela défigure le tableau vrai de l'histoire; mais tout cela est de bonne politique, et nous n'avons pas le droit, nous autres à qui une plus complète sincérité est permise, d'en sourire. Le patriotisme, qui est nécessaire à l'orateur et qui prête si bien aux développements chaleureux, n'est pas également nécessaire au savant, dont le devoir est de n'avoir pas d'attachement absolu. Nous nous étonnons parfois de voir un esprit aussi délicat que celui de M. Cousin ne jamais craindre, quand il s'agit des gloires de la France, le reproche de banalité, et tout admirer, même le Code civil. Mais ceux que les circonstances ont dispensés du soin d'être habiles et éloquents ne doivent pas se prévaloir des avantages que cette position leur donne pour blâmer ceux sur lesquels ont pesé d'autres nécessités. Tout s'efface d'ailleurs devant la gloire suprême d'avoir marqué un des moments de l'esprit humain, d'avoir fait accepter ses idées à une génération d'hommes libres par des moyens avoués de la liberté, d'avoir été du petit nombre de ceux que tous saluent comme leur maître et l'excitateur de leur pensée.

IV

Don merveilleux de ce charmant esprit, toujours jeune, toujours ouvert à de nouvelles admirations et à de nouvelles sympathies ! le fardeau qui eût accablé tant d'autres, il l'a porté légèrement. Au milieu de ce

dédale de calculs, de précautions, de sollicitudes, qui
eût suffi pour absorber une originalité moins vivace,
M. Cousin s'est montré tout à coup sous un jour nouveau au public, habitué à ne voir en lui qu'un penseur
abstrait. M. Michelet a parlé quelque part de ces tardives amours des sages qui, vers le milieu de la vie,
et le milieu déjà passé, finissent par se concentrer en
une seule image avec toutes les ardeurs de la jeune
passion. Mais ce qui ne s'était jamais vu, le miracle de
l'intuition historique associée à une incomparable
vivacité d'imagination, c'est que la récompense de sa
vie et le prix de sa sérieuse jeunesse, M. Cousin ne l'ait
demandée qu'au souvenir de beautés évanouies depuis
deux siècles. Ce singulier retour, que j'ai toujours tenu
pour une des évolutions intellectuelles les plus caractéristiques de notre siècle, a été souvent reproché à
M. Cousin comme une infidélité. Les disciples qu'il
avait entraînés sur ses pas au culte de la philosophie
n'ont pu voir sans scandale leur maître passer à des
amours qu'ils ne comprenaient pas. L'élève ne comprend jamais que la moitié du maître ; il y a toujours
un côté qui lui échappe, et il semble que parfois
M. Cousin prenne un malin plaisir à dérouter l'admiration de ses amis. En réalité, je pense que M. Cousin
n'a jamais mieux trouvé sa voie que dans ces compositions d'un genre intermédiaire, où il a su déployer avec

tant d'art les dons de finesse et de grâce que la nature lui a départis, et qui ne pouvaient se montrer avantageusement en métaphysique. Il n'est plus guère permis d'être philosophe tout d'une pièce. La philosophie est un côté de la vie, une façon de prendre les choses, non une étude exclusive. Si on la prend comme une spécialité, c'est la plus étroite et la moins féconde de toutes les spécialités.

Le goût du beau chez M. Cousin paraît s'être appliqué successivement à des sujets assez divers. Le goût du beau ne connaît pas l'intolérance : il implique un choix de préférence sur lequel il n'y a pas à discuter. De là cet air de paradoxe que revêt toujours l'esthétique : trouvant son objet, qui est le beau, dans les systèmes les plus divers, elle est essentiellement volage, tant qu'elle se réduit à la spéculation ; elle ne trouve ce qui la fixe que dans un acte d'élection libre comme la grâce et gratuite comme elle. Le choix de M. Cousin montre bien la délicatesse qu'il porte dans les questions où le raffinement du tact est surtout nécessaire. Je préfère comme lui la première moitié du dix-septième siècle à la seconde, et dans cette première moitié je trouve aux femmes un trait particulier de noblesse et de grand air. La France, à la veille de devenir, comme dit Voltaire, la moins poétique de toutes les nations polies, eut là un moment historique qui a pour l'imagination beaucoup de charmes. Cette époque ne brille pas par le naturel, il est vrai; mais, aux yeux de M. Cousin, un tel défaut ne doit pas être bien grave : en général, M. Cousin n'a guère le sentiment du primitif et du simple. Ce qui est seulement naïf et bon le touche peu, je crois. C'est surtout la grandeur qui le frappe et qui éveille chez lui le sentiment de l'admiration.

Des puritains ont regardé comme une apostasie certains airs aristocratiques que M. Cousin a pris dans la fréquentation du monde de la place Royale : on a attaqué la légitimité de ses sympathies et la fidélité historique de ses tableaux, tout cela faute d'avoir compris le vrai sens de ces charmantes compositions. Ce qu'il y faut chercher, ce sont des études morales, non des études de critique, des fantaisies historiques, souvent plus vraies que la vérité, non de l'histoire. Au milieu d'une époque comme la nôtre, où toute personnalité distinguée est si fort à l'étroit, le rêve d'un passé idéal est devenu une diversion nécessaire. Autrefois on rêvait une Bétique où la règle était obtenue aux dépens de la liberté ; nous, qui avons vu de près la Bétique, nous nous reportons aux époques où de grands caractères trouvaient de l'espace pour se développer. M. Cousin a toujours accepté pleinement la révolution; mais nul n'a senti plus que lui combien est lourd l'héritage qu'elle nous a laissé. Entreprise par de nobles cœurs, soutenue par des héros, achevée par des esprits étroits et sans culture élevée, la révolution française eut le tort de toutes les révolutions fondées sur des idées abstraites, et non sur des droits antérieurs. Ceux qui la firent, ou pour mieux dire ceux qui en tirèrent les conséquences pratiques, étrangers à toute philosophie de l'histoire, se représentèrent avec une simplicité puérile les conditions de la société humaine ; ils ne virent pas qu'ils employaient des moyens directement opposés à la fin qu'ils voulaient. Ils voulaient une révolution politique, et, avec leur façon de procéder, ils ne pouvaient faire qu'une révolution administrative. Ils voulaient la liberté, et, en exagérant le principe de l'État, ils ne réussirent qu'à fonder une société analogue à celle de l'empire romain, de la Chine, de l'Égypte, où l'individu est dépouillé de garantie, où oute initiative est déférée au gouvernement, où ce ui existe vis-à-vis de l'État est ennemi ou suspect, ociété dont le dernier terme, si la vivacité de l'esprit européen ne créait un contre-poids à ces tendances périlleuses, serait l'entier abaissement de l'esprit. Aussi une fois l'égalité sociale établie par le Code, une fois le préfet, fonctionnaire salarié, substitué à l'intendant et au gouverneur de province, gentilhomme non salarié, la révolution s'arrêta. Au fond, la révolution française, qu'on prend toujours comme un fait général de l'histoire du monde (Hegel lui-même a commis cette erreur), est un fait très-particulier à la France, un fait gaulois, si j'ose le dire, la conséquence de cette vanité qui fait que le Gaulois supporte tout, excepté l'inégalité des rangs sociaux, et de cette logique absolue qui le porte à réformer la société sur un type abstrait, sans tenir compte de l'histoire et des droits consacrés.

Ce n'est donc pas un simple caprice qui a porté M. Cousin à s'identifier aussi profondément avec les passions d'un autre âge. C'est l'instinct profond d'une vive et forte nature qui cherche à tromper par de beaux rêves les ennuis de la réalité. Heureux qui peut ainsi trouver dans les fêtes de son imagination et de son cœur assez de ressources pour hiverner à l'abri, comme les voyageurs des mers polaires! Heureux qui trouve dans les recherches du passé ou les aspirations de l'avenir la satisfaction de ses besoins moraux et l'oubli du présent! Aux premiers siècles de notre ère, au milieu d'un monde corrompu, d'où toute vertu s'était envolée, quand nulle cité terrestre n'était digne d'occuper l'activité d'un homme bien né, où se réfugièrent les âmes élevées? Dans la cité éternelle de l'idéal. Le christianisme et la philosophie fournirent aux grands cœurs l'objet d'amour que la patrie ne leur offrait plus. Les nobles vies des stoïciens, des Plotin, des Porphyre, l'héroïsme des martyrs, conservèrent la dignité de l'âme humaine et prouvèrent la perpétuité de la vertu. Que de nos jours une ligue réunissant, sans distinction de sectes, tous ceux que passionnent les choses désintéressées proteste de même contre l'abaissement des caractères et des mœurs! Toutes les bonnes choses sont solidaires : le culte de ce qui est pur et beau n'a vraiment de contraire que ce qui est servile et bas.

Par là renaîtra l'espérance, et ce qui semblait flétri fleurira; la vie reprendra son prix, et ce qu'on appelle le scepticisme égalera les miracles de la foi. Quelque système en effet qu'on adopte sur l'univers et la vie humaine, on ne peut nier au moins que les problèmes qu'ils soulèvent n'excitent vivement notre curiosité. Lors même que la vertu ne serait qu'un piége tendu aux nobles cœurs, les espérances les plus saintes qu'une déception, l'humanité qu'un vain tumulte, la beauté qu'une illusion de nos sens, la recherche pure aurait encore son charme; car, en supposant que le monde ne fût que le cauchemar d'une divinité malade, ou une apparition fortuite à la surface du néant : rêve ou réalité, œuvre de lumière ou de ténèbres, ce monde est plein de mystères que nous sommes invinciblement portés à pénétrer. On peut en dire tout le mal qu'on voudra, on ne l'empêchera pas d'être le plus étrange et le plus attachant des spectacles. Nous lisons dans la

Vie de saint Thomas d'Aquin que le Christ lui apparut un jour et lui demanda quelle récompense il voulait pour ses doctes écrits : « Nulle autre que toi, Seigneur, » répondit le Docteur angélique. Le critique est plus désintéressé encore, et si la Vérité lui adressait la même demande, il serait tenté de répondre : « Nulle autre que de t'avoir cherchée. »

M. AUGUSTIN THIERRY

Augustin Thierry n'a pas besoin de ces éloges vulgaires par lesquels on cherche à faire revivre pour quelques moments sur une tombe une gloire déjà oubliée. Ses écrits sont connus de tous. Qui ne se rappelle les pages pleines de candeur et de charme de *Dix ans d'études* et des *Récits mérovingiens*, où l'auteur nous a initiés aux secrets les plus intimes du développement de sa pensée? On s'abstiendra donc de raconter ici cette vie presque miraculeuse, cette lutte héroïque d'une âme forte contre la douleur, cette légende qui, pour tant de vocations éprouvées, a été un encouragement et un soutien. On laissera au culte pieux de ses amis le souvenir de tant de rares qualités, de cette simplicité, de cette droiture, de cette bonté qui n'appartient qu'à l'homme de génie, et qui tant de fois, au sortir de ses entretiens, à sa haute intelligence fit préférer son cœur. Il ne sera question que de ce qu'il a aimé et de ce qui lui a fait supporter la vie, je veux dire de son œuvre : on essayera d'en montrer la valeur scientifique, de la défendre contre des reproches injustes, d'en pénétrer l'esprit, d'en faire comprendre le sens élevé.

I

Les grandes vocations sont irrésistibles et se décèlent de bonne heure par un singulier caractère de précision et de fermeté. Au début de ses études et presque au sortir du collége. M. Thierry eut la vue claire de la mission qu'il devait accomplir; il annonça avec assurance que l'histoire serait le cachet du dix-neuvième siècle, et qu'elle lui donnerait son nom, comme la philosophie avait donné le sien au dix-huitième. Ce paradoxe du jeune homme de vingt ans est aujourd'hui un fait pleinement vérifié. Oui, l'histoire est, en un sens, la création propre et originale de notre temps.

Chaque siècle a ainsi un genre particulier de littérature qui lui sert de prétexte pour tout dire et sous lequel les nuances les plus délicates de la pensée trouvent à s'exprimer. Il faut avouer que la société contemporaine forme un milieu peu favorable au développement de la poésie, de l'art, de toutes les productions spontanées. Ces sortes de productions supposent une foi et une simplicité que nous n'avons plus; on ne redevient pas enfant, et la dose de naïveté qu'il faut pour la composition des œuvres franches et absolues est la qualité du monde qu'on se donne le moins. Un génie à l'ancienne manière, s'il paraissait de nos jours, semblerait lourd et grossier. Sa foi exclusive nous fatiguerait; nous aurions bientôt découvert son peu d'instruction, sa manière partielle et étroite de juger les choses. Mais ce qui fait notre impuissance dans les genres qui supposent une grande originalité d'esprit ou de caractère est précisément la cause de notre supériorité en histoire. L'ampleur des événements qui ont signalé la fin du dernier siècle et le commencement de celui-ci, le nombre et la variété des incidents qui ont suivi, notre réflexion si exercée à saisir le jeu et les lois des révolutions humaines, tout cela forme une excellente condition pour l'intelligence du passé. De même qu'en philosophie nous sommes incapables d'inventer un nouveau système, mais mieux placés qu'on ne le fut jamais pour les juger tous; de même on peut affirmer qu'aucun moment ne fut plus favorable que le nôtre pour comprendre des mouvements que la roideur dogmatique du dix-septième siècle et l'âpreté philosophique du dix-huitième ne pouvaient saisir dans leur fuyante vérité. La critique commence où finit le génie créateur, et c'est précisément lorsque l'âge des grandes choses est passé que l'on aperçoit dans les œuvres anciennes un caractère de puissance dont les contemporains de ces œuvres n'avaient qu'à demi le secret.

Ainsi entendue, il n'y a nulle exagération à le dire, l'histoire n'a pas quarante ans et se rattache à une série d'études qui se continue et s'achève sous nos yeux. Certes, l'antiquité et quelques époques des temps modernes ont eu de merveilleux narrateurs, qui nous ont transmis la vivante image de la société de leur temps et des événements dont ils furent les témoins. Jamais les luttes intérieures de la cité et les alternatives de la vie politique ne seront décrites avec plus de vivacité qu'elles ne l'ont été par les historiographes de la Grèce, de Rome, de la Renaissance italienne, et en général des pays grecs et latins. Israël eut un autre don celui de l'histoire prophétique et apocalyptique, l'idée d'une formule providentielle, entraînant les empires à l'exécution d'un plan divin, idée qui a trouvé dans Bossuet son dernier interprète, et qui renfermait le germe de

la philosophie de l'histoire, telle que les modernes
l'ont conçue. Mais nulle part avant notre temps je ne
trouve le sentiment immédiat de la vie du passé. Les
plus intelligents historiens de l'antiquité veulent-ils
nous représenter une époque un peu éloignée de la
leur, ce sont d'étranges méprises, d'énormes anachro-
nismes. Ne comprenant que ce qu'ils avaient sous les
yeux, jugeant tout à la mesure du présent, ils commettent sur les questions d'origine des contre-sens qui
nous font sourire. Tite Live est ici à la hauteur de
Mézeray; le génie grec lui-même, malgré son extrême
pénétration, n'eut rien de ce que nous regardons
comme essentiel à l'intelligence critique des époques
reculées. Notre siècle le premier a eu ce genre de
finesse qui saisit, dans l'uniformité en apparence incolore des récits anciens, des traits de mœurs et de
caractère qui n'ont plus d'analogues dans l'état actuel
de la société.

C'est la gloire d'Augustin Thierry d'avoir travaillé
pour une large part à cette conquête, l'une des plus
belles du dix-neuvième siècle. Le sens historique se
manifesta en lui spontanément et comme par une sorte
de révélation. Lui-même a raconté l'impression que
lui fit, dès son enfance, au collège de Blois, une page
de Chateaubriand, pleine du vif sentiment des époques
et des races. Dès 1817, il montrait l'insuffisance de

l'ancienne école et traçait les lignes essentielles de la méthode qui lui a depuis inspiré des œuvres accomplies. Qu'on songe à l'état des études historiques à ce moment décisif. Millot et Anquetil passaient pour de bons auteurs : l'Empire, qui, suivant la piquante expression de M. Thierry, *avait mis l'histoire, comme les autres forces sociales, en régie administrative,* faisait continuer sous la direction de ses ministres l'insignifiant abrégé de Hénault, la très-médiocre histoire de Velly. M. de Montlosier voyait la permission de paraître refusée à ses travaux, qui, sous leur forme paradoxale, renfermaient tant de vues ingénieuses. Érigée en théorie nationale, l'histoire la plus fausse régnait et se défendait avec l'intolérance d'un dogme établi. M. Thierry lui-même devait voir la censure de la Restauration biffer ses considérations sur l'époque mérovingienne, parce qu'elles retranchaient malignement à la monarchie française cinq siècles d'existence. Les collections bénédictines, doctement poursuivies par l'Académie des inscriptions et belles-lettres, contenaient le germe d'un meilleur avenir, mais ne comptaient encore qu'un bien petit nombre de lecteurs.

Heureusement de ce nombre étaient quelques hommes destinés à substituer au mensonge de l'histoire convenue de plus vraies images du passé. « Dans les premiers mois de 1820, dit M. Thierry, j'avais commencé à lire la grande collection des historiens originaux de la France et des Gaules. A mesure que j'avançais dans cette lecture, à la vive impression du plaisir que me causait la peinture contemporaine des hommes et des choses de notre vieille histoire, se joignait un sourd mouvement de colère contre les écrivains modernes qui, loin de reproduire fidèlement ce spectacle, avaient travesti les faits, dénaturé les caractères, imposé à tout une couleur fausse ou indécise. Mon indignation augmentait à chaque nouveau rapprochement qu'il m'arrivait de faire entre la véritable histoire de France, telle que je la voyais face à face dans les documents originaux, et les plates compilations qui en avaient usurpé le titre et propagé comme articles de foi les plus inconcevables bévues dans le monde et dans les écoles... Au calme d'esprit avec lequel je parcourais ce labyrinthe de doutes et de difficultés, il me semblait que je venais enfin de rencontrer ma véritable vocation. Cette vocation, que j'embrassai dès lors avec toute l'ardeur de la jeunesse, c'était non de ramener un peu de vrai dans quelque coin mal connu du moyen âge, mais de planter, pour la France du dix-neuvième siècle, le drapeau de la réforme historique. Réforme dans les études, réforme dans la manière d'écrire l'histoire; guerre aux écrivains sans érudition qui n'ont pas su voir, et aux écrivains sans imagination qui n'ont pas su peindre; guerre à Mézeray, à Velly, à leurs continuateurs et à leurs disciples; guerre enfin aux historiens les plus vantés de l'école philosophique, à cause de leur sécheresse calculée et de leur dédaigneuse ignorance des origines nationales; tel fut le programme de ma nouvelle tentative. » Quelques hommes, dont il serait injuste de séparer le nom du sien, Fauriel, Chateaubriand, Walter Scott, lui servirent d'initiateurs dans cette œuvre de résurrection; le premier par sa vaste curiosité et sa rare ouverture d'esprit, les deux autres par leur profonde entente des instincts éternels de l'humanité.

Si nous cherchons, en effet, à déterminer quel fut, entre les dons que se partagèrent les génies historiques de notre siècle, celui qui échut au maître illustre dont nous essayons de caractériser la manière, nous trouverons que ce fut l'intuition directe des sentiments et des passions du passé. Où des historiens plus portés à la spéculation ont vu soit le résultat de formules générales, soit l'accomplissement de desseins providentiels, M. Thierry a vu l'action des hommes. Nul n'a saisi d'un coup d'œil aussi clair le jeu des mobiles humains; nul n'a rendu une vie si active aux générations éteintes; nul n'a ressenti d'une manière aussi personnelle les joies et les douleurs des hommes d'autrefois.

Loin de nous la pensée même d'un reproche contre l'école qui veut voir dans la suite des affaires de ce monde l'application de lois supérieures à la volonté des individus. L'histoire admet une extrême variété de méthode et donne lieu à des modes d'exposition profondément divers. Depuis la théorie la plus abstraite, à condition bien entendu qu'elle ne soit pas chimérique, jusqu'au récit le plus minutieux, à condition qu'il soit exact, tout a sa valeur et son prix quand il s'agit de ressaisir la chaîne infinie de causes dont le présent est le dernier anneau. Si l'on envisage sur une petite étendue les rides qui, en se croisant, forment le mouvement des eaux de la mer, on est tenté de prendre ce mouvement pour un va-et-vient fortuit, qu'il serait impossible d'assujettir à une loi régulière ; considérées sur une plus grande échelle, les rides, en s'ajoutant l'une à l'autre, deviennent des vagues qui constituent par leur réunion des vagues plus grandes encore ; enfin, en se plaçant de manière à embrasser l'ensemble de l'Océan, on saisit des marées, des courants irrésistibles, qui transportent d'un pôle à l'autre des masses gigantesques. De même en histoire, le mélange des événements divers qui forment le tissu des choses humaines ne parait d'abord qu'une mêlée confuse de passions et d'intérêts, sous lesquels il est difficile de saisir un mouvement général. Mais l'existence et la formule de ce mouvement se révèlent à celui qui possède une vue plus étendue de l'ensemble. L'histoire n'est ni une géométrie inflexible, ni l'œuvre nue de la liberté humaine, ni un jeu du hasard; elle est conduite par de profondes raisons, mais ces raisons sont appliquées par des hommes. La comédie de ce monde est à la fois divine et humaine. Le jeu des individus et le jeu des formules sont donc également essentiels à montrer; l'histoire théorique et l'histoire narrative se complètent et se supposent l'une l'autre, loin de s'exclure et de se contrarier.

Un illustre contraste m'est ici nécessaire, et je m'y arrête d'autant plus volontiers qu'il est tout à fait propre à montrer comment deux génies supérieurs peuvent contribuer à une même œuvre par des côtés divers. Pendant qu'Augustin Thierry, dans des récits pleins d'intérêt, prêtait une voix à des sentiments qui depuis des siècles n'avaient point trouvé d'interprète, un professeur, dans une chaire alors entourée d'applaudissements, captivait son auditoire par le tableau des progrès de la civilisation et l'analyse des éléments qui la composent. Qui a songé à désirer quelque chose dans ces volumes admirables qui sont restés le modèle de la philosophie de l'histoire dans sa manière à la fois la plus élevée et la plus sûre? Et pourtant sont-ce des hommes avec leurs passions et leurs vues personnelles qu'on voit se mouvoir dans la grande esquisse tracée d'une main si magistrale par M. Guizot? Non ; ce qu'on y trouve, ce sont des lois, des raisonnements, des abstractions, toutes choses très-réelles (car, en un sens, ce sont des abstractions qui mènent le monde), mais choses qui ne sont pas toute la réalité. Que sentons-nous au contraire dans les récits d'Augustin Thierry? Des êtres comme nous, des passions comme celles qui s'agitent sous nos yeux. Peu philosophe, si l'on prend ce mot pour synonyme de métaphysicien, mais grand philosophe, si on l'entend dans son acception la plus large, Thierry a vu dans l'histoire une lutte d'agents libres, où chacun se fait sa destinée : la nature humaine a été sa grande loi, et, si j'ose le dire, sa Providence ; l'explication des événements que d'autres cherchent dans une volonté supérieure aux causes finies ou dans la force des choses, il ne l'a demandée qu'aux instincts du cœur de l'homme, à l'opposition des races et à l'éternelle inégalité qui maintient à travers les âges la distinction primitive des vainqueurs et des vaincus.

Là est la raison du charme infini que les écrits d'Augustin Thierry ont exercé sur toutes les classes de lecteurs. Il n'est pas donné à tous de suivre le fil délié d'inductions subtiles, de saisir des aperçus qui supposent la comparaison d'une grande masse de faits, de s'intéresser à des êtres collectifs que les personnes peu familières avec la réflexion philosophique sont tentées de prendre pour des fictions arbitraires. Mais tous comprennent la nature humaine agissant et se déployant avec largeur dans un sympathique récit, quelque éloignés de nos mœurs que soient les faits racontés. Le moyen âge ne semble si souvent aride, uniforme, incolore, que parce qu'on ne sait pas interpréter les monuments qu'il nous a laissés. Les personnages de cette époque nous apparaissent comme des êtres abstraits, et pourtant ces roides et pâles figures ont vécu aussi bien que nous. Si l'histoire, au lieu de nous les montrer avec leur physionomie propre, revêtues de lumière et de vie, ne nous présente que des images sans expression ni relief, c'est la faute de l'historien. Les gens du monde, excellents juges, non du travail scientifique nécessaire pour la connaissance des faits, mais de la vérité générale du récit, ne refusent d'ordinaire leur intérêt aux événements des époques reculées que parce qu'on ne leur en présente qu'un tableau inanimé qui ressemble à la vraie histoire comme une mosaïque byzantine, où tous les personnages sont isolés et vus de face, ressemble à la peinture complète, où les acteurs sont mis dans leurs rapports naturels.

M. Thierry possédait avec une lucidité qui tenait du prodige la faculté essentielle à ce genre de restitution, je veux dire le sens intime qui, sous la lettre morte des chartes et des chroniques, sait découvrir l'esprit. Peu d'historiens ont mieux su tirer d'un texte tout ce qu'il renferme sur les relations sociales et les mœurs d'une époque. Chargé quelquefois par son amitié de faire pour lui quelques recherches, je n'assistais jamais sans étonnement à la vive et prompte opération par laquelle il saisissait le document original, l'embrassait, le devançait parfois, et l'assimilait à son récit. Le moindre débris lui révélait un ensemble organique qui, par l'effet d'une sorte de puissance régénératrice, jaillissait complet devant son imagination. Quand ses yeux affaiblis ne lui permirent plus de lire les monuments écrits, ce don singulier d'intuition se porta sur l'architecture. Parcourant avec M. Fauriel le midi de la France, et n'ayant tout juste de vue que ce qu'il fallait pour se conduire, il retrouvait, en présence des ruines, toute sa facilité de lecture. Son œil, si incertain dans les circonstances ordinaires, était alors d'une merveilleuse promptitude : aucune des lignes principales, aucun trait caractéristique ne lui échappait.

Où puisait-il ce souffle fécond qui, passant sur le champ des morts, comme dans la vision d'Ézéchiel, leur rendait la vie, et d'ossements épars faisait des hommes? Dans le vif sentiment de son époque et l'ardeur de sa propre passion. L'ensemble d'idées que la Restauration qualifia du nom de libéralisme est l'âme de son histoire, la muse qui l'inspire, la foi qui le soutient. Les scènes de l'invasion dont il fut témoin à Compiègne, où il remplissait une humble fonction dans l'enseignement, lui apprirent les lois de la conquête, de même que la réaction féodale qui suivit le retour de l'ancienne dynastie lui en montra les conséquences sociales les plus éloignées. Peu d'années ont été aussi fécondes que celles-là en grands enseignements et en soudaines ouvertures sur les choses de l'esprit. *Inca-luere animi*. La guerre de 1813 à 1815 est la seule de notre siècle qui ait eu quelque chose d'épique et d'élevé. Les autres campagnes de l'Empire n'offrent guère qu'un exercice de pure stratégie, dénué d'intérêt; celle dont je parle, au contraire, correspondit à un mouvement d'idées et eut une vraie signification intellectuelle. Un homme qui prit part à cette lutte grandiose me racontait que, réveillé par la canonnade, dès la première nuit qu'il passa parmi les corps francs réunis en Silésie, il crut assister à un immense service divin. De vagues espérances et un fond d'idées mystiques se cachaient sous la coalition d'éléments fort divers qui prit le nom de Sainte-Alliance. Madame de Krüdner ne fut pas la seule qui y vit l'aurore d'une nouvelle rédemption : Saint-Simon, avec lequel, par une coïncidence qui ne fut à vrai dire qu'un hasard, Augustin Thierry eut ses premières relations littéraires, prit d'abord le même événement comme point de départ de sa réforme sociale. Enfin, l'idée féconde qui devait fournir à M. Thierry la base de son système historique, l'idée des nationalités, dont le dix-huitième siècle, uniquement occupé de sa philosophie générale, n'offre aucune trace, et dont les conquêtes du commencement de ce siècle furent la négation, date du soulèvement que produisirent les tendances unitaires de la Révolution et de l'Empire chez les peuples rendus à la conscience d'eux-mêmes par le joug de l'étranger.

On a soutenu que la part active que prit M. Thierry aux luttes du temps de sa jeunesse nuisit aux qualités de l'historien, comme si la première qualité pour écrire l'histoire était une sorte d'impersonnalité passive, reproduisant, sans les transformer ni les expliquer délicatement, les témoignages des chroniqueurs. C'est lui reprocher ce qui fut le principe même de son génie. Le sens étendu des choses humaines ne s'obtient que par l'intelligence du présent, et le présent ne livre son secret qu'en proportion de l'enjeu qu'on y prend. Certes, l'étude la plus patiente peut seule faire apercevoir le vrai, quand il s'agit des caractères et des événements d'une époque éloignée de nous. Les bénédictins et les auteurs des grandes collections du dix-septième et du dix-huitième siècle, en réunissant les documents originaux, ont posé la condition de l'histoire;

mais ils ne l'ont pas faite. Ces laborieux diplomatistes, qui connaissaient si bien les sources de nos annales, n'ont point réformé un seul des faux points de vue de l'histoire conventionnelle. Ils sont bien plus sensés que les Mézeray et les Velly, parce qu'ils n'essayent de rien voir au delà des textes qu'ils publient; mais s'ils se fussent proposé d'interpréter ces textes et d'en tirer les conséquences, ils l'eussent fait sans doute avec aussi peu de pénétration que les historiens rhéteurs de leur temps. Il fallait pour cela une pratique de la vie profane que ne donnent ni la vie monastique ni les paisibles investigations du paléographe. Un jeune homme de vingt ans, jeté dans un milieu passionné et doué de cette perspicacité que donne l'habitude des choses politiques, a pu relever du premier coup dans l'œuvre de ces grands maîtres une foule de lacunes et de vues erronées. Les documents sont muets pour qui ne sait pas les animer de cette lumineuse conscience du passé qui certes n'est point exclue par l'érudition, mais que l'érudition ne suppose pas de toute nécessité.

M. Thierry a, du reste, marqué avec une admirable précision la mesure de ce qu'il devait à ses savants devanciers et la limite dans laquelle il se croyait novateur : « A Dieu ne plaise, dit-il, que j'atténue en quelque chose la gloire de la grande école d'érudits antérieure à la Révolution!... Elle a recueilli et mis au jour tout un monde de faits enfouis dans la poussière des archives; elle a fondé la chronologie, la géographie, la critique de l'histoire de France; mais en histoire il y a deux tâches distinctes... La recherche et la discussion des faits, sans autre dessein que l'exactitude, ne sont qu'une des faces de tout problème historique; ce travail accompli, il s'agit d'interpréter et de peindre, de trouver la loi de succession qui enchaîne les faits l'un à l'autre, de donner aux événements leur signification, leur caractère, la vie enfin, qui ne doit jamais manquer au spectacle des choses humaines. Or, comme j'ai déjà eu l'occasion de le montrer, toutes les tentatives faites avant 1789, pour répondre à la première de ces tâches, ont été bonnes et grandes; mais celles qui ont eu pour objet de répondre à la seconde furent presque toutes mesquines et fausses... Il manquait aux bénédictins l'intelligence et le sentiment des grandes transformations sociales. Ils ont étudié curieusement les lois, les actes publics, les formules judiciaires, les contrats privés; ils ont discuté, classé, analysé les textes, fait dans les actes le partage du vrai et du faux avec une étonnante sagacité; mais le sens politique de tout cela, mais ce qu'il y a de vivant pour l'imagination sous cette écriture morte, mais la vue de la société elle-même et de ses éléments divers, soit jeunes, soit vieux, soit barbares, soit civilisés, leur échappe, et de là viennent les vides et l'insuffisance de leurs travaux. Cette vue, nous l'avons acquise par nos propres expériences, nous la devons aux prodigieuses mutations du pouvoir et de la société qui se sont opérées sous nos yeux. »

Loin donc que la participation au mouvement politique ait nui aux travaux de M. Thierry, ainsi qu'on a pu le croire, il faut dire au contraire que c'est parce qu'il fut attaché passionnément à une cause, qu'il fut historien. Le dix-septième siècle n'a pas eu d'historiens éminents, parce qu'il n'a pas eu de vie publique. L'histoire n'est pas une de ces études que l'antiquité nommait *umbratiles*, pour lesquelles il suffit d'un esprit calme et d'habitudes laborieuses; elle touche aux problèmes les plus profonds de la vie humaine; il y faut l'homme complet avec toutes ses passions. L'âme y est aussi nécessaire que dans un poëme ou une œuvre d'art, et l'individualité de l'écrivain doit s'y refléter. C'est la gloire de la grande école à laquelle appartient M. Thierry d'être arrivée à l'histoire par la politique, et d'avoir compris l'activité libérale du passé par celle qui l'animait. Que cette agitation ait été un médiocre avantage au point de vue de l'investigation des documents, j'hésite à le concéder; car je vais bientôt essayer d'établir que, même à ce point de vue, de véritables progrès ont été réalisés; mais s'il s'agit de l'histoire complète, la question ne saurait être douteuse. Soyons supérieurs par l'érudition, par l'exactitude, par la menue recherche du détail ; soyons meilleurs paléographes, meilleurs généalogistes ; recueillons le bénéfice d'une impartialité devenue facile et d'un repos qui nous permet les patients labeurs. Rien de mieux : ces qualités ont leur valeur, et je ne veux pas les déprécier. Mais ne faisons pas de reproches à ceux que des mérites supérieurs ont privés d'humbles avantages, qui sont peut-être le prix de notre abaissement. Ils étaient plus hommes que nous, et le droit de critique que nous conservons sur eux ne doit point nous faire oublier le suprême honneur qu'ils eurent de tirer tout un mouvement intellectuel non de leurs loisirs, mais de leurs viriles facultés.

II

J'ai essayé de répondre aux critiques que certaines personnes, exclusivement préoccupées de la recherche des sources historiques, ont cru devoir adresser à la manière de M. Thierry. J'ai montré que l'école qu'on peut appeler bénédictine, en ce sens qu'elle cherche surtout ses ancêtres dans la docte congrégation de

Saint-Maur, a pour mission de fournir les matériaux de l'histoire, mais non de construire l'histoire elle-même ; que pour cela le concours de l'homme du monde et de l'homme politique est nécessaire. J'irai plus loin encore, et j'oserai dire que la connaissance des sources elle-même a infiniment gagné à la méthode plus large et plus libre qui depuis quarante ans a été introduite dans l'histoire. Sans doute il n'était pas réservé à notre temps de mettre au jour pour la première fois un ensemble de documents aussi considérable que celui qui s'offrit d'abord aux collecteurs du dix-septième siècle. En ce genre de travaux, la moisson est pour les premiers travailleurs ; à ceux qui viennent ensuite, quelle que soit leur supériorité, il ne reste qu'à glaner. Mais si le champ des découvertes proprement dites est désormais limité, une ample compensation nous a été réservée. Reconnaître la valeur d'un texte est en un sens le découvrir. Des témoignages sur lesquels l'ancienne critique avait passé avec indifférence sont devenus des traits de lumière. Une foule de renseignements que le dix-septième et le dix-huitième siècle avaient jugés secondaires ont pris, aux yeux d'une critique plus éclairée, un sens inattendu. Comment se fait-il, par exemple, que les érudits de Saint-Germain des Prés, qui ont publié tant de textes de médiocre utilité, aient laissé à un académicien de nos jours le soin d'éditer un des monuments les plus précieux pour les antiquités franques, le *Polyptyque* d'Irminon, qu'ils avaient dans leur bibliothèque, et dont ils ont fort bien connu l'existence? Comment se fait-il qu'en suivant la route que tant de laborieux maîtres ont ouverte, la critique contemporaine trouve des trésors qui leur ont échappé? C'est que rien ne supplée à cet enseignement de la vie pratique que ne donnent ni les livres ni les veilles laborieuses. Ouvrir une nouvelle série d'aperçus historiques, c'est presque toujours créer une série de documents négligés jusquelà, ou montrer dans ceux qui étaient déjà connus ce qu'on n'avait pas su y voir. Quelques lambeaux de textes, médiocrement entendus quant à la lettre, révélèrent plus de choses à M. de Chateaubriand que n'en avait appris aux érudits de la vieille école l'étude la plus consciencieuse des monuments du moyen âge et de l'antiquité. La rénovation des études historiques qui a eu lieu de notre temps est due avant tout à l'initiative de trois ministres, savants sans doute, mais dont la profession particulière n'est pas la recherche de première main : M. Guizot, M. Villemain, M. Cousin, par leurs vues nouvelles sur l'histoire politique, littéraire, philosophique, ont indirectement fourni autant de textes à la science que le plus laborieux compilateur.

A Dieu ne plaise que je subordonne l'étude à la vie pratique, et que je fasse de l'agitation extérieure une condition pour écrire l'histoire! Si telle pouvait être ma pensée, la vie de M. Thierry serait assurément ma meilleure réfutation, puisque de cruelles infirmités le saisirent au moment où il eût pu jouer dans les affaires un rôle important. Durant sa période de complète activité, il ne prit part à la politique militante que par un carbonarisme inoffensif. Cela même dura peu, et ne remplit que les années 1821 et 1822 : c'étaient des conspirateurs peu dangereux que ceux qui, le lendemain d'une échauffourée, revenaient plus laborieux que jamais à leurs livres et à leur atelier. Mais de toute cette passion, souvent égarée quant à son objet immédiat, toujours généreuse en son motif, sortait une grande éducation tant du caractère que de l'esprit, et, comme le fait remarquer M. Thierry lui-même, « le plus beau mouvement d'études sérieuses succéda, presque sans intervalle, à l'effervescence révolutionnaire. » On doit rendre cette justice à la Restauration, qu'elle comprit ce qu'il faut de latitude au développement spontané de la science, de la littérature et de l'art. Le libéralisme étant la forme essentielle de toute production intellectuelle quelque peu distinguée, tout pouvoir qui prend à cœur les intérêts de l'esprit doit faire sa part à l'opposition libérale, au moins en la tolérant noblement. La Restauration faisait mieux encore, elle l'encourageait. Peu s'en fallut qu'en 1828 M. Thierry, alors au plus fort de sa lutte contre les idées dominantes, ne reçût par ordonnance royale le titre de membre de l'Institut, qu'il dut plus tard à la source plus pure de l'élection. On a dit, je le sais, que c'est pour avoir ainsi conspiré avec ses intelligents adversaires que la Restauration a péri. Hélas! elle eût péri sans cela, comme toute chose, et il ne lui resterait pas la gloire d'avoir attaché son nom à un des moments les plus brillants et les plus animés de l'esprit français.

Que l'école historique qui, par système, se préoccupe uniquement de l'exactitude des détails trouve à redire à certaines généralisations hardies, à certaines interprétations de faits ou de caractères, telles qu'on en trouve dans les écrits de M. Thierry, il ne faut point s'en étonner. Les dons de l'intelligence sont d'ordinaire exclusifs : les esprits fins goûtent peu les pesantes vérités où se complaisent les esprits solides; les esprits qui se croient solides font peu de cas des subtiles nuances que poursuivent les esprits délicats. Pour apercevoir ces nuances, il faut un sens spécial; la démonstration littérale et le raisonnement sont ici non moins inféconds que la logique scolastique l'est en philosophie. L'histoire comme l'a entendue M. Thierry est beaucoup moins vraie dans le détail que dans l'ensemble. Le récit exige plus d'un parti pris : la distribution des rôles n'a pas pu être dans la réalité aussi tranchée que le veut l'ordonnance du tableau. Dans les *Récits des temps mérovingiens*, en particulier, M. Thierry adopta une manière qui, pour ne pas donner lieu à des malentendus, a besoin d'être expliquée. En général, disons-le, le menu détail en histoire est un mensonge, si on le prend à la lettre. Grégoire de Tours, par exemple, dans ses dramatiques récits, raconte avec une admirable vivacité les actes et les dires de ses héros. C'est là une fortune inappréciable, grâce à laquelle l'histoire peut pénétrer au cœur même de la vie barbare avec une étonnante profondeur. Et pourtant, en adoptant textuellement les narrations de Grégoire de Tours, est-on sûr de ne reproduire que l'exacte vérité? Ce naïf conteur était-il présent aux scènes qu'il décrit? Les témoins dont il s'est servi ont-ils pris des notes sur place pour nous conserver tant de particularités? Y avait-il des sténographes pour saisir au vol ces paroles si animées? Il est clair que, dans presque tous les récits détaillés qui nous ont été transmis, les circonstances sont la création personnelle de l'historien, qui, au lieu de raconter sèchement les faits, a préféré les mettre en action. De pareils textes ne doivent être envisagés que comme des à peu près; il ne faut pas s'en écarter d'une manière arbitraire, mais on ne saurait non plus les regarder comme vrais à la lettre. Essayons de nos jours, avec nos innombrables moyens d'information et de publicité, de savoir exactement comment s'est passé tel grand épisode de l'histoire contemporaine, quels propos s'y sont tenus, quelles étaient les vues et les intentions précises des acteurs; nous n'y réussirons pas. J'ai souvent essayé pour ma part, comme expérience de critique historique, de me faire une idée complète d'événements qui se sont passés presque sous mes yeux, tels que les journées de février, de juin, etc.; je n'ai jamais réussi à me satisfaire. Il faut donc choisir entre ces deux systèmes : — ou ne faire que de l'histoire générale, ne tracer que les grandes lignes des révolutions politiques, sociales et religieuses, qui seules sont rigoureusement certaines, — ou bien prendre son parti sur ce qu'il y a de convenu dans les circonstances, et les accepter, non comme la vérité absolue, mais comme des traits de mœurs dignes d'être pris en considération.

Un exemple fera comprendre le genre de reproche qu'on a cru pouvoir adresser aux écrits de M. Thierry, et la réponse que la bonne critique conseille d'y faire. Un des épisodes de l'*Histoire de la conquête de l'Angleterre par les Normands* dont tous les lecteurs ont gardé le plus attachant souvenir est l'épisode de Thomas Becket. On sait avec quelle finesse l'illustre historien a su montrer, dans la résistance de ce personnage à l'autorité royale et dans sa popularité, la dernière protestation de la race anglo-saxonne contre la dynastie normande. C'est là certes une interprétation qui renferme une très-grande part de vérité, mais qui n'est pas si nécessairement indiquée par les textes qu'on n'ait pu la contester au point de vue d'une critique purement littérale. Les adversaires de M. Thierry triomphèrent à la découverte d'un document d'où il résultait, croyaient-ils, que Thomas Becket, érigé par M. Thierry en représentant de la nationalité anglo-saxonne, était en réalité né en Normandie, d'une famille normande, et que son nom, loin d'être anglais, devrait s'écrire *Béquet*, suivant les habitudes de l'orthographe française. Les savantes discussions de M. Edelestand du Méril ont récemment démontré[1] que rien n'était moins certain que le fait matériel dont on s'appuyait. Mais, en supposant qu'il eût été prouvé, était-ce là en réalité une difficulté capitale, et le plus beau chapitre de l'*Histoire de la Conquête* eût-il été à retrancher? Non, certes. Le rôle d'un personnage est fort souvent en contradiction avec son origine. Le Tiers État de 1789 fut représenté en grande partie par des gentilshommes; la cause des gentilshommes

---

[1] *Correspondance littéraire*, août 1858.

de nos jours a trouvé ses plus chaleureux avocats parmi les plébéiens. L'Église en particulier a toujours eu le don d'arracher puissamment l'homme à sa race, à sa caste et à sa famille, pour en faire le défenseur abstrait d'une idée et d'un droit. Que Thomas Becket soit né en Normandie, c'est donc là une circonstance au fond secondaire; l'important est que son rôle dans l'histoire ait été, par des nécessités de position, un rôle anglo-saxon. Ce rôle, je le reconnais, est quelque chose de plus encore; il est avant tout *ecclésiastique*, et on peut douter que Thomas Becket ait eu bien clairement conscience de la cause nationale et patriotique qui s'abritait derrière lui. Mais l'Église, en maintenant une opinion et des intérêts distincts de ceux des vainqueurs, était l'alliée naturelle des vaincus; la sympathie des classes déshéritées devait s'attacher à quiconque essayait de réfréner l'avidité des nouveaux maîtres, et c'est ainsi que, sans le savoir et presque sans le vouloir, Thomas Becket, fût-il né en Normandie, serait pour l'histoire un Anglo-Saxon.

La plupart des reproches adressés à M. Thierry peuvent se résoudre de la même manière. Toute généralisation est attaquable, et la seule manière d'écrire l'histoire qui échappe à la critique est la manière plate qui se borne à d'insignifiantes particularités. Mais que dis-je? Celle-ci est la plus fausse de toutes, et la prétendue exactitude dont elle est si fière n'est au fond qu'un mensonge. L'imagination, que les historiens exclusivement érudits proscrivent avec tant d'anathèmes, a souvent plus de chances de trouver le vrai qu'une fidélité servile, qui se contente de reproduire les récits originaux des chroniqueurs. Les gravures des ruines de Rome, de Piranesi, sont essentiellement fautives, si on les envisage comme des images de monuments existants : elles changent une foule de détails, elles en ajoutent, elles intervertissent les plans et les distances. Et pourtant, si on les prend, non comme une représentation des traits matériels du paysage, mais comme un essai pour en rendre l'impression générale, elles sont plus exactes que la meilleure photographie : celle-ci, en effet, ne nous montre que des lignes inanimées, elle dissimule l'âme et le type idéal de l'objet qu'elle reproduit, tandis que la gravure en donne le sens moral et esthétique, c'est-à-dire, au point de vue d'une philosophie élevée, sa plus intime réalité.

Cessons donc de reprocher aux grands créateurs de la première moitié de notre siècle les inexactitudes de détail qu'ils ont mêlées à leur œuvre. Dans tous les ordres d'étude, il arrive nécessairement que la seconde génération, en reprenant par l'analyse minutieuse l'œuvre des premiers maîtres, y trouve des erreurs, des vues anticipées, des conjectures qu'un plus mûr examen ne confirme pas. Un commençant relève maintenant des fautes dans les travaux de M. Fauriel, grâce à M. Fauriel lui même. Quand M. Cousin inaugurait en France l'histoire de la philosophie, il était loin de la connaitre aussi bien que la connait aujourd'hui tel docteur ès lettres ou tel agrégé, qui sans lui pourtant en saurait peu de chose. On ne crée qu'avec l'amour, et, si j'ose le dire, avec la passion ; on ne jette les fondements d'une étude qu'en tranchant bien des points sur lesquels la science est loin d'avoir dit son dernier mot. La gloire d'inventer est souveraine; la critique elle-même ne saurait l'atteindre, car la plus belle récompense du génie créateur est d'avoir produit un mouvement par suite duquel il est dépassé.

L'histoire d'ailleurs est un art autant qu'une science ; la perfection de la forme y est essentielle, et toute critique qui ne tient compte, dans l'appréciation des œuvres historiques, que des recherches spéciales est par là même défectueuse. Dès qu'il s'agit de sujets touchant à la morale et à la politique, la pensée n'est complète que quand elle est arrivée à une forme irréprochable, même sous le rapport de l'harmonie, et il n'y a pas d'exagération à dire qu'une phrase mal agencée correspond toujours à une pensée inexacte. La langue française est arrivée sous ce rapport à un tel degré de perfection, qu'on peut la prendre comme une sorte de diapason dont la moindre dissonance indique une faute de jugement ou de goût. On ne comprendra jamais l'artifice infini que M. Thierry mettait dans sa composition, ce qu'il dépensait de temps et de labeurs pour fondre les tons, pondérer les parties, construire un ensemble harmonieux avec des matériaux barbares, ici maigres, là surabondants. Toute son œuvre, soumise au plus rigoureux examen, n'offrirait pas un trait de déclamation : la peinture y résulte des faits vivement présentés, sans aucun des procédés artificiels de couleur locale par lesquels les novices croient suppléer à l'art savant, dont ils n'ont pas le secret.

Le soin du style était poussé chez lui à un degré incomparable. Cette humble partie du travail littéraire, qui consiste surtout à éteindre et à effacer, partie si peu comprise des personnes inexpérimentées, qui ne peuvent se figurer ce qu'il en coûte à l'art pour se cacher, était celle qu'il affectionnait le plus. Il dictait quinze à vingt lignes par jour, et ne les fixait qu'après les avoir amenées au dernier degré de perfection dont il était capable. Admirable leçon, au milieu de l'abaissement des mœurs littéraires dont nous sommes les témoins! L'œuvre d'un maître tout adonné à sa pensée ne dépasse pas cinq volumes. Il sut résister à l'entraînement du succès, et protesta par son inaltérable conscience contre les scandales qui ont souillé en ces dernières années le champ de l'histoire. Les récits improvisés, les misérables compilations décorées d'un nom illustre, par lesquels on a exploité la bienveillance d'un public qu'on savait favorable, tous ces procédés de littérature mercantile appliqués à son étude de prédilection lui paraissaient des sacriléges. Pline avait déjà remarqué que l'histoire a le privilége de plaire, même quand elle n'est point soutenue par des qualités essentielles dans tous les autres genres. Cette observation ne pouvait échapper au génie industriel qui, de notre temps, a envahi jusqu'au domaine de l'esprit. L'histoire, en effet, a souffert plus qu'aucune autre étude de la grande dépréciation dont le travail sérieux a été frappé depuis quelques années. Des gens sans vocation s'y sont abattus comme sur une proie facile, et ont détruit la fleur même de ce qu'ils n'ont pas touché. Les honteuses excuses par lesquelles on essaye de justifier tant de profanations trouvaient Thierry sans pitié. La fonction de l'homme voué aux travaux intellectuels lui apparaissait comme sacrée : il croyait que les droits de la beauté et de la vérité sont imprescriptibles, et qu'aucune circonstance atténuante ne peut être invoquée en faveur de l'écrivain qui sacrifie à des nécessités extérieures le développement spontané de sa pensée.

La fermeté de principes littéraires qui le prémunit toujours contre les dangereux succès de la littérature frivole tenait au profond sérieux de son esprit, à son horreur pour la légèreté et le mauvais goût, au merveilleux éveil qui le passionnait pour tout ce qui appartient au noble exercice de l'intelligence. Ceux qui l'ont connu dans sa jeunesse ont gardé un frappant souvenir de la vivacité qu'il portait dans les directions les plus variées. Les cruelles infirmités qui eussent écrasé tant d'autres existences n'enlevèrent rien à la plénitude de la sienne. « Il avait fait, suivant sa touchante expression, amitié avec les ténèbres. » J'ai sous les yeux une correspondance des premiers temps de sa cécité, adressée à un intime et illustre ami. Les impatiences et les illusions qui ont laissé leur trace dans ces feuilles jaunies par les années sont chose surprenante. Son ardeur, loin d'être abattue par une épreuve qui eût surpassé tout autre courage, est plus grande que jamais. On sent que le mobile de son activité n'est point atteint par la mort des organes et que la forte passion qui l'attache à la vie est supérieure aux coups du sort.

Ce tour d'esprit, qui le portait beaucoup plus vers les considérations de fait que vers les spéculations idéales, détermina chez lui, dans ses dernières années, un mouvement religieux singulier, dont la portée n'a pas été bien comprise[1]. Les problèmes religieux et philosophiques n'avaient jamais été l'objet des réflexions de M. Thierry. L'histoire n'était pour lui que le tableau de la vie civile des peuples, et la religion n'avait figuré dans ses récits que surbordonnée à la politique. Il connaissait peu sous leur forme théologique les dogmes dont il a su présenter avec tant d'intérêt le rôle social. Aussi, quand les besoins religieux, que l'âge et le spectacle des révolutions font toujours naître, se réveillèrent chez lui, se trouva-t-il novice et candide en présence du problème qui exige le plus de réflexion et de finesse d'esprit. Peu ami des abstractions, toujours porté à prendre les choses par le côté pratique, il accepta la religion comme un fait établi, et ne porta pas dans son adhésion de grands raffinements. Son goût délicat lui disait qu'il faut mourir dans une religion; or le catholicisme lui apparaissait comme la plus complète des religions, et surtout comme la religion de la France. Il s'y attacha sincè-

[1] J'ai communiqué les lignes qui suivent à des personnes de l'intimité de M. Thierry : ces personnes, qui m'autoriseraient à les nommer au besoin, ont trouvé que ma rédaction exprimait bien l'état des derniers sentiments de l'illustre historien. M. Bourquelot, son collaborateur, initié à ses plus secrètes pensées, a déjà traité ce point de la biographie de M. Thierry avec une parfaite exactitude. (Voir l'*Athenæum français*, 31 mai 1856.)

rement, mais sans prétention dogmatique, ajournant les actes qui eussent supposé une foi trop absolue, et écartant par des précautions habiles les sollicitations importunes. Un jour qu'on lui faisait observer ce que certaines croyances avaient d'étroit : « Ce ne sont pas des pensées larges qu'il me faut maintenant, répondit-il, ce sont des pensées étroites. » Le sentiment des convenances et cette merveilleuse entente qu'il avait de l'art de construire une belle vie ne l'abandonnèrent jamais; il les porta jusque dans la mort. Quand les dogmes lui étaient présentés d'une manière tranchée, il refusait d'entendre et ne voulait rien savoir qui contrariât le désir qu'il avait de croire. Sa théologie n'allait pas au delà. Il prenait et il laissait; les moments de zèle étaient presque toujours suivis de retours; il restait ainsi suspendu entre le doute et la foi, à l'état de dispute curieuse et de bonne volonté.

De là une situation contradictoire, mais pleine de charme pour qui savait l'observer, où la candeur de sa belle âme, la finesse de son esprit et sa naïveté d'enfant se montraient dans tout leur jour. L'objection lui souriait autant que la réponse, et, dans l'abandon de l'intimité, il se laissait aller à des concessions dont il eût été facile d'abuser. Parfois il s'y mêlait une fine et douce ironie, que les personnes d'un esprit étroit et dogmatique n'apercevaient pas. Le genre de politesse exquise qu'il avait pour les femmes, il l'avait pour le prêtre. Moins réservé dans ses paroles que dans ses actes et ses écrits, il dépassait quelquefois en conversation l'exacte mesure de sa pensée. Il ne tenait à son opinion que quand il lui avait donné par le travail du style un caractère suprême de mesure et de netteté. Dans ses livres, il n'accordait rien à la complaisance. Il avait entrepris, il est vrai, de corriger ses principaux écrits et d'en faire disparaître quelques inexactitudes, où la précipitation d'un premier travail l'avait entraîné. Parmi les innombrables objections qui lui furent adressées, il en avait trouvé quelques-unes de justes, et il y faisait droit. Tel était d'ailleurs son amour pour le vrai, que la critique, même peu sérieuse, le trouvait docile et prêt à se réformer. Mais rien en tout cela ne ressemblait à un désaveu. Doué d'un merveilleux talent pour la retouche, il savait modifier ce qui avait paru attaquable dans un morceau, sans en changer la physionomie. La publication prochaine de l'édition revue de la *Conquête* prouvera ce que j'avance ici; mais la connaissance anticipée que l'amitié de M. Thierry m'a permis de prendre d'une partie du texte corrigé m'autorise à affirmer que l'esprit du livre paraîtra le même, et que les changements ne se révéleront qu'à une comparaison attentive des deux textes. Les légères erreurs, inévitables dans un ouvrage écrit d'abord sous le feu de la passion, auront seules disparu.

Ainsi se conserva jusqu'au bout le beau feu de cette vie si limpide et si pure. Le dégoût, l'ennui, le désespoir, ne l'atteignirent jamais. Le monde comprend peu un pareil stoïcisme et voit souvent une sorte de sécheresse dans l'âpreté de ces grandes âmes, dures pour elles-mêmes et par conséquent un peu pour les autres, qui ont l'air de se consoler de tout, pourvu que l'univers reste livré à leur contemplation. Mais, au fond, c'est là le plus haut degré du désintéressement et le plus beau triomphe de l'âme humaine. Ce que la conscience timorée des âmes tendres et vertueuses appelle l'égoïsme du génie n'est d'ordinaire que le détachement des jouissances personnelles et l'oubli de soi pour l'idéal. Comme toutes les saines et fortes natures, peu préoccupées d'elles-mêmes, passionnées pour les choses, M. Thierry garda au milieu des souffrances le goût de la vie, l'amour de son œuvre, la grande curiosité. Je le vis peu de jours avant le moment où la paralysie gagnant de proche en proche atteignit l'organe même qui servait de foyer à la vie de l'esprit, la seule qui lui restât. De funestes symptômes faisaient pressentir une fin prochaine; il n'en était pas moins ardent, moins empressé de vivre. Une seule pensée l'occupait : aurait-il le temps d'achever les corrections qu'il avait commencées? Le jour où il cessa d'exister pour la pensée, il réveilla à quatre heures du matin son domestique et lui dicta un léger changement à une phrase de la *Conquête*, que lui seul pouvait désirer meilleure qu'elle n'était. En dictant cette correction, sa langue s'embarrassa, et dès lors s'étendit sur son intelligence un voile qui ne se dissipa plus. Insatiable de perfection, il est mort, comme tous les grands artistes, en rêvant mieux encore que ce qu'il a fait, et pourtant nul plus que lui n'eut le droit d'emporter au tombeau la satisfaction de l'œuvre achevée. Ses écrits, empreints du double sceau du génie, la hardiesse dans la création et le fini du détail, resteront comme un monument de ce que peut la volonté humaine contre des obstacles en apparence insurmontables, et sa vie aura réalisé le prodige, sans exemple peut-être, d'une âme forte sachant se passer des sens extérieurs et continuant durant trente années une brillante carrière intellectuelle avec des organes plus qu'à demi conquis par la mort.

Là est la grande leçon morale qu'Augustin Thierry a donnée à notre temps. Le monde des sens lui a manqué, et il a toujours eu des raisons de vivre. L'univers lui apparut comme quelque chose de curieux et d'attachant qui mérite qu'on s'en occupe : il eut cet esprit d'investigation, cet immense appétit de vérité qui fait embrasser la vie avec ardeur ou la supporter avec courage. C'est par là, disons-le, que notre siècle se relèvera de son abattement. Quand le monde sera épuisé, quand la terre et le ciel, le présent et le passé, seront connus dans tous leurs secrets, alors il sera temps de dire avec l'Ecclésiaste : « Rien de nouveau sous le soleil... Tout est vanité. » Mais jusque-là on n'aura point le droit de parler d'ennui et de dégoût. L'immortalité consiste à travailler à une œuvre immortelle, telles que sont l'art, la science, la religion, la vertu, la tradition du beau et du bien sous toutes leurs formes. Ces œuvres-là étant de tous les temps, il y a toujours, même aux plus tristes époques, des vocations pour les hautes intelligences et des devoirs pour les nobles cœurs.

M. DE LAMENNAIS

On raconte que, quand les missionnaires de Rome, après avoir converti au christianisme les Saxons de Northumbrie, les engagèrent à renverser eux-mêmes les idoles que jusque-là ils avaient adorées, nul n'osa porter la main sur ces images longtemps consacrées par la foi et la prière. Au milieu de l'hésitation générale, un prêtre se leva et abattit d'un coup de hache le dieu dont il connaissait mieux que personne la vanité. L'attaque du prêtre a toujours ainsi un caractère particulier de froideur et d'assurance : on sent dans les coups qu'il porte une sûreté de main que le laïque n'atteint jamais. Celui-ci, habitué à regarder de loin

le sanctuaire, ne s'en approche qu'avec respect, même
quand la divinité l'a quitté ; mais le prêtre, qui en
connait les secrets, l'ouvre et le livre aux regards avec
l'audace d'un familier.

La critique doit saisir avec empressement les occasions qui lui sont ainsi offertes de pénétrer des mystères qu'un voile épais lui dérobe presque toujours. La foi repose à des profondeurs où il est d'ordinaire difficile de la suivre : la foi du laïque, d'ailleurs, arrive rarement à un degré suffisant de netteté pour se laisser clairement définir et discuter. Mais l'apologiste devenant apostat, le prêtre laissant par son testament une sanglante injure au dogme qu'il a servi, voilà des phénomènes où les mystères de la croyance apparaissent pour ainsi dire à nu. Je ne sais si depuis Tertullien le monde a vu un signe de ce genre aussi frappant que celui que Lamennais réservait à notre âge. Jamais plus grandes passions n'excitèrent dans une plus grande âme de plus violentes tempêtes ; jamais l'enfantement laborieux d'un monde nouveau n'arracha des cris de douleur plus éloquents. Comme la femme de la Bible, dans le sein de laquelle deux peuples, l'un d'élus, l'autre de réprouvés, se heurtaient, il sentit dans son ardente poitrine la lutte de siècles entiers. Chaque convulsion de ces hommes héroïques portant au cœur la blessure de leur temps, chacun de leurs cris, chacune de leurs douleurs doit être notée, car elles sont des symptômes de ce qui s'agite dans l'humanité. Les secrètes inquiétudes que la médiocrité atténue, et que les calculs de l'intérêt dissimulent, apparaissent chez eux dans leur rude et franche vérité.

Les écrits de Lamennais n'ont plus rien à nous apprendre. Nul n'est tenté d'aller y chercher des leçons d'histoire, de philosophie ou de politique; mais sa personne est un immense enseignement, un miroir de la nature humaine et toute une psychologie. C'est donc l'homme que nous allons étudier : laissant de côté la légitimité des causes qu'il a soutenues, la valeur plus ou moins grande des idées qu'il a tour à tour embrassées, nous chercherons en lui-même l'explication de ces changements en apparence énigmatiques, et le fil qui les rattachait les uns aux autres. Peut-être résultera-t-il de cette étude quelque lumière sur l'état présent des âmes et sur les lois qui président à certaines évolutions de la pensée.

I

Peu de vies semblent au premier coup d'œil aussi profondément brisées que celle de Lamennais. Des deux parties qui la composent, la seconde ne paraît point sortir de la première, mais en être la contradiction. Et pourtant, j'espère le prouver, peu de vies ont été dominées par un principe plus invariable; peu de natures ont été plus entières et moins susceptibles de se modifier. Lamennais fut en réalité un caractère simple et tout d'une pièce : il manqua de ce qui fait la diversité d'une carrière, je veux dire l'étendue des connaissances, la variété des études, la flexibilité de l'esprit. Ce fut là son défaut, et ce fut aussi la cause de sa grandeur. Les circonstances le portèrent successivement dans des partis opposés; mais elles ne changèrent point le tour de son imagination, ni les procédés de son style. Ame forte et esprit étroit, il ne conçut le monde que d'une seule manière; les évolutions de sa pensée ne semblèrent qu'un prétexte pour satisfaire l'éternel besoin de sa nature, le besoin de s'indigner pour ce qu'il croyait le bien, aboutissant par une logique fatale au besoin d'anathématiser et de damner.

Un même système de haine éloquente appliqué aux objets les plus divers, voilà Lamennais. Les fumées du puits de l'abîme qu'il portait dans son cœur montaient comme une éternelle vapeur de soufre, dévorant la terre, obscurcissant le ciel. Le désir de voir partout des mystères d'iniquité, la conception d'un idéal satanique et pervers, qu'il imaginait tout exprès pour servir de prétexte à sa colère, lui inspiraient ces sombres images qui obsédaient et souvent égaraient sa raison. Son unité est dans sa rhétorique, elle tient à la forme et non au fond de ses idées; mais la forme chez lui est bien plus essentielle que le fond. Ce ne fut ni un politique, ni un philosophe, ni un savant; ce fut un admirable poëte, obéissant à une muse sévère et toujours irritée. Les figures qu'il avait d'abord employées contre les idées libérales et la philosophie, il les tourna ensuite contre les rois et contre le pape. Sa rhétorique n'avait pas beaucoup de variété : l'enfer en faisait tous les frais. C'était celle des prédicateurs, des apologistes, et en général celle du clergé; il dressait devant lui un fantôme qu'il appelait Satan, il en faisait la représentation complète du mal; puis il le frappait de coups terribles et retentissants. Le souci de l'exactitude ne le préoccupait jamais : le monde, au moins de nos jours, n'offre guère, soit dans les institutions, soit dans les individus, ces types absolus de méchanceté. Au lieu de s'enquérir, au lieu de connaître les hommes de son temps et de chercher en quoi ils pouvaient avoir raison, il les concevait selon les nécessités de sa thèse, et, afin de les détester sans contrainte, il débutait par les supposer méchants.

Par là, il fut ce qu'il fut : un ressort terrible, un arc tendu et toujours prêt à lancer le trait. La flamme vive et passagère de la passion méridionale n'a rien de commun avec ce feu ardent et sombre, avec cette colère profonde et obstinée qui ne veut pas être adoucie. Il n'y a pas de plus mauvaise disposition pour un philosophe et un critique; il n'y en a pas de meilleure pour un artiste et un poëte. L'art veut du parti pris, et ne s'accommode pas de ces moyens termes où se complaît le critique. Le tour absolu des opinions de Lamennais, qui nous a valu tant de pauvres raisonnements, tant de jugements défectueux, nous a valu aussi les cinquante pages de grand style les plus belles de notre siècle. Jamais plus frappant exemple du partage des dons de l'esprit ne fut offert aux méditations du penseur : Lamennais est inexplicable, si l'on n'accorde que le même homme peut être à la fois un artiste supérieur, un philosophe médiocre et un politique insensé.

Lamennais n'eut pas de maître connu : on ne peut citer un nom dont il relève, ni une institution qui puisse revendiquer une part de sa renommée. Il puisa tout dans sa forte nature et dans les croyances générales qu'il trouva répandues autour de lui. Cette éducation libre et spontanée, très-favorable au développement du génie individuel, laissa dans sa culture générale quelques lacunes, qu'il ne sut réparer qu'assez tard : il ne fut pas toujours au courant de son temps; ce qui germait à côté de lui fut sur lui presque sans influence. La discipline complète de l'esprit, fruit d'une gymnastique prolongée de toutes les facultés, suppose des contacts nombreux avec des ordres très-divers d'activité intellectuelle ; elle n'est guère possible que dans les grands centres de mouvement littéraire et scientifique, comme sont les capitales ou en Allemagne les villes d'universités. Lamennais ne dut rien à ces influences générales : son caractère de race, très-profondément accentué, et son éducation ecclésiastique, la Bretagne et le séminaire, voilà ses origines, et, si j'ose le dire, toute son explication.

J'ai dit d'abord la Bretagne. Il en eut la sincérité, l'impétueuse droiture. La foi ardente des peuples bretons a cela de particulier, qu'elle ne repose sur aucun des motifs de crainte ou d'abaissement que renferme plus ou moins la superstition des peuples méridionaux : elle est le fait de natures loyales qui ont besoin de se dévouer à une cause. Or les causes auxquelles les âmes honnêtes se dévouent le plus volontiers sont toujours les causes désespérées. La secrète douceur de la foi est bien plus grande, appliquée au passé qu'à l'avenir. Il y a plus de mérite à aimer ce qui fut qu'à aimer ce qui sera. Le passé d'ailleurs est si poétique! l'avenir l'est si peu! Voilà pourquoi le Breton est essentiellement arriéré dans ses sympathies. Tous les Bretons qui sont arrivés de nos jours à faire entendre leur voix ont pour trait commun une singulière mauvaise hu-

meur contre leur temps. Cela tient à ce vigoureux
instinct de race qui leur inspire du dégoût pour tout ce
qui déroge à la noblesse antique, dont notre âge paraît
avoir peu de souci ; mais cela tient surtout à ce fond
chevaleresque et généreux qui les attache aux vaincus
et leur fait une loi suprême de la fidélité. Ils aiment
les choses vieilles et usées, parce qu'elles sont faibles,
parce que la foule les abandonne pour se porter vers
d'autres dieux. Et c'est là le secret de leur énergie :
au milieu de cette humanité légère qui rit, s'amuse et
s'enrichit, ils conservent ce qui fait la force de l'homme
et ce qui donne toujours à la longue la victoire, je veux
dire la foi, le sérieux, l'antipathie pour ce qui est vulgaire, le mépris de la légèreté.

Le séminaire n'eut pas moins d'influence sur
l'homme singulier que j'essaye en ce moment de caractériser. L'éducation ecclésiastique, qui a de graves inconvénients quand il s'agit de former le citoyen et l'homme
pratique, a d'excellents effets pour réveiller et développer
l'originalité de l'esprit. L'enseignement de l'Université,
qui est certainement plus régulier, plus solide, plus
discipliné, a l'inconvénient d'être trop uniforme et de
laisser trop peu de place au goût individuel soit du professeur, soit de l'élève. L'Église, en littérature, est, somme
toute, moins dogmatique que l'Université. Le goût y est
moins pur, les méthodes y sont moins sévères; mais la su-

perstition littéraire du dix-septième siècle y est moindre. Le fond y est peut-être moins sacrifié à la forme ; on y trouve plus de déclamation, mais moins de rhétorique. Cela est vrai surtout de l'enseignement supérieur. Soustrait à toute inspection, à tout contrôle officiel, le régime intellectuel des grands séminaires est celui de la liberté la plus complète : rien ou presque rien n'étant demandé à l'élève comme devoir rigoureux, il reste en pleine possession de lui-même; qu'on joigne à cela une solitude absolue, de longues heures de méditation et de silence, la constante préoccupation d'un but supérieur à toutes les vues personnelles, et on comprendra quel admirable milieu de pareilles maisons doivent former pour développer les facultés réfléchies. Un tel genre de vie anéantit l'esprit faible, mais donne une singulière énergie à l'esprit capable de penser par lui-même. On en sort un peu dur, parce qu'on s'est habitué à placer une foule de choses au-dessus des intérêts, des jouissances et même des sentiments individuels ; mais cela même est la condition des grandes choses, qui ne se réalisent jamais sans une forte passion désintéressée. Voilà pourquoi les séminaires sont une source si féconde d'esprits distingués et tiennent une si grande place dans la statistique littéraire. La nullité même de l'enseignement qui s'y donne est, en un sens, un avantage : l'esprit des jeunes gens conserve par là plus de liberté que dans les écoles où l'enseignement est trop réglé. La vieille scolastique qu'on y apprend est si insignifiante, que personne ne peut s'en contenter, et que chacun garde sa pénétration d'esprit, s'il en a, pour penser à sa guise. L'instruction positive y est, comme partout, ce que chacun se la fait; l'esprit français, bien plus porté vers les développements brillants et oratoires que vers la connaissance scientifique des choses, n'éprouve presque jamais, sous ce rapport, de besoins bien étendus.

Je ne crois pas exagérer en disant que Lamennais sortit du séminaire tout formé et déjà en possession de ses données essentielles. Les premiers essais qu'il publia sont aussi parfaits de style que ses ouvrages les plus admirés : on y trouve ce mélange pénétrant d'onction et de vigueur qui forme le cachet de son génie. Il eut tout d'abord et garda à travers ses transformations l'ampleur du style ecclésiastique, ce vocabulaire sonore, à nuances tranchées, qu'il a porté avec lui dans les camps les plus divers. Le prêtre a un style à part et dont il ne se débarrasse jamais. Le grand absolu de ses thèses lui permet des airs hautains, qui siéraient mal au philosophe ; comme il est censé parler au nom de Dieu, il lui est permis de prendre, en exposant sa pensée, un ton de supériorité que ne pourrait se donner, sans blesser la modestie, celui qui parle en son propre nom. Cela est très-choquant dans la polémique, où, par la loi même du genre, les deux adversaires sont égaux (et, en effet, rien de plus fatigant que la polémique catholique, l'apologiste se donnant une foule d'avantages que le critique désintéressé doit se refuser); mais dans les ouvrages oratoires cette façon de prendre les choses de haut est d'un assez grand effet. C'est par là que les mandements des évêques se font souvent lire avec agrément, et que le latin des bulles papales, sans signifier grand'chose, a un certain charme de plénitude et de grave harmonie.

Comparé à l'ensemble de résultats nouveaux qui, depuis quarante ans, ont été découverts ou mis en circulation dans le domaine de l'histoire, de la critique et de la philosophie, le fonds d'idées de Lamennais paraît incomplet et arriéré. Lamennais n'entra pas dans le grand mouvement de rénovation scientifique qui s'empara des esprits au sortir du désert intellectuel de l'Empire. Ce mouvement n'excita que ses colères : il était déjà trop fait pour se modifier et apprendre quelque chose. Un esprit si absolu d'ailleurs ne pouvait être curieux : quand on croit posséder toute vérité, soit par une révélation du dehors, soit par l'inspiration de son propre génie, il est tout simple qu'on dédaigne la voie pénible et humble de la recherche, et qu'on regarde l'investigation des détails comme une simple fantaisie d'amateur. Je ne ferais point cette critique, si à chaque page de l'*Essai sur l'indifférence* il n'était question de matières qui sont du domaine de l'érudition, et sur lesquelles l'auteur, faute de science, s'exprime toujours de la manière la plus inexacte. Au lieu de se mettre au courant des résultats acquis comme probables ou comme certains dans le domaine des sciences historiques et philologiques; au lieu de profiter des vastes travaux que l'Allemagne a entassés sur toutes les branches de l'histoire, travaux dont plus tard il a reconnu l'importance; au lieu de se mettre lui-même au nombre des chercheurs, il aimait mieux s'en tenir à des livres de dixième main, dont il interprétait et combinait à sa guise les données. Je sais bien que les gens du monde se soucient peu de la qualité de l'érudition qu'on leur sert : l'agrément ou la beauté de la forme seule les touche; mais, malgré mon respect pour l'opinion des gens du monde, il m'est impossible, sur ce point, d'être de leur avis. Quand on parle des choses, il faut les savoir aussi bien qu'il est possible. Voltaire écrivait à Cideville qu'il se proposait bien de ne pas lire l'*Histoire littéraire de la France*, que compilaient patiemment, volume par volume, les bénédictins de la congrégation de Saint-Maur. Quel dommage! et que d'erreurs sur le moyen âge, ses mœurs et ses institutions ne se fût-il pas épargnées, s'il eût étudié avec plus de soin le savant ouvrage dont il parlait sur un ton si cavalier! Bossuet de même écrivit toute sa vie sur la Bible et n'eut que dans ses dernières années l'idée d'apprendre l'hébreu; notez que préalablement il s'était permis sans scrupule de faire persécuter Richard Simon, qui le savait. La plus grande partie des matières dont s'occupent ceux qu'on appelle *écrivains* est du domaine de l'érudition, et pourtant l'écrivain regarde comme au-dessous de lui de paraître se confondre en quelque chose avec l'érudit. On croit, par cet air dégagé, écarter à mille lieues de soi le reproche de pédantisme, si fort redouté parmi nous; mais il est permis aussi à l'érudit de sourire, quand on vient lui présenter des exercices de style composés sur des matériaux de mauvais aloi, lorsque d'excellentes sources de renseignements existent. Du moment qu'on traite de pareils sujets, il est indispensable de le faire avec l'appareil de connaissances qu'ils exigent, et dont aucune éloquence ne saurait tenir lieu.

Le reproche que j'adresse ici à M. de Lamennais ne lui est pas personnel : il s'applique à toute l'école, si distinguée à beaucoup d'égards, qui, dans la première moitié de notre siècle, a cherché à relever le catholicisme du discrédit où il était tombé. Cette école, à laquelle on ne peut contester une véritable valeur en philosophie, et surtout en esthétique, en a très-peu sous le rapport de l'érudition. Cela est tout simple : la partie savante de l'ancien clergé qui avait survécu à la Révolution, ou bien s'était totalement sécularisée, ou bien était tenue par ses tendances jansénistes et gallicanes en dehors de la nouvelle école. M. Daunou et dom Brial se fussent donné la main pour condamner des idées aussi contraires à leurs habitudes d'esprit. Or en érudition la tradition est nécessaire, et les plus louables efforts n'y sauraient suppléer. M. de Chateaubriand, qui avait une intuition si vive des temps et des races, fut arrêté sur le seuil de la grande histoire par l'insuffisance de son instruction. M. de Bonald faisait de grandes considérations sur la succession des systèmes philosophiques, et n'avait guère lu, hélas ! en fait d'histoire de la philosophie, que M. de Gérando. M. de Maistre, qui avait l'esprit éveillé sur tant de choses, en resta toujours à la philologie des jésuites, dont les *Soirées de Saint-Pétersbourg* présentent de si amusants spécimens. M. de Lamennais s'en tint également aux vieux arguments qui, depuis plus d'un siècle, n'ont pas cessé de défrayer les apologistes; il ne soupçonna pas un moment que la science avait entièrement changé d'aspect. Même sorti de l'Église, il ne se renouvela pas ; en philosophie du moins, il ne dépassa jamais ses cahiers du séminaire. Cherchant toujours des arguments pour une cause bien plus que la vérité indifférente, il ne fut qu'une puissante machine intellectuelle travaillant sur le vide. La foi à son infaillibilité l'empêcha de rien demander au dehors et de comprendre l'esprit du véritable critique, se livrant pieds et mains liés aux faits pour que les faits le traînent où ils veulent.

Qu'on ne se méprenne pas sur ma pensée : il serait aussi puéril de reprocher à Lamennais de n'avoir pas été un exact et judicieux auteur qu'il le serait de reprocher à tel laborieux érudit de n'avoir point été un écrivain de brillante imagination. Le devoir de la critique ne saurait être de regretter que les hommes n'aient pas été autres qu'ils ne furent, mais d'expliquer ce qu'ils furent. Né pour s'imposer et non pour chercher, héritier déclassé des grands papes du moyen âge, des Grégoire et des Innocent, Lamennais ne pouvait se contenter d'un de ces rôles modestes, mais fructueux, où l'homme se fait oublier pour son œuvre. Au milieu des entraves que la société moderne crée aux ambitions, Lamennais ne pouvait être que chef d'école ou de parti. Ses qualités et ses défauts le prédestinaient à ce rôle ; mais ce rôle à son tour devait décupler ses défauts. Rien ne rapetisse le jugement comme de déserter ainsi l'atmosphère libre de l'esprit humain pour se confiner dans un cénacle d'hommes distingués sans doute par cela seul qu'ils s'attachent à une idée, mais cependant secondaires, puisqu'ils acceptent le nom de disciples. Presque toujours ce dangereux régime intellectuel nuit plus au maître qu'aux disciples, et en effet cette fois le cénacle perdit le maître, et produisit des disciples plus fidèles que lui-même à sa propre pensée.

Bien d'autres avant lui avaient mis la passion et l'intrigue au service de leur foi religieuse ; la nouveauté hardie de Lamennais consista à faire du catholicisme un *parti*. Si cette expression est un blasphème, c'est à lui qu'en doit remonter la responsabilité. La Ligue seule avait donné l'exemple de cette position singulière que le catholicisme tend de plus en plus à prendre dans l'État, de cet appel peu sérieux à la démocratie, de ce mélange bizarre d'esprit révolutionnaire et de tendances rétrogrades. Au milieu de l'uniformité de la vie contemporaine, tout ce qui groupe les hommes et constitue une force en dehors de l'État est un tel bienfait, que le parti catholique a pu quelquefois servir utilement la cause du progrès. Comme protestation contre l'ancienne scolastique, comme tendance vers une méthode théologique plus accommodée aux besoins du temps, comme contre-poids au goût un peu exclusif de l'Université, l'école de Lamennais avait raison, et au fond sur tous ces points elle a vaincu. Ses tendances sont devenues l'esprit général du clergé, tandis que le fondateur, entraîné par sa destinée, voyageait vers un autre ciel. Ce que Socrate a été pour le mouvement philosophique de la Grèce antique, Lamennais l'a été pour le mouvement catholique contemporain : tout procède de lui. Le changement qu'il avait désiré avec une si ardente passion s'est fait sans lui, malgré lui et avec ses malédictions. S'il eût attendu quelques années, il eût vu les principes qui le faisaient condamner devenir la politique générale de l'Église ; mais telle était sa sincérité, tel son besoin de dire leurs vérités aux puissants, que peut-être alors lui eussent-ils moins souri que quand ils lui valaient la désapprobation des esprits timides et les clameurs de la médiocrité.

Quoi qu'il en soit, le triomphe accompli de l'ultramontanisme et des doctrines d'un *fidéisme* exagéré est le fait de Lamennais et la partie la plus nette de son héritage. Au point de vue politique, nous croyons que l'abandon des vieilles maximes gallicanes a été une imprudence dont l'Église se repentira la première; mais sous le rapport du goût et du mouvement intellectuel, on ne peut nier que la nouvelle école catholique sortie de M. de Lamennais ne soit supérieure à l'ancienne. En un sens, bien plus hostile à la raison, elle est en un autre plus rapprochée de la philosophie. Elle n'a pas ce dédain et cet éloignement pour le laïque qui formaient un des ridicules de la théologie scolastique ; au lieu de s'user à d'insignifiantes querelles ou de se borner à un ministère respectable, mais insuffisant pour les besoins du temps, elle entre dans le mouvement du siècle, en adopte les problèmes et essaye de les résoudre à sa manière. Je ne veux pas méconnaître ce qu'a de profondément vénérable ce genre particulier de bon esprit, empreint d'un peu de jansénisme, qui, jusqu'à la fin de la Restauration, a fait un des caractères du clergé français : quand il se joint à cela un parfum des anciennes mœurs ecclésiastiques, comme cela a lieu dans la compagnie de Saint-Sulpice par exemple, il en résulte une des plus suaves et des plus touchantes réminiscences du passé qui se puissent imaginer. Certaines personnes, qui considèrent la trop grande importance du clergé comme un danger pour le libre développement de l'esprit, pensent même que l'inoffensive nullité de l'enseignement ecclésiastique d'autrefois valait mieux que les prétentions d'une école qui mérite bien plus d'être prise au sérieux. Je ne suis pas de cet avis. Nous ne devons jamais croire que nous ayons tellement raison que nos adversaires ne soient bons qu'à être affaiblis. Nous devons, au contraire, désirer que chaque idée soit représentée d'une façon aussi distinguée que possible. Il y a une solidarité entre toutes les parties du développement intellectuel d'une époque; les grands siècles sont ceux où toutes les causes ont des défenseurs éminents et provoquent un mouvement d'études sérieuses et de solide réflexion.

Je sortirais de mon sujet si j'essayais d'exposer ici par quelles associations d'idées l'école néocatholique réussit à faire tenir un moment dans son sein les éléments les plus divers, et par quelle fatalité logique elle aboutit aux excès les plus opposés. C'est l'homme que j'étudie dans Lamennais : or les destinées de l'école qu'il a fondée se sont accomplies en dehors de lui et contre lui. Il m'en coûterait d'ailleurs de démêler une équivoque qui, encore aujourd'hui, conserve quelques partisans de plus à la liberté. Tel est l'absolu des doctrines du catholicisme, que le mot de liberté ne peut avoir pour les catholiques le même sens que pour nous. Pour le catholique, la liberté ne saurait être, comme pour le vrai libéral, le droit qu'a tout homme de croire et de faire ce que bon lui semble dans les limites où le droit semblable des autres n'est point atteint ; la liberté du catholique est toujours plus ou moins la liberté du bien, le droit de la vérité, c'est-à-dire évidemment de ce que le catholique regarde comme le bien et la vérité. Beaucoup de catholiques, je le sais, entendent la liberté d'une façon plus loyale et seraient prêts à donner aux autres la liberté qu'ils réclament pour eux-mêmes; mais qu'ils me permettent de leur dire qu'en cela ils sont peu d'accord avec les principes essentiels de leur foi [1]. Du moment qu'on admet qu'une certaine doctrine est la vérité absolue, hors de laquelle il n'y a point de salut, il est impossible de ne pas lui créer un privilége ; le droit de la vérité prime tous les autres, et le plus grand service qu'on puisse rendre à ses semblables est de leur procurer, à quelque prix que ce soit, le seul bien nécessaire. L'autorité décisive en une pareille question est du reste celle de l'Église elle-même. Écoutons l'encyclique par laquelle le pape Grégoire XVI condamna les opinions de Lamennais: « De cette source infecte de l'*indifférentisme* découle cette maxime absurde et erronée, ou plutôt ce délire, qu'il faut assurer et garantir à tous la *liberté de conscience*. On prépare la voie à cette pernicieuse erreur par la liberté d'opinions pleine et sans bornes qui se répand au loin pour le malheur de la société religieuse

---

[1] Il serait long d'apporter ici les preuves détaillées de cette affirmation. Je me contenterai de renvoyer à une très-curieuse dissertation du chanoine Muzzarelli, théologien fort autorisé à Rome; ce savant homme y a prouvé par une masse énorme de textes qu'un catholique ne peut professer les doctrines essentielles du libéralisme moderne sans se mettre en contradiction avec l'enseignement et la pratique de l'Église à tous les siècles. Cette dissertation a été traduite par extraits et insérée dans le tome V de l'*Histoire de l'Église* de M. le baron Henrion.

et civile, quelques-uns répétant avec une extrême impudence qu'il en résulte quelque avantage pour la religion. Mais, disait saint Augustin, *qui peut mieux donner la mort à l'âme que la liberté de l'erreur?* En effet, tout frein étant ôté qui pût retenir les hommes dans les sentiers de la vérité, leur nature inclinée au mal tombe dans le précipice. » Et plus loin : « A cela se rapporte cette liberté funeste, et dont on ne peut avoir assez d'horreur, la liberté de la librairie pour publier quelque écrit que ce soit, liberté que quelques-uns osent solliciter et étendre avec tant de bruit et d'ardeur[1]. » La lettre du cardinal Pacca à Lamennais pour expliquer l'encyclique ne laisse aucun doute sur le sens de ces paroles : « Le saint-père désapprouve aussi et repousse même les doctrines relatives à la liberté des

[1] « Atque ex hoc putidissimo *indifferentismi* fonte absurda illa fluit ac erronea sententia, seu potiùs deliramentum, asserendam esse ac vindicandam cuilibet *libertatem conscientiæ*. Cui quidem pestilentissimo errori viam sternit plena illa atque immoderata libertas opinionum, quæ in sacræ et civilis rei labem latè grassatur, dictantibus per summam impudentiam nonnullis aliquid ex ea commodi in religionem promanare. *At quæ pejor mors animæ quam libertas erroris?* inquiebat Augustinus. Freno quippe omni adempto, quo homines contineantur in semitis veritatis, proruit jam in præceps ipsorum natura ad malum inclinata... Illuc spectat deterrima illa, ac nunquam satis execranda et detestabilis, libertas artis librariæ ad scripta quælibet edenda in vulgus, quam tanto convicio audent nonnulli efflagitare ac promovere. »

cultes et à la liberté civile et politique... Les doctrines de *l'Avenir* sur la liberté des cultes et la liberté de la presse... sont également très-répréhensibles et en opposition avec l'enseignement, les maximes et la politique de l'Église. Elles ont beaucoup étonné et affligé le saint-père, car, si, dans certaines circonstances, la prudence exige de les tolérer comme un moindre mal, de telles doctrines ne peuvent jamais être présentées par un catholique comme un bien, ou comme une chose désirable[1]. »

Voilà les déceptions auxquelles s'exposent les cœurs généreux et sincères qui croient pouvoir associer le catholicisme avec les tendances modernes. Presque toujours l'Église elle-même se charge de leur faire sentir leur illusion et de leur apprendre que le parti qui réprouve toute idée libérale dans le sein du catholicisme est le seul conséquent. Ce n'est point à nous d'insister : l'inconséquence n'est jamais à nos yeux un reproche bien grave ; souvent c'est un éloge. Quand on a une fois aimé la liberté, il en reste toujours quelque chose. On peut l'oublier le jour où l'on est fort, on peut pécher gravement contre elle ; mais, pour peu qu'on porte en soi de sang noble et d'instincts généreux, on se retrouve. Tout parti, quels que soient ses principes, est

---

[1] *Affaires de Rome*, p. 131-152.

libéral en tant qu'il est parti ; car, pour servir sa cause,
il faut qu'il fasse appel à la liberté, et qu'il s'oppose à
ce despotisme administratif qui tendrait à mettre en
régie les forces intellectuelles et morales de l'humanité.

Quoi qu'il en soit, on ne peut refuser à Lamennais
le mérite d'avoir vu avec une singulière perspicacité
l'avenir du catholicisme, et d'avoir inventé toutes les
machines de guerre que le parti catholique a depuis si
habilement employées. La guerre obstinée contre l'université, l'artifice par lequel les priviléges les plus
exorbitants sont présentés comme une revendication
toute naturelle de la liberté, l'importance prépondérante du publiciste dans l'Église, sont autant d'innovations qui datent de lui. L'état de l'Église de France est
bien maintenant ce que le voulait Lamennais en 1825,
et l'état général de l'Église tend de plus en plus vers le
même idéal. Le parti catholique, d'abord repoussé par
l'Église officielle, tend à devenir officiel à son tour.
L'*agence catholique* que voulait Lamennais, cette espèce d'administration dont le centre eût été à Rome,
et dont le journalisme eût été l'instrument principal,
est au fond le programme de la réaction catholique
dans l'Europe entière. Lamennais a compris tout cela,
l'a appelé de ses vœux, et l'a maudit la veille du jour
où ses vœux allaient se réaliser. Il vit que le système
des Églises nationales, composées de diocèses organisés

sur une sorte de droit divin, allait se perdant dans l'idée de catholicité ; que la féodalité, ou, en d'autres termes, la souveraineté divisée, tendait à disparaître de l'Eglise comme elle a disparu de l'État ; que l'Église obéissait comme le monde entier à une tendance vers la centralisation. La justesse de ses prévisions sur tous ces points est vraiment digne d'admiration : je suis persuadé que l'avenir ne fera que confirmer ce qu'il a si finement entrevu.

Sans vouloir en effet hasarder de prophétie sur un sujet aussi délicat, il est permis de dire qu'une grande révolution est sur le point de s'accomplir dans le sein de la catholicité, que dis-je? est déjà accomplie. Le type du gouvernement que Napoléon imagina pour la France devient celui de l'Église. L'évêque envisagé comme le souverain spirituel de son diocèse, réglant sa liturgie, parlant seul à ses fidèles par ses mandements, ne convient plus à l'état actuel du monde et à la tendance des sociétés modernes vers les grandes agglomérations. L'évêque en vient de plus en plus à n'être que le représentant d'un pouvoir central, un véritable préfet. Que restera-t-il debout dans un pareil état de l'Église? Deux choses, l'administration romaine et le journalisme. Le journalisme en effet est seul capable d'une action centrale. L'évêque s'adresse à quelques milliers de fidèles, répandus sur quelques lieues de territoire. Le journaliste catholique s'adresse à toute la chrétienté ; il peut enseigner dans le diocèse même de l'évêque qui le combat, parler aux fidèles sans la permission du pasteur. On ne songe point assez à l'énorme importance de cette révolution ; ce que les ordres mendiants furent au treizième siècle, le journalisme catholique l'est de nos jours : un pouvoir indépendant de l'évêque, tenant sa mission du pape, exerçant sur le terrain de l'évêque sans sa participation. L'épiscopat a fini, à force de luttes, par vaincre les ordres religieux ; vaincra-t-il le journalisme ? Il est certain du moins que jusqu'ici la victoire est restée à ce dernier : nous avons vu un archevêque humilié devant un journaliste, son diocésain ; nous avons vu poser en principe que l'ordinaire ne peut rien sur le journal qui s'imprime dans son diocèse. Il est évident que le gouvernement de l'Église est dominé de plus en plus par des influences extra-épiscopales, et que l'avenir appartient à tout ce qui, de près ou de loin, exercera une action centrale dans la catholicité.

Mais qu'on réfléchisse à une autre conséquence qui sort invinciblement de ces prémisses. L'administration centrale de la catholicité établie à Rome et destinée à attirer tout à elle ne peut point être la papauté italienne des derniers siècles, fondée sur les traditions et les habitudes de l'esprit romain. Tandis que la papauté a eu dans l'Église un pouvoir restreint, on a pu déférer ce pouvoir à l'Italie ; mais, du jour où la catholicité sera réellement gouvernée par Rome, elle voudra que Rome soit une vraie image de la catholicité. Déjà les clergés locaux sont représentés à Rome par un certain nombre d'hommes importants, qui bientôt deviendront des puissances et rejetteront dans l'ombre les rouages purement romains. Il se passera là quelque chose de ce qui arriva dans la Rome profane le jour où elle fut maîtresse du monde : le monde l'absorba à son tour; Rome ne fut plus dans Rome ; les provinces l'envahirent, en firent leur chose et se gouvernèrent par elle. Ainsi la papauté prendra le gouvernement entier de la catholicité, mais la catholicité voudra alors que la papauté soit catholique et non plus italienne. Le fait qui s'est si souvent et si logiquement produit au moyen âge, lorsque la papauté était cosmopolite, tend à se produire de nouveau, et, de même que la papauté universelle du moyen âge eut des papes de toutes les nations, de même que la Rome impériale eut, au bout de quelque temps, des empereurs faits par les provinces, Rome aura des papes étrangers à l'Italie, français surtout, puisque la France a été le point de départ et sera longtemps le foyer du parti catholique. Le jour où Pie IX a reconnu qu'en suivant une politique italienne il perdait la papauté, il a posé la question dans ses véritables termes. La papauté ne peut plus être qu'universelle : le personnel italien de l'administration romaine ira baissant de plus en plus ; il cessera de se recruter, et ses vides seront remplis par des étrangers. Mais l'Italie, ne profitant plus de la papauté, n'en voudra plus et ne supportera pas qu'une fraction notable de son territoire reste sacrifiée à une administration qui n'aura plus rien d'italien. Que conclure de tout cela? Que la papauté s'en va de l'Italie, qu'avant cinquante ans il sortira d'un conclave un pape non italien. Ce jour-là, le parti catholique aura remporté sa dernière victoire et sera arrivé réellement au gouvernement de la catholicité.

Les choses étaient loin de là en 1832. Rome, par une sorte de pressentiment et avec sa finesse habituelle, comprit qu'on lui offrait trop de dévouement pour que ce dévouement fût désintéressé. Le parti catholique est, en général, peu compris des Italiens. Rome a des habitudes bien plus politiques et plus calmes : ces excès de zèle lui paraissent la conséquence de la *furia francese*; elle ne les encourage jamais jusqu'à se compromettre, et les accueille avec une réserve mêlée d'une fine ironie. En condamnant des auxiliaires qui voulaient la sauver à leur profit, la papauté fit certainement un acte d'habileté. Il est remarquable, du reste, que le sort de presque tous les apologistes qui se sont levés de notre temps pour soutenir devant le siècle la cause de l'Église a été d'être condamnés. Cela tient sans doute à la prudente ingratitude qui porte les pouvoirs à n'avouer leurs publicistes que dans la limite où il convient à leurs intérêts ; mais cela tient aussi à la position du catholicisme vis-à-vis des exigences de la raison moderne. Pour défendre l'orthodoxie, on est obligé d'en sortir. Le compromis au moyen duquel on croit pouvoir être à la fois orthodoxe et libéral ne peut longtemps durer ; les éléments opposés qu'on a réunis de force se repoussent. Alors qu'arrive-t-il ? Ou l'on cesse d'être libéral, et l'on reste catholique ; ou l'on cesse d'être catholique, et l'on reste libéral.

En ce qui concerne Lamennais, un œil pénétrant eût aperçu dès lors l'évolution hardie par laquelle il allait, dans les deux années suivantes, étonner le monde. On essaye vainement de se figurer le fougueux ecclésiaste adhérant à l'encyclique, devenant un écrivain discipliné, et renonçant, par ordre supérieur, aux exagérations de son zèle. La modération ne s'acquiert pas : après le paroxysme de *l'Avenir*, Lamennais n'avait plus qu'à briser. Une thèse nouvelle, altière, tranchée, ne répugnant pas à la violence, pouvait seule désormais offrir un aliment à sa passion et un prétexte à son style retentissant.

II

Il y a, dans une des épopées de l'Inde, un épisode étrange où un solitaire, après avoir été chassé du ciel d'Indra, se crée par la force de sa pensée et l'intensité de ses mérites un nouvel Indra et de nouveaux cieux. Le curieux ouvrage intitulé *Affaires de Rome* nous fait assister à un spectacle du même genre. C'est certainement une des choses les plus honorables pour Lamennais que le calme, la réserve de bon goût et la sincérité qui respirent dans tout ce livre. Jamais on n'a réglé ses comptes avec le passé d'une façon plus digne et plus discrète. Qu'un homme jeté dans un dédale de petites intrigues ait pu recueillir d'aussi fraîches impressions sur l'Italie et sur Rome en particulier ; qu'au milieu de cette nullité calculée et de cette sécheresse de cœur qui caractérisent le monde romain, il ait pu naître à une vie nouvelle et savourer des torrents de poésie; qu'un livre consacré à faire l'histoire de fastidieuses disputes renferme de délicieuses pages, pleines du goût de la solitude et de la vie intérieure, il y a là un signe évident de noblesse et d'élection. Au moment où la petitesse et l'envie liguées ensemble ourdissent contre

Lamennais de ténébreuses manœuvres, il a le temps d'observer finement, de sentir avec délicatesse ; il a un souvenir pour de simples et pieux cénobites, pour son voiturin Pasquale. Il semble que l'Italie produisit sur lui cette recrudescence de poésie qu'elle amène souvent dans les âpres natures du Nord. Les mois de l'hiver de 1832, qu'il passa à la maison des théatins de Frascati, furent peut-être les plus recueillis et les plus pieux de sa vie. On ne comprendra jamais les songes de l'âge d'or qui traversèrent alors cette âme riche et pure : l'incomparable éruption de l'année suivante bouillonnait déjà dans son sein ; la lutte contre les difficultés du dehors ne faisait que l'élever et l'attendrir. Quelle page charmante que le récit de sa visite aux camaldules des environs d'Albano ! Est-ce bien d'un prêtre engagé dans une ardente polémique qu'est cet élan vers le repos ? « Nous concevons très-bien le genre d'attrait qu'a pour certaines âmes, fatiguées du monde et désabusées de ses illusions, la vie solitaire. Qui n'a point aspiré à quelque chose de pareil ? Qui n'a pas plus d'une fois tourné ses regards vers le désert et rêvé le repos en un recoin de la forêt, ou dans la grotte de la montagne, près de la source ignorée où se désaltèrent les oiseaux du ciel ? Cependant telle n'est pas la vraie destinée de l'homme : il est né pour l'action ; il a sa tâche qu'il doit accomplir.

Qu'importe qu'elle soit rude? n'est-ce pas à l'amour qu'elle est proposée? Il est néanmoins des temps où le courage semble défaillir, où l'on se demande si, en voulant le bien, dont tant d'obstacles souvent imprévus empêchent la production facile en apparence, on ne poursuit point une chimère, où à chaque inspiration la poitrine soulève le poids d'un immense ennui. J'ai toujours éprouvé qu'en ces moments la vue de la nature, un plus étroit contact avec elle, calmait peu à peu le trouble intérieur. L'ombre des bois, le bruit de la source qui tombe goutte à goutte, le chant de l'oiseau dans le buisson, les bourdonnements de l'insecte, l'éclat, le parfum des fleurs, l'ondoiement de l'herbe que la brise agite, toutes ces choses et surtout l'intarissable exhalaison de vie, de cette vie que Dieu verse à torrent au sein de son œuvre perpétuellement jeune, perpétuellement ordonnée pour l'ensemble des êtres et pour chaque être particulier à une visible fin de félicité mystérieuse, raniment l'âme flétrie, l'abreuvent d'une séve nouvelle, lui rendent sa vigueur qui s'éteignait. »

Il faut le dire, l'impression qui résulte de cet honnête récit est entièrement favorable à Lamennais. L'idée même de son voyage, la simplicité avec laquelle il partit pour Rome, croyant que sa foi ardente et sa passion pour la justice allaient tout emporter, la naïve déception qu'il éprouva en présence des prélats romains, décidés à ne comprendre ni écouter ses idées, sa surprise quand il lui fut prouvé que des notes diplomatiques provenant de puissances schismatiques avaient plus d'efficacité en cour de Rome que les pures raisons du zèle évangélique et de la foi, sont des traits d'une admirable candeur. Oui, quand ces trois obscurs chrétiens, comme il les appelle [1], s'en allaient vers la cité qu'ils croyaient sainte, ils étaient vraiment les représentants d'un autre âge par la simplicité naïve de leur foi. Lamennais à ce moment me rappelle son compatriote le carme Conecta, qui partit de Rennes en 1432 pour réformer le pape et les cardinaux. Il fut brûlé comme hérétique ; Lamennais revint, mais ayant perdu la foi. « Il y a, dit-il, une certaine simplicité d'âme qui empêche de comprendre beaucoup de choses, et principalement celles dont se compose le monde réel. Sans s'attendre à le trouver parfait, ce qui ne serait pas seulement de la simplicité, mais de la folie, on se figure qu'entre lui et le type idéal qu'on s'en est formé d'après les maximes spéculativement admises, il existe au moins quelque analogie. Rien de plus trompeur que cette pensée. Soigneusement inculquée au peuple, elle aide à le gou-

---

[1] M. de Lamennais, M. de Montalembert, M. Lacordaire

verner, et sous ce rapport elle peut quelquefois être un bien relatif. Elle est naturelle aussi aux esprits élevés et candides. L'expérience, il est vrai, les en désabuse, mais presque toujours trop tard. »

Je sais tout l'avantage que les personnes malveillantes pour Lamennais peuvent tirer des hésitations, des démarches embarrassées et contradictoires qui suivirent son retour en France ; mais la scission d'une vie ne se fait pas en un jour. La roideur de l'esprit se concilie d'ailleurs fort souvent avec une certaine indécision dans la pratique. La foi de Lamennais avait toujours été plutôt politique et morale que dogmatique et scientifique. Ce qu'il voulut avant tout, ce fut une certaine direction qu'il croyait la meilleure et la plus juste. Une fois qu'il lui fut constaté que la direction qu'il avait rêvée était inconciliable avec le catholicisme, il était difficile qu'il restât fidèle à la doctrine qu'on lui déclarait n'être point ce qu'il avait cru. Sur les points dogmatiques, il fit toutes les concessions qu'on voulut : il ne réserva que le droit sacré qu'a la conscience de rester juge de la conduite à tenir ; il n'alla point jusqu'à cet héroïsme d'abnégation qui fait trouver tout simple que d'un jour à l'autre on soutienne des opinions opposées. En supposant même qu'il ne soit pas sorti du catholicisme par des motifs rigoureusement scientifiques, ce ne serait pas là une tache à sa loyauté. Fort peu deviennent croyants, fort peu aussi deviennent incrédules, pour de bonnes preuves. Il y a mille portes par lesquelles on entre dans la foi, et mille portes par lesquelles on en sort. Le reproche d'orgueil que les orthodoxes ont coutume d'appliquer à ces sortes de changements n'est pas fondé. Le mot d'orgueil, dans le langage des moralistes chrétiens, est d'ailleurs fort suspect : souvent il sert à stigmatiser des qualités précieuses et même des vertus. Personne ne fut, en un sens, moins orgueilleux que Lamennais : la simplicité et la sincérité faisaient le fond de sa nature. L'ambition vulgaire, qui préfère à la gloire solide les honneurs officiels, et qui fait consentir celui qui en est possédé à ne pas vivre pour ne pas se rendre *impossible*, ainsi que l'on dit aujourd'hui, n'entra jamais dans son cœur. Un orgueilleux eût été brisé par les déconvenues et les avanies qu'il eut à subir ; une âme moins désintéressée y eût perdu sa naïveté et sa fraîcheur ; Lamennais en sortit plus vivant et plus créateur que jamais. La vanité se fût usée en un stérile dépit ; Lamennais se compléta dans l'épreuve ; l'humiliation, loin de l'abattre, l'éleva et l'épura, et de l'ébranlement poétique de son âme sortirent les paroles inspirées qu'il osa, dans le moment même où il perdait sa foi première, intituler avec hardiesse et vérité : *Paroles d'un Croyant*.

Ce fut au printemps de 1833 que, retiré dans sa solitude de la Chesnaie, Lamennais écrivit ce livre étrange, qu'il faut louer sans réserve, à la condition qu'il soit bien entendu que personne ne songera à l'imiter. Tout ce qu'il y avait dans son âme de passion concentrée, d'orages longtemps maîtrisés, de tendresse et de piété, lui monta au cerveau comme une ivresse, et s'exhala en une apocalypse sublime, véritable sabbat de colère et d'amour. Les deux qualités essentielles de Lamennais, la simplicité et la grandeur, se déploient tout à leur aise dans ces petits poëmes où un sentiment exquis et vrai remplit avec une parfaite proportion un cadre achevé. Renonçant au rhythme poétique, qui ne convenait pas au mouvement plus oratoire que lyrique de sa pensée, il créa avec des réminiscences de la Bible et du langage ecclésiastique cette manière harmonieuse et grandiose qui réalise le phénomène unique dans l'histoire littéraire d'un pastiche de génie. Le style des psaumes et des prophètes lui était devenu si familier, qu'il s'y mouvait comme dans la forme naturelle de son esprit. La piété d'ailleurs avait survécu en lui à la foi, et il semble que les parfums de ses premières croyances se fussent ravivés au souffle qui allait les briser. Je ne lis jamais sans une impression de contagieuse magie ces pages éloquentes, où les troubles intérieurs d'une grande âme se sont exprimés avec un accent si profond. Les singularités du caractère breton, où l'austérité confine à la langueur, et où sous une apparence de rudesse se cachent des tendresses infinies, expliquent seules les brusques passages, les retours étranges, qui mêlent à de sanglantes paraboles des rêves d'une ineffable douceur, véritables îles fortunées semées dans un océan de colère. Tout se succédait comme un mirage dans cette âme passionnée. Semblable au pèlerin du puits de Saint-Patrice, qui, revenu de son voyage souterrain, mêlait les visions du ciel à celles de l'enfer, Lamennais entremêle à des pages brûlantes de haine des oasis de verdure comme celui-ci :

« Lorsqu'après une longue sécheresse une pluie douce tombe sur la terre, elle boit avidement l'eau du ciel qui la rafraîchit et la féconde.

« Ainsi les nations altérées boiront avidement la parole de Dieu, lorsqu'elle descendra sur elles comme une tiède ondée.

« Et la justice avec l'amour, et la paix et la liberté germeront dans leur sein.

« Et ce sera comme au temps où tous étaient frères, et l'on n'entendra plus la voix du maître ni la voix de l'esclave, les gémissements du pauvre ni les soupirs des opprimés, mais des chants d'allégresse et de bénédiction.

« Les pères diront à leurs fils : Nos premiers jours ont été troublés, pleins de larmes et d'angoisses. Maintenant le soleil se lève et se couche sur notre joie. Loué soit Dieu, qui nous a montré ces biens avant de mourir !

« Et les mères diront à leurs filles : Voyez nos fronts, à présent si calmes ; le chagrin, la douleur, l'inquiétude, y creusèrent jadis de profonds sillons. Les vôtres sont comme au printemps la surface d'un lac qu'aucune brise n'agite. Loué soit Dieu, qui nous a montré ces biens avant de mourir!

« Et les jeunes hommes diront aux jeunes vierges : Vous êtes belles comme les fleurs des champs, pures comme la rosée qui les rafraîchit, comme la lumière qui les colore. Il nous est doux de voir nos pères, il nous est doux d'être auprès de nos mères; mais, quand nous vous voyons et que nous sommes près de vous, il se passe en nos âmes quelque chose qui n'a de nom qu'au ciel. Loué soit Dieu, qui nous a montré ces biens avant de mourir!

« Et les jeunes vierges répondront : Les fleurs se fanent, elles passent; vient un jour où ni la rosée ne les rafraîchit ni la lumière ne les colore plus. Il n'y a sur la terre que la vertu qui jamais ne se fane ni ne passe. Nos pères sont comme l'épi qui se remplit de grain vers l'automne, et nos mères, comme la vigne qui se charge de fruits. Il nous est doux de voir nos pères, il nous est doux d'être auprès de nos mères, et les fils de nos pères et de nos mères nous sont doux aussi. Loué soit Dieu, qui nous a montré ces biens avant de mourir! »

Et ailleurs :

« A l'heure où l'orient commence à se voiler, où tous les bruits s'éteignent, il suivait lentement, le long des blés jaunissants déjà, le sentier solitaire.

« L'abeille avait regagné sa ruche, l'oiseau son gîte nocturne, les feuilles, immobiles, dormaient sur leur tige; un silence triste et doux enveloppait la terre assoupie.

« Une seule voix, la voix lointaine de la cloche du hameau, ondulait dans l'air calme.

« Elle disait : Souvenez-vous des morts.

« Et, comme fasciné par ses rêves, il lui semblait que la voix des morts, faible et vague, se mêlait à cette voix aérienne.

« Revenez-vous visiter les lieux où s'accomplit votre rapide voyage, y chercher les souvenirs de douleurs et de joies qui ont passé si vite?

« Comme la fumée qui sort de nos toits de chaume et se dissipe soudain, ainsi vous vous êtes évanouis.

« Vos tombes verdissent là-bas, sous le vieux if du cimetière. Quand les souffles humides du couchant murmurent entre les hautes herbes, on dirait des esprits qui gémissent. Époux de la mort, est-ce vous qui tressaillez sur votre couche mystique?

« Maintenant vous êtes en paix; plus de soucis, plus de larmes; maintenant luisent pour vous des astres plus beaux, un soleil plus radieux inonde de ses splendeurs des campagnes, des mers éthérées et des horizons infinis.

« Oh! parlez-moi des mystères de ce monde que mes désirs pressentent, au sein duquel mon âme, fatiguée des ombres de la terre, aspire à se plonger. Parlez-moi de celui qui l'a fait et le remplit de lui-même, et seul peut remplir le vide immense qu'il a creusé en moi.

« Frères, après une attente consolée par la foi, votre heure est venue. La mienne aussi viendra, et d'autres à leur tour, la journée de labeur finie, regagnant leur pauvre cabane, prêteront l'oreille à la voix qui dit : Souvenez-vous des morts. »

Je n'ignore point les énormes objections auxquelles peuvent prêter, si on les examine comme des ouvrages de politique et de philosophie rationnelle, les écrits singuliers dans lesquels Lamennais déchargea, vers l'époque où nous sommes arrivés, la passion qui le dévorait. Ces écrits doivent être pris comme des poëmes pleins de souffle et de vie, non comme des théories élaborées avec critique et réflexion. Le genre parabolique qu'il avait adopté exige une classification tranchée des hommes en bons et en méchants, en victimes et en bourreaux, qui n'est pas fondée dans la réalité. Le problème de l'organisation humaine n'est pas si simple qu'il le suppose : les rois sont excusables de ne pas l'avoir résolu. Les aristocrates ne sont pas tous des suppôts de Satan ; le plus souvent ils trouvent l'inégalité établie plutôt qu'ils ne la font. Une foule de maux nécessaires sont représentés par Lamennais comme la faute de tel ou tel. Cela, je le répète, serait choquant au plus haut degré dans un ouvrage de science sociale. Le mal dans le monde est fondu avec le bien d'une manière si intime qu'il est impossible de les isoler l'un de l'autre, et que retrancher l'abus, ce serait enlever du même coup les conditions de la société. Mais l'art a besoin d'un énergique parti pris : pour exciter la haine du mal et l'amour du bien, il crée des types absolus qu'on chercherait vainement dans le spectacle du monde réel.

La démocratie extrême qu'embrassa Lamennais est considérée par plusieurs comme une sorte de précipice où, après avoir perdu la foi, et livré en quelque sorte aux furies, il se jeta de désespoir. Cette volte-face fut bien plus logique qu'on ne le suppose, et tenait profondément au tour de son esprit. Comme toutes les natures fières et originales, Lamennais éprouvait le besoin d'une liberté fort étendue. Dès 1814, nous le trouvons révolté des restrictions apportées à la liberté de la presse[1]; je doute qu'alors il voulût sincèrement la liberté pour les autres; mais il la voulait pour lui-même, et le seul moyen de l'avoir pour lui était de la revendiquer pour tous. Souvent d'ailleurs la politique ecclésiastique, non celle du haut clergé, qui a toujours été fort mondaine, mais celle des prêtres et celle des moines, a pris la forme d'un appel au peuple. Lamennais se rattachait en ligne droite à cette famille des moines démocrates de l'Italie, aux Savonarole, aux Jean de Vicence, à ces hardis franciscains attachés à la papauté tandis qu'elle favorisait leurs vues, et, quand elle cessait de les appuyer, alliés à ses plus implacables ennemis. Après la révolution de 1830, ce trait de l'esprit de Lamennais devient de plus en plus dominant. Son caractère susceptible et son imagination portée à l'emphase lui faisaient prendre au tragique des mesures de police assez simples : le gendarme le plus inoffensif était pour lui un sbire altéré de sang. Quelques maladresses commises par des subalternes le mirent hors de lui et lui firent envisager le nouveau régime comme une épouvantable tyrannie. Les insurrections républi-

[1] Voir les fragments de correspondance cités par M. Sainte-Beuve dans l'excellent article qu'il a consacré à Lamennais. (*Portraits contemporains*, t. Ier.)

caines de 1832 et 1834 achevèrent de lui ôter le sens. La lutte contre les émeutes amena de ces violences auxquelles les meilleurs gouvernements ne peuvent se soustraire. C'est toujours un triste rôle que celui de la répression ; on n'y paraît jamais à son avantage, et il y a quelque chose d'injuste à reprocher à un gouvernement comme des inhumanités les rigueurs auxquelles on l'a forcé. Ce qu'il y a de singulier, c'est que plus un gouvernement est honnête, moins on lui pardonne en ce sens : *dat veniam corvis, vexat censura columbas*. Lamennais, qui avait trouvé tout simple que la restauration se défendit contre le parti libéral, ne pouvait pardonner au parti libéral de se défendre contre le parti ultra-révolutionnaire. Descendant la vallée du Rhône au milieu de ces mouvements, il fut l'objet de précautions qui l'exaspérèrent et ne lui laissèrent voir partout que des mares de sang. Là est le vrai moment de sa conversion. Le parti légitimiste presque tout entier obéit au même sentiment, et telle est l'origine du mouvement qui a rattaché à la cause démocratique un certain nombre des membres distingués de ce parti.

Le changement de front par lequel Lamennais passa du catholicisme le plus exagéré à la démocratie la plus ardente n'a donc rien qui doive surprendre. Son imperturbable dialectique l'entraînait vers les thèses tranchées et absolues : le catholicisme ou la démocratie pouvaient seuls la satisfaire. Le catholicisme lui ayant déclaré toute alliance entre ces deux causes impossible et l'ayant sommé de choisir, il ne demanda plus qu'à la démocratie ce qui fut toujours son premier besoin, une thèse héroïque et grandiose pour laquelle il pût combattre et souffrir. Comme tous les esprits violents, le parti qu'il détestait était celui de la modération. Son besoin de s'indigner, le vif sentiment d'humanité et de justice qui l'animait, les liens qui s'établissent entre ceux qui sont ou se croient victimes d'un même pouvoir, l'entraînaient également vers le parti républicain. Ses rêves de perfection le reportaient sans cesse vers les premiers temps du christianisme comme vers un idéal, et lui faisaient envisager la persécution comme le signe le plus sûr de la vérité ; aussi voulait-il toujours être avec ceux qui souffrent. Enfin un fonds touchant de bonté et de compassion, qu'il avait toujours gardé sous sa robe de prêtre, et qui se révéla chez lui par des retours de vive tendresse, donnait à ses yeux un charme pénétrant à ce qu'il y a de pur et d'élevé dans les sentiments populaires. Le peuple représentant les instincts du cœur humain dans toute leur spontanéité, l'homme de génie a pour lui une naturelle sympathie, et s'en rapproche bien plus que des classes préoccupées de plaisirs vulgaires et d'intérêts sans grandeur.

A la vue des excès où Lamennais se laissa entraîner

en poursuivant ce nouvel idéal, il est impossible de ne pas éprouver de regrets. Le prêtre sombre et fanatique se retrouva dans le démocrate. Son impétueux génie, en changeant d'objet de culte, n'avait fait que changer de haine, et il dépensa pour sa seconde foi la même passion que pour la première. Jamais homme ne posséda à un si haut degré la faculté d'oublier ce qu'il avait cru, et de se retrouver après une déception neuf et jeune pour une autre croyance. La préoccupation de sa pensée actuelle était telle qu'il perdait de vue celle qui l'avait non moins impérieusement dominé un peu auparavant. En présence de ces brusques changements, des esprits plus solides que délicats ont osé poser cette question : Était-il convaincu ? Oui, certes, et si l'excès était possible quand il s'agit de sincérité, je serais tenté de dire qu'il pécha par trop de conviction, puisqu'il ne sut gouverner aucun des mouvements désordonnés de sa pensée. La foi naissait chez lui comme une obsession qui s'imposait à lui violemment, maîtrisait ses puissances et lui dictait des discours plus forts que lui. Puis, quand de son style de feu il avait donné une forme à l'idée qui le préoccupait, il s'enivrait de sa propre vision. Ainsi sa colère du moment devenait sa foi, sans que jamais un souvenir de son passé ou une réserve en vue de l'avenir intervînt pour modérer son dogmatisme intempérant.

Ce que nous reprochons à Lamennais, qu'on veuille bien le comprendre, ce n'est pas d'avoir changé, mais d'avoir changé d'une manière trop absolue, et, sans rien garder de la foi qu'il abandonnait, d'avoir passé subitement de l'amour à la haine. Quand on lui parlait de ses variations, il avait coutume de répondre : « Je plaindrais l'homme qui n'aurait jamais changé. » Il avait raison, si par changement il entendait le progrès rationnel d'une intelligence embrassant chaque jour un horizon de plus en plus étendu, tout en conservant le sentiment de ce qu'il y avait de bon et de vrai dans les états qu'elle a quittés; mais les variations de Lamennais ne furent pas de ce genre : le lendemain du jour où il avait abandonné une croyance, il la détestait. En cela, il montra peu de critique, car le premier principe de la critique est qu'une doctrine ne captive ses adhérents que par ce qu'elle a de légitime. On se fait injure à soi-même en admettant qu'on a pu croire et aimer ce qui n'avait rien de vrai ni d'aimable. Si, au lieu de sortir du christianisme pour des motifs où la politique et la passion eurent plus de part que la froide raison, il en fût sorti par la voie royale de l'histoire et de la critique, peut-être eût-il gardé sa paix, et se fût-il épargné les choquantes contradictions qui ont semblé aux yeux de plusieurs une tache à sa probité.

Quand je crée selon mon cœur un Lamennais idéal, j'arrive toujours à regretter que, désabusé de la foi à laquelle il voua d'abord toutes les forces de son âme, il n'ait pas en même temps renoncé à la vie active. J'aurais voulu qu'en restant penseur et poëte, il eût cessé de s'occuper du monde et de ses révolutions, que, tout en conservant un généreux espoir dans les destinées de l'humanité, il eût pris sa retraite du siècle qui n'avait point voulu entendre ses propositions de salut ; dégagé alors de tout devoir envers l'espèce humaine, il eût continué ses libres promenades dans le monde de l'esprit, réservant pour l'art seul sa maturité riche d'expérience et de désillusion. Lamennais n'eut point cette abnégation, ou si l'on veut cet égoïsme. Une première expérience ne le dégoûta point de l'action. Il y rentra et alla heurter contre les mêmes écueils. L'homme qui veut exercer une influence sur les autres subit nécessairement celle des autres. Lamennais eut toujours le désir de voir autour de lui un cortége de disciples. Dominé par cette fougue de caractère qui veut le pouvoir pour l'exercer avec violence au nom de quelque chose d'indubitable, et par le besoin qui porte les esprits impérieux à s'emparer de la liberté des autres, il allait de préférence vers les médiocrités. Ainsi, pour maintenir son ascendant, il subissait quelquefois celui des moins dignes ; il ne cessa jamais, sous une forme ou sous une autre, d'être un homme d'école ou de coterie.

Cette généreuse mais imprudente ardeur, qui ne permit point à Lamennais de goûter un moment la récompense du sage, le montra souvent par des côtés où il ne s'élevait point au-dessus d'un homme ordinaire. Peu d'esprits furent plus dénués de ce qu'il faut pour la pratique des affaires. Ces grands dons du génie, dont l'emploi naturel est de consoler et de charmer l'humanité, sont d'assez peu d'usage quand il s'agit de la gouverner. Un homme vulgaire et avisé vaut mieux pour cela, et il serait facile de montrer que les qualités des hommes d'action les plus admirés ne sont au fond qu'un certain genre de médiocrité. Certes, il est pénible pour le penseur de voir le mérite subalterne ou l'intrigue réussir à l'œuvre où il a échoué, en y déployant toutes ses facultés ; mais d'un autre côté nul n'est obligé à des services qui ne sont ni requis ni agréés. Loin d'avoir besoin de nous, le monde ne va jamais mieux que quand nous avons le loisir de penser à notre aise : il se passe de nous ; passons-nous de lui. Lamennais ne put jamais se résigner à cette abdication. « Qu'un homme, dit-il quelque part, possède un grand savoir, ou que son esprit embrasse un vaste horizon, saisisse beaucoup d'objets et les conçoive et les ordonne avec facilité, ou que, pénétrant au fond des choses, il voie ce que d'autres n'y voient pas, ou qu'il cherche les causes dans les effets, les lois dans les phénomènes, raisonne bien et profondément, on dit de lui qu'il est « un homme de théorie, de spéculation, « nullement propre aux affaires. » Prenez-y garde, vous arriverez à définir l'homme d'affaires, l'homme pratique, l'homme d'État, comme on définirait le sot. » C'est vrai; mais sur le terrain des affaires l'homme supérieur que décrit Lamennais ne pourra déployer tous ses avantages, tandis que l'homme ordinaire y jouit de tous ses droits. Si l'*Éloge de la folie* n'avait valu à Érasme tant de disgrâces, je proposerais aux moralistes un curieux paradoxe à traiter, l'*Apologie des sots*. On ne comprend pas assez les services que rend dans le monde la médiocrité, les soucis dont elle nous délivre et la reconnaissance que nous lui devons.

En général, les défauts de Lamennais tiennent à cette manière un peu trop absolue de juger les hommes et les choses. Il ne vit pas que la politesse renferme un grand fonds de justice et de philosophie; il ne comprit pas ce qu'il y a d'ironie dans un certain respect. Son style a toujours les formes lourdes et pleines de la colère, jamais les formes fines et légères de la raillerie; une certaine grossièreté d'expression trouble parfois la pureté de son goût. Il s'imagine avoir complétement raison, et s'indigne contre ceux qui ne voient pas comme lui

ce qu'il croit évident. Il y a chez lui trop de colère et
pas assez de dédain. Les conséquences littéraires de ce
défaut sont fort graves : la colère amène la déclamation et le mauvais goût ; le dédain, au contraire, produit presque toujours un style délicat. La colère a besoin d'être partagée ; elle est indiscrète, car elle veut
se communiquer. Le dédain est une fine et délicieuse
volupté qu'on savoure à soi seul ; il est discret, car il
se suffit. A cet égard, je suis toujours tenté d'opposer
à Lamennais l'exemple d'un homme qui, comme lui,
avait été prêtre et qui avait même professé la théologie :
Daunou, dont la foi était peut-être plus éteinte que la
sienne, travailla toute sa vie sur des matières ecclésiastiques, sans qu'on puisse trouver dans ses écrits
ni une concession à ses anciennes croyances, ni une
vivacité contre elles. Qu'on lise son bel article sur
saint Bernard dans l'*Histoire littéraire de la France* ;
c'est d'un bout à l'autre une critique du moyen âge
et de ses institutions, voilée sous les formes d'un respect apparent. Lamennais ne connut ni cette indulgence de l'homme judicieux, qui sait tout comprendre, ni cette haute placidité de la philosophie,
qui, ayant dépassé la sphère des disputes et des contradictions, est arrivée, comme on disait autrefois,
à se reposer en Dieu. Le repos lui fut refusé ici-bas :
d'impatience en impatience, il arriva jusqu'à la mort,

toujours déçu par la noble inquiétude de son cœur.

Par là s'explique la médiocrité relative des ouvrages philosophiques que Lamennais produisit durant sa seconde période. Une fois la poésie de son âme jetée dans les *Paroles d'un Croyant* et *Voix de Prison*, il tomba dans une âpre dialectique, où ses grandes qualités n'eurent plus d'emploi et où tous ses défauts se révélèrent. La vérité dans les questions sociales ne résulte point de la logique abstraite, mais de la pénétration, de la flexibilité, de la culture variée de l'esprit. En géométrie, en algèbre, où les principes sont simples et vrais d'une manière absolue, on peut s'abandonner au jeu des formules et les combiner indéfiniment sans s'inquiéter des réalités qu'elles représentent. Dans les sciences morales et politiques, au contraire, où les principes, par leur expression insuffisante et toujours partielle, posent à moitié sur le vrai, à moitié sur le faux, les résultats du raisonnement ne sont légitimes qu'à la condition d'être contrôlés à chaque pas par l'expérience et le bon sens. Autant vaudrait essayer d'atteindre un insecte ailé avec une massue que de prétendre, avec les serres pesantes du syllogisme, trouver le vrai en des matières aussi délicates. La logique ne saisit pas les nuances ; or les vérités de l'ordre moral résident tout entières dans la nuance. Elles s'échappent par les mailles du filet de la scolastique ; elles ne se laissent pas regarder en face, mais elles se découvrent partiellement, furtivement, tantôt plus, tantôt moins. La pensée en ligne droite de Lamennais convenait peu à cette poursuite pleine de raffinements : ses raisonnements aboutissent souvent à un jeu aride de formules trop simples pour être vraies. Il se ruait sur la vérité avec la lourde impétuosité d'un sanglier : la vérité fugace et légère se détournait, et, faute de souplesse, il la manquait toujours.

III

Les œuvres posthumes de M. de Lamennais, recueillies avec un soin pieux par l'exécuteur de ses volontés littéraires, M. Forgues[1], sont-elles de nature à modifier l'idée que ses autres écrits donnent de son caractère? Nous n'oserions le dire pour l'introduction à la *Divine Comédie,* travail peu en harmonie avec ses aptitudes ; mais nous recommandons le volume intitulé *Mélanges philosophiques et littéraires* à ceux qui veulent connaître à fond l'illustre écrivain. A quelques égards, il y eut toujours deux hommes en Lamennais : le penseur, plein d'abandon et sincère avec

[1] Paris, 1856.

lui-même, qui nous a laissé ses confessions dans les *Affaires de Rome*, et l'orateur un peu guindé, que les habitudes solennelles de son style entraînent parfois à la déclamation. Ces deux hommes se retrouvent dans les œuvres posthumes. Le rhéteur domine dans la préface de *Dante*; l'homme attachant et digne de toute l'attention de la critique se retrouve dans les *Mélanges*. Il se retrouvera bien plus encore dans la *Correspondance*, dont la publication prochaine est annoncée [1]. Cette correspondance sera, nous le croyons, un des documents les plus importants pour l'histoire intellectuelle de la première moitié de notre siècle. Tout ce qui tendra à rendre incomplètes les révélations qu'on est en droit d'attendre sur un homme qui appartient au public doit être hautement regretté.

Il est fâcheux que Lamennais, en traduisant la *Divine Comédie*, se soit cru obligé de joindre à sa traduction des considérations appartenant à l'histoire littéraire, avec laquelle il n'était point familier, et toute une philosophie de l'histoire qui a le tort grave de dégénérer souvent en lieux communs. Préoccupé d'un certain nombre de motifs d'amplification, qu'il prend pour des généralités, il ne voit pas les nuances infiniment diversifiées de ce qui est, encore moins de ce qui a été. L'histoire devient sous sa plume une sorte de

[1] Elle a paru depuis. Paris, 1858.

grisaille incolore, formée par le mélange du blanc et du noir. Cette facile théorie qui, pour les besoins de l'esthétique, suppose tous les hommes dignes d'amour ou de haine, il l'applique sans discernement aux événements du passé. Veut-on savoir, par exemple, comment l'invasion germanique et la féodalité, qui sont le nœud de l'histoire du monde, sont jugées? « Le caractère des barbares ressemblait beaucoup à celui des tribus que nous nommons sauvages... Les barbares n'apportèrent chez les nations qu'ils envahirent aucun élément civilisateur, aucun principe d'organisation supérieure et durable. A leurs vices natifs, la cruauté, la ruse, la perfidie, la cupidité, vices communs de tous les sauvages, ils joignirent les vices des populations subjuguées, qu'ils plongèrent dans un abîme sans fond de misère, d'ignorance, de grossièreté brutale, de férocité, d'anarchie, dont le régime féodal offre le terme extrême... L'histoire ne présente aucune époque aussi calamiteuse. Ce fut le règne de la force brutale entre les mains de milliers de tyrans absolus chacun dans son domaine, en guerre perpétuelle les uns contre les autres; opprimant, dévastant de concert un peuple livré sans défense à leurs passions fougueuses, que ne contenait aucune loi, que ne tempérait chez la plupart aucun sentiment de justice, aucune idée de devoir réel, car le serf, le manant, le vilain, étaient hors de l'humanité pour ces chrétiens, comme ils se nommaient. » Cela est vrai sans doute à beaucoup d'égards ; mais que de distinctions seraient nécessaires pour qu'un tel jugement ne puisse être qualifié d'inexact ! Quelle injustice d'apprécier l'action de la race germanique dans le monde par l'incapacité puérile des Mérovingiens ou l'horrible anarchie à laquelle aboutit la féodalité vers le quatorzième siècle, sans tenir compte de cette gravité, de ce sérieux, de cette profondeur de sentiment moral que les Germains portaient avec eux, et qui ramenèrent pour l'humanité un âge héroïque après l'avilissement et la caducité ! Si M. de Lamennais, au lieu de s'en tenir à des données superficielles, avait lu seulement les vieilles lois barbares recueillies dans le *Corpus juris germanici antiqui*, il eût reconnu que, loin de s'être bornée à détruire, la race germanique a plus contribué qu'aucune autre à fonder la liberté, le droit de l'individu contre l'État, et les institutions politiques dont les peuples modernes sont le plus justement fiers.

L'histoire de la théologie chrétienne suggère à M. de Lamennais des idées plus fines et plus vraies. Sans être arrivé à une précision tout à fait scientifique, faute de connaître les détails, il émet sur ce sujet, particulièrement dans son volume de *Mélanges*, des vues qui témoignent de réflexions fort avancées. J'ignore à quelle époque de sa vie il arriva à de pareils résultats. Il semble être sorti du catholicisme pour des motifs de froissement personnel bien plus que par la marche fatale de sa pensée : l'étude lui révéla ensuite les raisons scientifiques de l'acte qu'il avait accompli sous le coup de la passion. Dans cette recherche, à laquelle on ne peut reprocher que d'avoir été faite après coup, il porta une rare sûreté de méthode, que ne peuvent bien apprécier les hommes du monde qui n'ont pas fait de théologie. Sur la critique du surnaturel, par exemple, on trouve dans son livre d'excellentes discussions, qui égalent presque les belles analyses de la foi au merveilleux qu'a données M. Littré[1]. « Il y a des miracles quand on y croit ; ils disparaissent quand on n'y croit plus. » Peut-on mieux dire? Et quelle excellente page que celle-ci ! « Sur tout ce qui touche l'inspiration des livres hébreux, il faut remarquer que, chez les anciens peuples, toute législation, comme toute poésie, était crue inspirée, et quand cette opinion s'établit, elle laisse dans le langage, dans certaines formules consacrées, des traces profondes qui subsistent encore aujourd'hui. L'homme voyait Dieu partout, le sentait partout, et ce n'était certes pas en cela qu'il se trompait. Par une sorte de vive et sûre intuition, il le découvrait en soi et hors de soi; mais il ignorait ce que la raison,

---

[1] Préface à la deuxième édition de la traduction de la *Vie de Jésus*, par Strauss.

la philosophie, la science, devaient peu à peu lui révéler, le mode de sa présence et les lois de son action. Pour établir l'inspiration surnaturelle des écrivains bibliques, on oublie donc d'abord qu'en tous lieux les premières histoires, purement traditionnelles, se composaient de récits vrais pour le fond, mais ornés dans le détail de fictions poétiques, que de tout temps le génie oriental, ami du merveilleux, a multipliées sous toutes les formes. Prenant ensuite à la lettre ce merveilleux poétique, ces fictions, y attachant une foi absolue, on a fondé sur elles l'autorité divine du livre où elles sont consignées, en même temps que l'on fondait sur l'autorité du livre la vérité de ces mêmes fictions. Que si en effet on ne consent pas à se renfermer dans ce cercle, plus de preuves possibles, ou en tout cas des preuves uniquement de raison, et qui dès lors n'ont de force que celle de la pure raison naturelle, à qui l'on pose ce problème étrange : trouver dans la nature un motif de croire ce qu'on suppose être au-dessus de la nature. »

Sous le rapport littéraire, les *Mélanges* posthumes dont nous parlons me paraissent également dignes d'un grand intérêt. On y voit à quel point Lamennais fut toujours préoccupé du soin du style : une phrase bien faite lui plaisait pour elle-même, et il écrivait souvent une pensée uniquement parce que le tour lui en paraissait heureux. Les maximes détachées sont un genre fort ingrat. Il y a une choquante prétention dans le fait d'un auteur qui se regarde penser, et qui pousse l'adoration de sa prose jusqu'à n'en pouvoir sacrifier aucun débris. La première condition de l'œuvre achevée est que le lecteur puisse croire qu'elle a été composée d'un seul trait, et qu'elle ne renferme pas une idée qui ne soit éclose spontanément dans l'esprit de l'auteur à propos du sujet : tous les intermédiaires qui ont servi à préparer la rédaction définitive, toutes les retouches, toutes les ratures, doivent être dissimulées. Il serait fâcheux cependant que Lamennais ne nous eût pas livré ces curieuses confidences d'écrivain. Si l'on est blessé de voir le puissant orateur serrant dans son tiroir les antithèses et les traits brillants au fur et à mesure qu'ils lui viennent, il y a dans le soin du beau langage une garantie de sérieux fort précieuse aux yeux de la critique. Bien écrire suppose une discipline austère, une habitude de châtier sa pensée et d'en sacrifier les excès, qui sont inconciliables avec l'infériorité ou le désordre de l'esprit. C'est par là que Lamennais se distingue essentiellement des chefs de secte, qui en général écrivent très-mal. Ne voyant pas beaucoup de choses à la fois, il lui était loisible de donner à son style cette limpidité qu'une pensée plus complexe n'atteint qu'avec peine. Il en était fier et jugeait fort sévèrement les façons de se mettre à l'aise avec la langue que la paresse a mises à la mode : « On ne sait presque plus le français, on ne l'écrit plus, on ne le parle plus. Si la décadence continue, cette belle langue deviendra une espèce de jargon à peine intelligible. Les journaux et la tribune ont surtout contribué à la corrompre, ainsi que certaines coteries de petits auteurs en prose et en vers, qui, avec une plénitude sans exemple de confiance en eux-mêmes et d'orgueil, sont venus secouer leurs sottises et leurs ignorances sur ce magnifique idiome… »

Je n'achève point la phrase : comme cela a lieu trop souvent chez Lamennais, elle se termine par une grossière injure. C'est la seule tache qu'il ait soufferte en son beau style ; la finesse d'esprit qui fait juger des choses non par des nuances tranchées, mais par mille tempéraments, lui manqua. A cela se rapporte un trait singulier, qui revient avec une persistance bizarre, à chaque page de ses pensées, je veux dire son antipathie pour les femmes. Lamennais est pour elles d'une sévérité révoltante : il déclare n'en avoir pas rencontré une qui fût capable de suivre un raisonnement pendant un demi-quart d'heure ; il croit les expliquer suffisamment par la vanité et la légèreté. Sa manière scolastique de prendre les choses ne lui laissa point apercevoir comment les femmes, par des voies à elles connues, arrivent à tout comprendre, non selon les principes de

l'école, mais selon un tact fin et sûr. On a reproché à
M. Cousin d'avoir, en s'occupant d'elles, oublié la philosophie : je pense, pour ma part, que M. Cousin n'en
a jamais fait de meilleure. J'ai toujours remarqué
qu'une certaine philosophie raffinée est mieux comprise
par les femmes que par les hommes, et si j'avais à
choisir un auditoire pour exposer ce que je regarde
comme le résultat le plus élevé de la science et de la
réflexion, je l'aimerais mieux composé de femmes que
d'hommes élevés selon la méthode de Rollin ou de Port-
Royal. L'orgueil du prêtre, dont Lamennais ne se départit jamais, l'aveugla sur tout cela : il avait vu la
femme trop humble et trop docile devant lui pour qu'il
pût la placer bien haut. Si l'on publie jamais sa correspondance de directeur des consciences, on aura sans
doute l'explication de cet injuste dédain.

Un vif sentiment de poésie, un retour tendre et doux
vers les régions sereines, dont son âme portait partout
le regret, revenait parfois tempérer ses âpres rigueurs.
Cette note suave, comme d'une harpe éolienne au milieu
de l'orage, est le trait caractéristique de Lamennais.
Entre toutes les natures poétiques de ce temps, la sienne
resta la plus sincère. Il ne tomba jamais dans cette dérision de soi-même où la vanité et l'adulation d'un public frivole ont amené tant d'âmes d'abord favorisées.
Il sut éviter ce ton détestable qui porte les hommes ar-

rivés à la renommée à ne plus se prendre au sérieux, à se calomnier eux-mêmes et à rabaisser leur génie aux conditions d'un métier. Il pensa et sentit toujours pour son propre compte ; il fut vrai et se respecta jusqu'au bout. « Mon âme, pourquoi es-tu triste ? est-ce que le soleil n'est pas beau ? est-ce que sa lumière n'est pas douce, à présent que l'on voit et les feuilles et les fleurs, avec leurs mille nuances, éclore sous ses rayons, et la nature entière se ranimer d'une vie nouvelle ? Tout ce qui respire a une voix pour bénir celui qui prodigue à tous ses largesses. Le petit oiseau chante ses louanges dans le buisson, l'insecte les bourdonne dans l'herbe. Mon âme, pourquoi es-tu triste, lorsqu'il n'est pas une seule créature qui ne se dilate dans la joie, dans la volupté d'être, qui ne se plonge et ne se perde dans l'amour ?

«Le soleil est beau, sa lumière est douce ; le petit oiseau, l'insecte, la plante, la nature entière a retrouvé la vie, et s'en imprègne, et s'en abreuve : et je soupire, parce que cette vie n'est pas venue jusqu'à moi, parce que le soleil ne s'est pas levé sur la région des âmes, qu'elle est demeurée obscure et froide. Lorsque des flots de lumière et des torrents de feu inondent un autre monde, le mien reste noir et glacé. L'hiver l'enveloppe de ses frimas, comme d'un suaire éternel. Laissez pleurer ceux qui n'ont point de printemps. »

Le printemps qui lui manqua fut celui de la vie simple et de l'amour. Il concevait, par la pureté de son cœur, un idéal de tendresse et de bonté, tandis que la prodigieuse force de ses facultés spéculatives le portait vers les sommets les plus ardus de la réflexion. Les hommes habitués à vivre de la vie rationnelle éprouvent ainsi une sorte d'embarras mêlé de charme en présence de ce qui est humble et doux : l'aisance naïve des êtres simples les déconcerte. Dans le désert de cette vie solitaire que crée l'élévation de la pensée, ils mendieraient comme une faveur les caresses d'un enfant. Une femme portant sur son sein un nouveau-né et s'y absorbant, la plus simple créature adorant Dieu par la joie et l'innocence leur paraît digne d'envie. Voilà ce que Lamennais cherchait dans ses rêves ; voilà la torture qui, en comprimant son cœur, en a tiré ces éloquents soupirs vers un idéal inconnu. Celui que Dieu a touché est toujours un être à part ; il est, quoi qu'il fasse, déplacé parmi les hommes ; on le reconnaît à un signe. Il n'a point de compagnon parmi ceux de son âge ; pour lui, les jeunes filles n'ont point de sourire. Lamennais était trop profondément prêtre pour jamais en perdre le caractère : il sortit d'ailleurs trop vieux du sacerdoce pour recommencer une vie complète. Il conserva l'austère tension de son premier état, et les vagues aspirations d'un cœur tendre jointes à un spiritualisme hautain. Sa riche et droite nature eût voulu toucher à la fois les deux pôles de la vie; mais un invincible attrait, en le portant vers l'abstraction, creusait entre lui et la naïveté un abîme infini. C'est ce vide énorme qui fut son supplice, mais aussi qui fut sa noblesse. Peut-être, si sa destinée n'eût point exclu aussi absolument les conditions de la vie heureuse, nous apparaîtrait-il moins élevé et moins pur.

Sa mort fut de même couleur que sa vie, grande, altière, un peu surexcitée. Il se coucha dans son obstination, devenue raisonnée, et mourut dans sa colère. La fermeté contre des obsessions indiscrètes ne lui suffit pas; il lui fallut la dureté. Une sépulture simple ne le contenta pas; il lui fallut la fosse commune. Ici comme toujours, il dépassa l'effet pour l'avoir trop voulu. Ses funérailles offrirent un aspect étrange : le jour était triste et brumeux; un petit nombre d'amis put le suivre entre deux haies de soldats. Tout se fit en silence et sans aucune prière. Au moment où la terre fut jetée, le fossoyeur, croyant tenir un mort vulgaire, demanda : « Il n'y a pas de croix? — Non, » fut-il répondu. Aucun signe ne marquera donc pour l'avenir la tombe du vieux prêtre. Oh! pourquoi un de ces rayons de grâce qui si souvent l'avaient touché ne vint-il pas à sa dernière heure, je ne dis pas le fléchir, mais le rendre sur quelque point légèrement inconséquent!

Retrouva-t-il la paix à ce moment suprême, et la

vérité qu'il avait tant poursuivie se découvrit-elle à lui? Il paraît que non. Il se plaignit, dit-on, que le problème auquel il avait réfléchi toute sa vie ne lui fût pas resté moins obscur. Qu'importe? Le doute est un hommage que l'on rend à la vérité. Après tout, s'il pécha contre elle, ce fut pour l'avoir trop aimée. Il voulut la posséder absolue. La vérité est comme les femmes capricieuses, que l'on perd, dit-on, pour les trop aimer. Un certain air d'indifférence réussit mieux avec elle. On la poursuit, elle fuit ; on s'arrête, fatigué, découragé : elle vient à vous ; mais pour cela il faut un degré de froideur dont les belles âmes sont rarement capables. Elles se jettent sur le nuage où elles croient que Dieu demeure, et, quand elles en ont reconnu le vide, elles éclatent en reproches, parfois en blasphèmes contre l'ombre qui les a trompées : blasphèmes excusables sans doute, puisqu'ils partent de l'amour qu'on a pour la vérité, et qu'ils ne sont qu'une autre manière de l'adorer!

Oublié trop vite des partis, qui ne songent point à relever leurs morts, objet d'horreur pour les âmes pieuses qui ne pardonnent pas aux grands cœurs de préférer la vérité à eux-mêmes, Lamennais s'est vu abandonné, sans sépulture, à la place où le sort l'a frappé ; sa cendre n'a recueilli que le silence ou la malédiction. Nous avons voulu donner l'hospitalité à son âme errante, et prononcer sur elle quelques paroles d'une sympathique impartialité. La médiocrité satisfaite trouve commode d'insulter l'homme de génie qui ne jouit pas comme elle du privilége d'être infaillible et impeccable. Que ceux qui le condamnent s'interrogent et se demandent s'ils seraient, à son exemple, prêts à donner leur vie pour l'intégrité de leur pensée. Il connaît maintenant le mot de cette énigme qu'il a si courageusement essayé de résoudre. Qui sait si une belle déception n'a pas trompé son attente désespérée, et si ses erreurs, fruit d'une soif ardente de la vérité, ne seront pas des titres pour la posséder? Nous croyons qu'il fut saint, s'il arriva à l'apaisement de ses colères et à la parfaite purification de son cœur; que ceux du moins qui voudraient lui faire acheter sa gloire au prix de l'enfer le placent, comme Dante l'eût fait, dans le cercle de ces nobles réprouvés dignes de faire envie aux élus !

DOM LUIGI TOSTI

ou

LE PARTI GUELFE DANS L'ITALIE CONTEMPORAINE

I

Dans les premiers mois de 1848, un moine du Mont-Cassin, en dédiant à Pie IX l'histoire des premiers efforts de la nationalité italienne pour revendiquer son indépendance, lui adressait ces paroles :

« J'ai tiré du volume des histoires italiennes ce peu de pages qui contiennent le récit de la ligue lombarde au douzième siècle. Je les dépose à vos pieds comme chose sainte. Recueillez-les, lisez-les et répondez à l'Italie, qui vous demande la parole du salut dans le combat qu'elle soutient sous les yeux de Dieu. Vous êtes le maître de la vérité pour tout le monde : c'est à vous qu'il appartient de séparer l'esprit qui vivifie de la lettre qui tue dans l'Évangile du Christ. Vous êtes le maître de la sagesse civile pour l'Italie : c'est à vous qu'il appartient de dégager des événements humains l'idée qu'y a celée l'intelligence de Dieu. L'histoire aussi est un Évangile, Saint-Père, parce que le Verbe du Seigneur ne rayonne pas seulement dans l'infini de la pensée divine, mais pénètre et féconde les entrailles de l'humanité qui souffre et espère. Et la fleur de cet humain Évangile, c'est l'histoire de notre Italie ; car aucun peuple n'a pu confier à ses annales un martyre plus prolongé et plus fort que le nôtre ; aucun peuple n'a pu montrer à la postérité un Golgotha plus semblable à celui du Nazaréen.

« Avec ce volume entre les mains, apparaissez, Saint-Père, sur la mystique roche de l'Église, contemplez l'avenir, interrogez le passé, et demandez au battement de nos cœurs si nous sommes fils de ces Lombards, qui, ayant associé le pontife romain à la liberté de la patrie, surent le défendre de leur sang immaculé.

« Rendez-nous, Saint-Père, l'étendard qu'Alexandre III, au jour de son triomphe, suspendit au tombeau de saint Pierre. L'heure a sonné ; l'humanité vous attend... Accourez pour bénir le solennel mariage de la charité et du droit avec le pouvoir des clefs. Que le bruit des événements humains, que les colères des princes ne vous troublent pas ; la parole de Dieu, quand elle crée ou rachète, est toujours précédée de la voix terrible des tempêtes. Mais votre trône restera ferme sur le fondement des cœurs affranchis dans la liberté du Christ ; s'il s'appuyait sur la tête des hommes, il tomberait. Osez dans le Seigneur. Le péché même des multitudes est souvent dans les desseins de Dieu le germe du bien. Le jour où vos fils se laisseraient aller à une folle idolâtrie, vous, descendant de la hauteur du Vatican, vous briseriez les tables de pierre de la loi ; et alors la parole de Dieu, esprit pur, habiterait dans le temple de la raison humaine ; vous prolongeriez votre regard dans l'immensité du temps et de l'espace sans trouver une limite au bercail dont vous seriez le pasteur. Allez au-devant du jour du Seigneur. Dans l'essence de l'individualité italienne, Dieu a mis l'idée du pontificat romain. Voulez-vous nous priver d'un si grand ministère? Voulez-vous en honorer un autre peuple? Faites-le : mais songez que vous devrez auparavant réveiller les apôtres du repos de leurs sépulcres, et arracher le siége pontifical qui a jeté ses racines dans notre sol par une série de deux cent cinquante-neuf pontifes. Non ; l'homme ne saurait séparer ce que Dieu a réuni, et, le jour où cela arriverait, Dieu suspendrait les Alpes aux confins de la terre, et le monde entier serait Italie.

« Bénissez, Saint-Père, ce volume ; bénissez la mémoire des aïeux, les espérances du présent, la gloire de l'avenir. Bénissez celui qui l'a écrit, et par la voie de la prière vous verrez comment, dans une âme étrangère aux consolations de la terre, l'amour de la patrie se transforme en l'amour sacré de Dieu[1]. »

Le nom de Dom Luigi Tosti, auteur de ces lignes, est peu connu parmi nous. Les réputations littéraires sont en Italie toutes locales, et nous aurions en France quelque peine à comprendre tant d'existences dévouées au culte du beau et du vrai, dont la sphère d'action se borne à quelques disciples ou à un cercle restreint. Il m'a été donné d'apprécier, en connaissant Tosti, ce que la robe d'un moine italien peut couvrir encore d'enthousiasme et de sentiments élevés. Je voudrais faire comprendre par cet illustre exemple comment les

[1] *Storia della Lega Lombarda* (Monte Cassino, 1848).

mêmes tendances peuvent, suivant les lieux, revêtir les formes les plus opposées, et quelle est la riche synonymie de la langue que parlent les belles âmes. Il faudrait renoncer à s'appeler philosophe, si, pour conserver ce nom, il était défendu de sympathiser avec la noblesse du cœur partout où l'on croit la trouver.

L'état moral du clergé italien, son rôle dans le mouvement intellectuel et politique du pays, sont peut-être le trait des affaires italiennes qu'il est le plus difficile de saisir à distance. Ce ne sont guère les exemples du clergé français qui peuvent nous faire comprendre la possibilité d'un libéralisme sincère dans les rangs de l'Église officielle; la liberté, pour le parti qu'on appelle chez nous ultramontain, n'est en général que le droit de régner seul. Mais hâtons-nous de le dire : il n'y aura bientôt d'ultramontains qu'en deçà des Alpes; l'inconséquence est heureusement un élément essentiel dans les choses humaines ; il serait injuste et cruel de refuser de croire aux aspirations généreuses d'hommes qui, pour penser librement, sont obligés de mentir à l'habit qu'ils portent, aux lieux qu'ils habitent, et de soulever de dessus leur poitrine dix siècles d'oppression

J'ai parcouru toutes les parties de l'Italie en 1849 et 1850, et je dois dire que c'est dans des prêtres et des moines que j'ai trouvé le plus caractérisées les tendances à la réforme religieuse et à l'indépendance politique qui travaillent ce pays. Le royaume de Naples est sans contredit la partie la plus triste de l'Italie : il y a là assez de dégradation morale et d'instincts religieux pervertis pour fournir de longues espérances à ceux qui persistent à vouloir fonder l'édifice de l'humanité sur la dégradation de la nature humaine. Or c'est précisément à côté de la religion abjecte du lazzarone qu'est apparue l'expression la plus pure du sentiment religieux, tel que peut le concevoir l'Italie. La vieille abbaye du Mont-Cassin est devenue, au milieu de la barbarie officielle d'un pays où tout ce qui pense est suspect, le centre d'un mouvement intellectuel plein d'originalité. Il est une certaine élévation d'âme qui ne s'obtient que par l'habitude du mépris. Naples a toujours été le pays des penseurs, parce qu'elle a toujours été le pays de la vile populace et des rois selon son cœur ; on y devient philosophe par l'indignation, de même qu'on ne comprend nulle part mieux qu'à Misène ou à Baïa l'hymne d'Hippolyte à la pudeur.

Pour caractériser d'un mot les tendances religieuses et politiques de l'école du Mont-Cassin, dont Tosti est le plus éloquent interprète, je ne trouve pas de dénomination plus juste que celle de *parti guelfe*. Il est dans l'histoire certains groupes d'idées qui, sans avoir en apparence de lien bien nécessaire, descendent de compagnie le cours des siècles et se retrouvent, à travers les révolutions intellectuelles et politiques d'un peuple, comme les lois constitutives de son individualité ; semblables à ces premières impressions de l'enfance, qui restent, malgré les progrès de la raison réfléchie et les influences du dehors, les formes nécessaires de notre pensée. Nous sommes loin assurément de Frédéric et d'Innocent, et pourtant les tendances diverses qui séparèrent au treizième siècle l'Italie en deux camps se sont toujours retrouvées depuis groupées de la même manière : d'un côté, le peuple, le pape et les moines ; de l'autre, le libéralisme profane, l'esprit laïque, représenté par une aristocratie d'hommes riches et éclairés, les influences étrangères sans cesse invoquées pour combattre la lèpre intérieure et fonder l'unité de la patrie. Quelque intervertie, en effet, qu'ait été l'acception des mots Guelfe et Gibelin, aux diverses époques de l'histoire des factions italiennes, on ne peut nier que le parti guelfe ne représente en général les tendances municipales et démocratiques, en opposition avec les idées d'une politique à plus larges horizons, qui trouvaient leur appui dans la faction gibeline. L'alliance souvent fortuite, quelquefois sincère, de la papauté avec les Guelfes offrait un thème trop avantageux pour n'être pas saisi avec empressement par des hommes jaloux de rassurer leurs propres consciences, et ravis d'être patriotes, je dirai presque révolutionnaires, sous prétexte de n'être qu'ultra-catholiques.

Tosti débuta dans les travaux littéraires par l'histoire de son abbaye[1]. Ce livre, précieux pour la richesse des matériaux inédits qu'il renferme, n'est qu'une longue apologie du monachisme ; apologie habile, en ce qu'elle prend le monachisme à sa belle époque, durant la première moitié du moyen âge, et dans sa plus belle forme, la forme bénédictine, avant l'apparition des ordres mendiants. Tosti entreprit ensuite une tâche autrement difficile, en essayant la réhabilitation de la papauté dans la personne de Boniface VIII[2]. L'histoire avait accepté comme irrévocable la sentence de Philippe le Bel, qui, après avoir renversé de sa chaire papale le pontife intraitable, avait écrit sur son tombeau : *hérétique* et *simoniaque*, et avait fait sceller sa royale décision de l'anneau même de saint Pierre[3]. L'école néo-catholique triompha en voyant so-

---

[1] *Storia della Badia del Monte Cassino* (Napoli, 1844).

[2] *Storia di Bonifazio VIII e de' suoi tempi.* (Monte Cassino, 1846.)

[3] Le registre authentique des lettres de Boniface VIII se voit encore aux archives du Vatican, gratté dans tous les passages offensants pour le roi de France. Le notaire apostolique déclare avoir procédé à ces suppressions par l'ordre de Clément V, successeur de Boniface, *De expresso mandato Rev. Cardinalium.... ex parte SS. Patris Clementis V, qui hoc eis pluries mandaverat.*

lennellement élevé au rang des grands hommes qui ont bien mérité de l'humanité et de l'Italie le pape damné par Dante, persiflé par frà Jacopone. Comprenait-on bien Tosti? Tosti possédait-il dès lors parfaitement sa propre pensée? Déjà, il est vrai, l'Église semblait par moment ne signifier à ses yeux que la souveraineté de l'esprit sur la force; derrière la papauté et les Guelfes se cachait déjà pour lui le principe italien et la démocratie. Toutefois l'intention politique s'enveloppait encore des formes orthodoxes de l'apologiste; il n'était pas bien clair laquelle des deux pensées servait de prétexte à l'autre, et de cet équilibre indécis pouvait sortir également un Montalembert ou un Lamennais [1].

C'est dans l'*Histoire de la Ligue lombarde*, composée pendant les mois qui précédèrent l'explosion de 1848, que se dévoile tout entier le système qui devait bientôt entraîner une partie de l'Italie aux cris de : *Vive Pie IX!* et donner à ce mouvement un si étrange caractère d'entraînement et de faiblesse, de niaiserie et de sincérité. Disons tout d'abord que l'absence d'arrière-pensée dans les hommes que nous essayons de caractériser (les politiques sont évidemment ailleurs) doit exclure tout soupçon sur la parfaite innocence de leurs convictions et la naïveté de leur enthousiasme. La

[1] Cet article fut écrit en 1851.

lutte des principes modernes et des anciennes croyances n'a pas chez l'Italien la netteté et la décision que l'esprit français a coutume d'y porter. Que se passe-t-il d'ordinaire chez nous dans la conscience des hommes qui, à une certaine époque de leur carrière intelectuelle, ont cru pouvoir concilier le catholicisme avec les tendances modernes? De deux choses l'une : ou le catholicisme l'emporte chez eux sur l'esprit moderne, et alors, reniant cet esprit, ils redeviennent catholiques à l'ancienne manière ; ou l'esprit moderne l'emporte, et alors ils ne sont plus catholiques, au moins dans le sens d'une rigoureuse orthodoxie. Les choses ne se passent pas ainsi en Italie. L'Italien est naturellement catholique; mais l'Italien aime sa patrie, il veut la liberté et la démocratie : bon gré, mal gré, il faut que le catholicisme se plie à ses exigences, serve son patriotisme. Quant à voir les contradictions de ce système, les impossibilités dont il fourmille, la discordance des éléments qui y sont accouplés, il a rarement assez de sérieux et de profondeur d'esprit pour cela.

Si la question de la régénération de l'Italie n'était qu'une simple question de nationalité, il faudrait accepter sans réserve le concours d'un parti appuyé sur les traditions du passé, et dont le trait caractéristique est l'horreur pour les institutions étrangères. Mais le problème est loin d'être aussi simple. Il ne s'agit pas pour l'Italie de reconquérir une précaire indépendance, qu'elle perdrait infailliblement le lendemain de sa victoire, faute de discipline et d'éducation politique ; il s'agit pour elle de s'organiser suivant les principes de l'esprit moderne : le jour où elle sera capable de garder la liberté, elle l'aura. Or, pour cette œuvre plus difficile et plus profonde, l'influence du parti guelfe peut-elle être efficace et salutaire? Il est permis d'en douter. Représentants de ce patriotisme étroit et exclusif qui a toujours été celui de l'Italie, les Guelfes diront bien comme Jules II : *Fuori i barbari!* mais avouer qu'on a beaucoup à apprendre de ces barbares, leur demander des leçons et une tutelle, ce serait trop de condescendance de la part de ceux qui rêvent encore la domination universelle et la primauté de l'Italie sur le monde entier. Si le patriotisme est aux nations ce que la vanité est aux individus, c'est-à-dire le parfait contentement de soi-même, excluant le désir d'emprunter au dehors et de se compléter par autrui, c'est dans le clergé italien qu'il faut chercher les types du plus parfait patriotisme. Les prétentions les plus immodérées du *germanisme* n'ont jamais approché de cet *italianisme* intraitable ; à tel point que par moments la pitié que doit inspirer une nation noble et malheureuse disparaît presque devant le plaisir de voir humilié le plus indomptable orgueil qui fut jamais.

On se ferait une grave illusion sur l'état de l'Italie, si l'on croyait que les problèmes qui s'y agitent sont ceux de l'esprit moderne, si l'on croyait, par exemple, que la situation des partis y est à peu près ce qu'elle était en France à l'époque de la Révolution. J'appelle *esprit moderne* en religion et en politique la grande résultante du mouvement intellectuel et social, qui, latent et obscur durant les premiers siècles du moyen âge, s'est développé depuis le douzième siècle d'une manière continue, et a trouvé sa formule définitive en 1789. Ce qui fut proclamé cette année-là, ce fut l'avénement de l'humanité à la conscience, ce fut l'acte de majorité de l'esprit humain prenant possession de sa souveraineté, ce fut l'avénement de la raison au pouvoir organisateur et réformateur que le hasard, la passion ou les causes inconnues classées obscurément sous le nom de Providence s'étaient arrogé jusque-là. Souveraineté de la raison, organisation rationnelle de la société par la réflexion, voilà tout l'esprit moderne [1].

---

[1] Je crois devoir rappeler ici les explications qui ont été données dans la préface du présent volume. J'ai reconnu depuis que la Révolution française ne marque pas une ère aussi importante ni surtout aussi bienfaisante en ses résultats que je le croyais à l'époque où fut écrit cet article. Mais ce que je dis ici de l'esprit moderne conserve, selon moi, sa vérité.

Or, en étudiant le développement de l'Italie, on reconnaît que cette marche vers la conscience, c'est-à-dire vers la souveraineté de la raison, n'a nullement été la sienne. Si l'on veut appeler protestantisme, philosophie, révolution, les trois phases du développement moderne, il faut dire que l'Italie est restée également étrangère à ces trois manifestations. Le protestantisme n'y a gagné que des partisans isolés ; l'Italie est restée catholique. Voltaire a passé, et l'Italie est restée religieuse à l'ancienne manière. La Révolution a créé dans le monde l'idéal indéfiniment perfectible d'une société rationnelle, et l'Italie est restée un pays mal organisé, où le droit n'existe que sous forme de privilége et le bien que sous forme d'abus.

Et ne dites pas qu'une compression extérieure a étouffé la liberté de ce peuple et l'a empêché de suivre les voies de son développement naturel. Cette compression existait hors de l'Italie, et n'a point empêché le destin de s'accomplir. Croyez-vous, par exemple, que si l'Italie eût été réellement faite pour être protestante, elle n'eût pas su le devenir ? Ce n'est pas le fanatisme de Léon X ou de Bembo, son secrétaire apostolique, qui l'en eût empêchée. Qui a opposé une barrière infranchissable aux progrès de la Réforme, acceptée avec enthousiasme, devancée même par tous les esprits éclairés et sincèrement religieux que comptait alors l'Italie? Qui a coupé court à ce libertinage d'esprit, qui, à la fin du quinzième et au commencement du seizième siècle, n'allait à rien moins qu'à effacer la dernière trace du christianisme en ce pays? Le peuple. Il est si peu juste d'envisager la religion de l'Italie comme imposée, que le peuple s'y montre presque toujours plus superstitieux que ses prêtres, et que le rôle de ceux-ci se borne souvent à interdire les pratiques trop grossières ou immorales. L'Italie savante et lettrée, l'Italie des cours et des universités, était païenne ; le peuple était dévot. Ouvrez les écrits de tous les libres penseurs de l'Italie, Machiavel, Pomponat, Césalpin, Cardan, Vanini; vous y trouverez à chaque page l'humanité divisée en deux parts : d'un côté le peuple qui croit aux saints et aux miracles, qui se laisse mener par les prêtres; de l'autre, les hommes distingués, traitant avec mépris la foule crédule. Depuis le douzième siècle jusqu'à nos jours, il serait facile de suivre dans toute l'histoire de l'Italie la trace d'un parti libéral, composé d'une minorité impopulaire d'esprits cultivés, hardis, souvent exaspérés et faussés par la contrainte, toujours vaincus par une majorité livrée sans critique à ses instincts irréfléchis. De là ce mépris de la foule, ce sentiment combiné de révolte et d'impuissance, ce quelque chose de ferme, d'âpre, de stoïque, qui est le trait distinctif des fortes âmes italiennes. Anciens dépaysés, patriciens nés trop tard, ils semblent encore garder rancune au culte qui a détrôné Jupiter Capitolin et revêtu de tableaux d'indulgences le noble portique du Panthéon d'Agrippa.

Il n'est donc pas exact d'envisager le concile de Trente, Charles Borromée, Pie V et les Jésuites comme ayant serré autour de ce peuple les bandelettes funèbres. Non-seulement l'Italie se laissa faire ; mais elle accepta sa chaîne de si bon cœur, qu'il serait plus juste de dire qu'elle se la donna. La grande réaction dévote et catholique, qui, dans la seconde moitié du seizième siècle, vint arrêter le développement de l'Italie, fut bien réellement une œuvre italienne. Quand on étudie de près cette curieuse réaction, on trouve que le peuple et les laïques y eurent encore plus de part que le clergé, on sent que l'Italie, fatiguée de son rationalisme, s'affaissait déjà sur elle-même, et on se persuade que si elle n'est pas devenue moderne en politique et en religion, comme elle l'a été de si bonne heure dans l'art et la littérature, c'est qu'elle n'était pas organisée pour le devenir.

Et de fait, par toute son histoire, l'Italie s'est mise en dehors du courant des événements qui ont contribué à fonder l'esprit moderne. Tandis que, chez tous les peuples occidentaux, la vie provient de deux sources, et résulte de la combinaison de l'élément romain et de l'élément germanique, l'Italie est restée simple et antique. L'élément germanique y a été promptement éliminé par la force des municipalités restées latines. La vie antique, la vie de la cité, avec son forum, ses cirques, ses spectacles, ses orateurs, ses grammairiens, s'y est continuée presque indéfiniment pendant le moyen âge. L'histoire des républiques italiennes formées au douzième siècle représente trait pour trait la vie des petites républiques de la Grèce ; les principautés du quatorzième et du quinzième siècle sont des *tyrannies* à l'antique; un citoyen plus puissant que tous les autres devient le personnage principal de sa ville, sans aucune prétention de droit divin, ni idée bien arrêtée d'hérédité. Dans l'art, dans la poésie, je dirai même dans l'écriture, rien de germanique encore. D'un bout à l'autre de l'Italie, il n'y a pas un monument vraiment indigène que l'on puisse appeler gothique. L'art italien, comme l'art antique, parfait dans ses étroites limites, manque absolument de ce sentiment de l'infini qui est le fond de la donnée barbare, et qui devait déplacer pour des siècles l'idéal de la beauté.

Mais c'est surtout par son antipathie contre toute centralisation que l'Italie resta fidèle à l'esprit municipal de l'antiquité. La maison de Hohenstaufen était seule capable de fonder en Italie le principe moderne de l'unité nationale. L'Italie l'a minée. La papauté lui oppose, d'une part, la ligue des républiques italiennes, de l'autre, la chevalerie barbare représentée par la maison d'Anjou, et ainsi frappe du même coup et l'Italie, qui s'enfonce plus que jamais dans ses luttes intestines, et l'Allemagne, dont cette illustre maison pouvait seule devenir le centre et le point générateur.

Cette haine contre l'Empire, qui est le fond de la politique guelfe, Tosti l'applique avec une rigueur implacable et vraiment monacale à tout le système de l'histoire d'Italie. L'unité s'identifiant pour lui avec le despotisme, il ne pardonne ni à l'ancienne Rome d'avoir voulu emprisonner l'univers dans l'Empire, ni à la dynastie carlovingienne d'avoir cherché à réaliser en un pouvoir matériel l'unité de la chrétienté. La création du Saint-Empire fut, à ses yeux, une faute immense de la papauté.

« Funeste couronnement! *A Charles Auguste, couronné de Dieu, vie et victoire!* s'écrie le pontife, et avec ces mots commence l'histoire des infortunes italiennes. D'une main, il pose une couronne d'or sur la tête de *cet étranger;* de l'autre, une couronne d'épines sur la tête de la pauvre Italie. Plutôt les barbares qu'un empereur : les uns n'étaient qu'une tempête qui passait et ne tuait pas le germe ; l'autre rongeait sourdement la moelle de la vertu italienne, et consumait la patrie dans le principe même de sa vie. »

La féodalité lombarde, continue Tosti, valait mieux, car elle était multiple : elle rapprochait le pouvoir de la nation ; le peuple pouvait plus facilement respirer par les pores de ces masses disjointes. Tout ce qui a contribué à désunir, à multiplier les maîtres, à affaiblir le lien impérial, a servi la cause de l'Italie, en faisant tomber le pouvoir des mains des empereurs entre celles des ducs et des comtes, des mains des ducs et des comtes entre celles des vavasseurs, et des mains des vavasseurs entre celles du peuple. Cet individualisme excessif, qui a rendu impossible jusqu'ici en Italie toute fédération durable, et n'a permis que des ligues d'un moment, voilà ce qui, aux yeux des écrivains néo-guelfes, constitue la gloire et le titre de noblesse de l'Italie. Les peuples étrangers, disent-ils, fiers de leur unité artificielle imposée par la volonté extérieure d'un homme, s'apitoient sur l'impuissance de l'Italie pour arriver à l'unité. Hypocrite et orgueilleuse pitié ! Ils se tiennent pour bien heureux de la force qui les attache à un trône. L'Italie, du premier coup, a réalisé le chef-d'œuvre de la civilisation parfaite, le gouvernement civil, la République. Florence, Milan, Venise, cent autres villes, étaient des républiques, quand l'Angleterre, l'Espagne, la France, l'Allemagne, étaient des monarchies. Les Italiens, encore animés de l'esprit romain, s'élevaient à la grande idée d'un gouvernement commun, tandis que tous les autres peuples expiraient sous la massue de l'esprit germanique. Paris, Londres, ne furent que des villes ; mais chacune de nos cités fut un État, parce que dans l'enceinte de leurs murs vivait un esprit, une âme, et non la matière d'un principat. Cette chose sainte qu'on appelle patrie, l'Italie seule l'a connue, pendant que le reste de l'Europe appartenait à des maîtres, et trouvait dans leur volonté sa règle et sa loi. Quelle nation du moyen âge a eu le Caroccio, ce symbole de la patrie italienne? L'Italien qui va au combat n'est pas un soldat mercenaire, qui verse son sang par métier : c'est un citoyen qui veut que la patrie le suive. Là est centralisé tout ce qui fait la vie de la cité : le mât où flotte l'étendard, la croix que l'on porte dans les supplications publiques, la cloche qui convoque les citoyens, les trompettes qui sonnent la charge. Tous les jours on y célèbre les mystères ; là se tiennent les conseils militaires, là se rend la justice comme en plein forum ; le blessé vient y mourir et y trouve ses prêtres qui l'absolvent. C'est la patrie en campagne ; l'effort suprême est de la défendre, et tout est perdu, quand ce palladium roulant est tombé entre les mains de l'ennemi.

Voilà pourquoi, dit encore Tosti, aucun peuple n'a aimé et n'a haï comme l'Italie. Ses crimes mêmes sont des exagérations de son patriotisme. Le supplice d'Ugolin de la Gherardesca nous remplit d'horreur. Mais *on disait qu'il avait voulu livrer le château*. Quelle sainte idée de la patrie que celle qui, pour expier un soupçon de félonie, n'exige rien moins que la mort la plus cruelle ! Dans le reste de l'Europe, où il ne s'agissait que de fidélité à un homme, l'opinion publique ne pouvait avoir de telles indignations contre le traître. Le connétable de Bourbon, en combattant contre la France, ne faisait que se venger d'une cabale, et restait aux yeux du monde un loyal chevalier.

Voilà pourquoi aussi l'Italie n'a pas eu de chevalerie. La chevalerie, fruit, selon Tosti, d'un sentiment tout germanique, ne pouvait naître que dans un pays où il n'y avait ni patrie ni vie civile. Posséder le cœur d'une femme, voilà le but suprême du chevalier. Quand il n'a plus de guerres véritables, il se renferme en champ clos, combat des ennemis imaginaires, et meurt pour un regard. L'Italien n'éprouve pas le besoin de ce vain déploiement de sa force. Le chevalier vainqueur reçoit en récompense un château, c'est-à-dire le droit d'asservir ses semblables. Trouvons-nous que les vainqueurs de Legnano, à leur retour de la victoire, aient reçu des fiefs ? Non ; il leur suffit d'avoir vaincu le Tudesque et affranchi la patrie.

Ce puritanisme de démocratie n'étonnera que ceux qui ne connaissent pas l'Italie. L'Italie est sans contredit le pays de l'Europe le plus démocratique, le seul qui trouve la démocratie dans son histoire. La royauté n'y a jamais eu de racines, si ce n'est dans cette partie méridionale que son abaissement moral a toujours livrée au gouvernement absolu; l'aristocratie féodale y a été bien vite assimilée à la nation. Cela lui donne-t-il le droit d'être à notre égard fière et dédaigneuse? Non, certes. Du moment où l'on admet que le passé n'est qu'un préambule, une ébauche sacrifiée au dessin futur, pourquoi s'indigner contre des superstitions utiles, qui ont préparé la base sur laquelle devait s'asseoir l'édifice de la société moderne? Soit l'hérédité, par exemple. Voilà certes la négation la plus directe de la souveraineté civile, comme l'entendaient les Grecs et les Romains, comme l'entend l'Italie; voilà une idée de barbares, un vestige direct de la conquête, un principe dont on ne trouve pas la plus légère trace dans l'antiquité classique. La royauté envisagée comme une propriété, de telle sorte que, si on dépouille le roi de sa couronne, on lui fait une injustice, on le prive d'un droit; une telle notion du gouvernement ne peut se rencontrer que chez un peuple dont on a pris la souveraineté sans lui en demander la permission. L'Italie, qui, malgré les conquêtes barbares, a toujours vécu de la tradition grecque et romaine, n'a jamais compris l'hérédité.

Faut-il l'en féliciter? Peut-être, si, comme nous, elle avait subi la honte d'un roi, ne serait-elle pas réduite aujourd'hui a pleurer sa gloire et à regretter qu'un tyran heureux ne lui ait pas procuré les biens que des pays plus obscurs doivent à leurs dynasties héréditaires et à leur longue sujétion.

Le mouvement qui entraîne les États modernes ne les porte pas vers la vie individuelle et municipale de l'antiquité, mais bien plutôt vers la vie collective grâce à laquelle une nation pense et agit sur un point donné. L'Italie comprend peu cette subordination et ce sacrifice de l'individualité à un but commun ; son idée de la liberté est beaucoup plus superficielle : il faut que la souveraineté soit plus près d'elle; elle veut voir la part qu'elle y a et ne sentir dans l'obéissance que la réaction de sa propre action. Or une telle forme sociale, excellente à l'origine des civilisations, devient faible et impossible à maintenir en présence d'une organisation plus forte de l'humanité. La civilisation et la vie politique ne peuvent naître que dans des villes indépendantes et d'un territoire borné ; voilà pourquoi, à une époque où l'Europe ignorait la vie civile, cette vie florissait, comme aux jours les plus brillants de la Grèce, sur les bords de l'Arno, en Lombardie, au milieu des lagunes de l'Adriatique. Mais le rôle de ces sociétés restreintes est fini le jour où l'humanité s'agglomère en plus grandes masses. Ce n'est pas le traité de Campo-Formio qui a détruit la république de Venise, après quatorze siècles d'existence ; c'est que Venise, une ville-État, était devenue une anomalie dans l'Europe moderne : elle n'avait plus qu'à mourir.

II

La catastrophe surprit Tosti écrivant les dernières pages de sa patriotique histoire :

« Tandis que j'étais tout à ces récits, dit-il en terminant, en cette année de salut 1848, il s'est fait un tel éclat d'événements humains que le ministère de l'histoire est devenu intempestif. J'écrivais pour des Italiens le récit des gloires italiennes, quand l'Italie tout entière s'est levée pour s'élancer où l'appellent les cieux apaisés. Libre des entraves que lui ont imposées pendant un demi-siècle ceux qui vivaient dans le passé, elle s'est ébranlée, et le fracas de sa marche s'est fait entendre jusque dans les profondeurs de ma retraite. Je levai alors la plume de ces pages, et à la patrie qui sort comme d'un château féodal des palissades du moyen âge, moi, homme du moyen âge, je dédie ce volume comme un document et des droits qui lui assignent un siège dans le concile des nations, et de l'amour démesuré que je lui porte. Ainsi, que les érudits n'aillent pas chercher dans ces pages des choses rares et difficiles, des faits inconnus, des vérités péniblement découvertes; ceci n'est qu'un simple récit que j'ai fait à mes frères, assis au foyer domestique de la patrie, à la veille d'un grand voyage.

« Allez, frères, et que votre âme soit à la hauteur non-seulement de votre nation, mais de toute l'humanité ; que votre cœur se dilate d'un grand amour qui dépasse les confins des Alpes et de la mer. Ne vous attristez pas de la faiblesse des uns, de la perfidie des autres ; l'or et la force les font vivre ; le siècle les tuera…. Si le Christ a vaincu, il a égalisé, il a affranchi les castes; il a égalisé, il a affranchi les peuples. Il vient tenir le lit de justice non d'une cité ou d'un peuple, mais de toute la famille humaine ; en sa présence chaque nation devra s'asseoir sur son siège. Italiens, placez le nôtre sur l'éternel rocher du Capitole; car c'est de là que sera proclamée la sentence de fraternité, en laquelle s'achève l'action du Christ.

« L'histoire des hommes est finie. Heureux qui écrira la première page de l'histoire de l'humanité ! Moi, Italien, étranger à une vie féconde de tant d'avenir, assis sur les ruines d'un temps qui n'est plus, je vous accompagnerai de loin de mon amour. Et si une main vient me frapper l'épaule pour m'inviter à vous suivre, elle me trouvera sur le bord du saint tombeau ; là je vous révélerai le corruptible suaire des formes humaines qui tombent, et l'incorruptible esprit de l'humanité qui ne meurt jamais. »

Il faut avoir vu les étincelles de ce feu vivantes encore après deux années de déceptions et de douleurs pour concevoir tout ce qui roula d'espérances et de nobles rêves dans des âmes exaltées par la solitude, étrangères d'ailleurs à ces nuances et à ces tempéraments que la pratique des affaires et l'expérience du monde peuvent seules enseigner. Nous ne sommes plus capables d'une telle naïveté, nous autres, vieux en révolutions, habitués dès le premier instant à faire dans nos espérances la part de l'enthousiasme et à compter sur les déceptions futures. Critiques pour le passé, nous le sommes devenus pour nous-mêmes. Car enfin, si dans les trois mille ans d'histoire qui nous ont précédés, il n'est aucun mouvement que nous ne puissions absolument ni condamner ni absoudre, n'est-il pas infiniment probable que l'avenir nous jugera comme nous jugeons le passé, et ne partagera pas plus nos colères que nous ne partageons celles du passé? Comment espérer d'avoir absolument raison, quand, depuis l'origine de l'humanité, aucun parti ni aucune cause n'a eu ce privilége? Et pourquoi se fatiguer d'enthousiasme et de haine, quand il est sûr que l'avenir ne comprendra pas ces sentiments, et donnera raison pour une part à nos adversaires et pour une part à nous-mêmes?

Ce n'est pas à l'Italie, ce n'est pas à un moine surtout qu'il faut demander cette haute placidité de la critique. L'année 1848 fut pour Tosti un long accès d'enthousiasme mystique. A quelques semaines de distance, et comme trois cris de guerre, sortirent du Mont-Cassin sa *Ligue lombarde*, son *Voyant du dix-neuvième siècle* et son *Psautier du pèlerin*[1]. C'est surtout dans ces deux derniers opuscules que sa foi ardente à la patrie, ses espérances illimitées dans l'ave-

---

[1] *Il Veggente del secolo XIX*. — *Il Salterio del pellegrino* (Monte Cassino, 1848).

nir de l'Italie, arrivèrent à une haute et poétique expression. Quand il écrivit ces pages de flamme, Tosti ne connaissait pas Lamennais. Il ne demanda qu'à son imagination et à ses habitudes d'esprit sacerdotales le secret d'un style qu'une passion égale sinon semblable à la sienne avait révélé quinze ans plus tôt à un autre prêtre inspiré. Je voudrais pouvoir transcrire ici la *Prière du soldat*, pour faire comprendre l'étrange attitude de ces moines criant aux armes du fond des déserts de l'Apennin :

« . . . . Venez, fils des Alpes, accourez, fils de la mer, dans la vallée lombarde, c'est là que le Seigneur vous attend. . . .

« Montrez à nu ces poitrines que protége le Seigneur, et que soulèvent au dedans les battements d'un cœur enivré de vengeance. . . .

« En avant ! que vos pieds s'enfoncent dans cette vallée lombarde, toute molle encore, toute molle du sang de vos frères. . .

« Aiguillonne, Seigneur, les chevaux de ton char, et bénis les ministres de tes vengeances. . . .

« Rappelle de la nuit des siècles le soleil de Gelboë, et que les rayons dardés par nos boucliers aillent éblouir les yeux des hommes du Nord qui nous font face.

« Arrache aux comètes, servantes de ta colère, leur chevelure sanglante, condense-la sur la crête de nos casques, et que la menace de nos têtes épouvante et mette en fuite les méchants...

« Aiguise nos épées, ravive en nous le souvenir de l'esclavage, enivre-nous de la douceur de la liberté. . . .

« Heureux ceux qui meurent pour Dieu et la patrie ! leurs os produisent la fleur de l'immortalité, quand leurs corps, lumineux de gloire, sont tombés dans le sein de la terre. . . .

« Heureux qui au retour de la bataille rougit de ses blessures le sein de sa bien-aimée ! Il sera père des forts et son nom resplendira comme un soleil dans le ciel de l'éternité. . . . »

La vision apocalyptique du cavalier brillerait entre les belles pages des *Paroles d'un croyant* :

« Il chevauchait par une route pavée du dos et de la tête de mille peuples, qui se courbaient sous lui, les mains liées aux reins.

« Et j'entendais sur ces têtes et sur ces dos le choc sourd de l'ongle de cette bête, et j'en avais pitié.

« Et quand le cheval avait passé, toutes ces têtes, semblables aux épis qui frémissent ondulés par le vent, levaient leur face remplie de larmes.

« Et tous élevaient en même temps une prière lamentable, qui semblait dite d'une seule bouche :

« Notre Père qui es aux cieux, que ta volonté soit faite ; nous savons que nous sommes de pauvres pécheurs.

« Nous savons que celle-ci n'est point la terre des vivants ; c'est une terre de pleurs et de misères.

« Mais pourtant, tout pécheurs que nous sommes, reconnais-nous pour l'œuvre de tes mains ; vois sur nos fronts le sceau de ta divine face.

« Faim, soif, douleur, mort, tout ce que tu voudras, Seigneur ; mais non pas l'ongle, l'ongle de cette bête qui danse et bondit sur nos têtes. »

Puis, comme des îles enchantées au milieu de ces flots de colère, des rêves tels qu'on en doit faire en été sous les chênes verts du Mont-Cassin :

« Et la noble dame (l'humanité), pleine du Saint-Esprit, se tint devant Gabriel comme la palme qui secoue sa chevelure devant le soleil levant et le salue.

« Et l'ange lui dit : Dis-moi, femme, que sens-tu dans ton cœur! Touche-le, et vois ce qu'il te répond.

« Elle porta sa main sur son cœur, et, immobile, la paupière incertaine, elle en attendait la réponse.

« Messager de Dieu, dit-elle, je sens un immense désir de Dieu en toute chose ; je sens la flamme qui s'appelle amour sur la terre et Dieu dans le ciel.

« Et l'ange : Dis-moi ce que tu sens dans ta raison ; consulte-la et vois ce qu'elle te répond.

« Les mains jointes et la tête inclinée, elle se tut ; puis levant la face vers le ciel : Vérité! vérité! s'écria-t-elle.

« — Que l'amour et la vérité soient avec toi ! lui dit Gabriel.

« Que l'amour soit ton compagnon dans le chemin de la vie, et la vérité ton guide en toute voie.

« Que l'amour soit le pain qui te rassasie, que l'amour soit l'eau qui te désaltère ; que l'amour soit le tranquille sommeil de la nuit qui te rafraîchit.

« Qu'il soit la robe dont tu te revêts, le bandeau qui couvre ton sein, un collier pour ton cou, pour ta tête un ornement d'épouse.

« Que l'amour soit l'eau limpide de tes ablutions matinales, le nard et le baume qui parfument ta tête, et répandent autour de toi l'odeur du Saron au printemps.

« Que la vérité marche devant toi comme une lampe dans les ténèbres.

« Que la vérité siége au haut de ta raison, comme le nocher qui de la proue étudie l'étoile du matin.

« Que la vérité enseigne à ta jeune pensée à voler toujours plus haut, jusqu'à ce que tu arrives palpitante de joie au terme où l'on ne vole plus au delà. »

S'il n'avait fallu à l'Italie que de pieuses prières et de poétiques aspirations pour être libre, elle le serait aujourd'hui. Mais le ciel, en lui faisant des dons plus brillants, lui refusa ce qui fait les nations libres, la force, le sérieux, la mâle et ferme attitude,

> A guisa di leon quando si posa.

Peut-être est-il un sexe pour les nations, comme pour les êtres vivants, et les dons de la nature sont-ils des exclusions. Moins faible, l'Italie serait sans doute moins belle. Qui voudra la plaindre et dire qu'elle n'a pas la meilleure part?

En mai 1850, j'allais seul, un dimanche, de Venise au Lido : la lagune était déserte, on n'entendait que le son des cloches de Saint-Marc qui se prolongeait sur la surface tranquille de la plage. Le *barcaiuolo*, vrai type de cette intelligente vivacité qui caractérise le peuple de Venise, parlait du siége avec larmes et fierté, et chantait à demi-voix le chant de l'indépendance italienne : *Benedetta la santa bandiera, che 'l Vicario di Cristo innalzò!* C'était le ton d'un cantique comme ceux qu'on entendait tous les soirs devant les madones. Ces airs-là ne font pas vaincre. Ce fut un autre sentiment qui tira de la poitrine de nos pères cet hymne tout plein de Mars : *Allons, enfants de la patrie!...* Venise devenue libre n'a rien de plus pressé que de reprendre pour symbole son apocryphe Saint-Marc ; ces soldats qui prétendent marcher au nom des idées modernes ne trouvent rien de mieux que de se donner le nom de *Croisés*, et s'imaginent mettre en fuite avec cette mascarade des armées sérieuses. La raison, la modération, la réflexion positive feront seules vaincre désormais. Il aura été bon qu'une rude leçon ait appris à l'Italie à ne plus s'appuyer sur un ais vermoulu qui blesse la main au lieu de la soutenir, et il faudra que tous ceux qui ont généreusement espéré tirer la vie moderne de ce qui en est la négation marchent ainsi de déception en déception, jusqu'à ce que toute espérance soit séchée dans leur cœur.

Tosti a très-bien vu que le secret de l'histoire de l'Italie est à Rome; mais il n'a pas compris que l'action du pontificat romain dans l'histoire italienne a été directement contraire au but qu'il veut atteindre. C'est parce que l'Italie est le siége d'un pouvoir spirituel s'étendant sur le monde entier, qu'elle ne saurait aspirer à l'unité territoriale et à l'indépendance. L'Italie a voulu prendre pour elle le monopole de l'infaillibilité, elle s'est faite nation théologique, elle a imposé au monde ses oracles, et le monde en échange lui a imposé de n'être pas, et le jour où elle a voulu exister par elle-même, elle a rencontré l'Europe catholique qui lui a dit : Arrête, tu nous appartiens. La papauté du moyen âge était loin d'offrir cette criante anomalie.

La papauté à cette époque n'est pas une institution italienne; elle est bien réellement catholique. Le pape, presque toujours étranger à l'Italie, se considère comme le chef de la chrétienté, et non comme prince italien. Sa principauté temporelle n'est, à beaucoup d'égards, que nominale. Il ne règne pas chez lui; son royaume, c'est le monde, et parmi ses trois couronnes il n'en est pas une pour le petit coin de terre qui seul lui donne place aujourd'hui parmi les souverains. On s'étonne que les papes au moyen âge aient si peu bâti à Rome; cela se conçoit : leur pensée était pour la catholicité. Rome leur importait assez peu; et quand la papauté au quatorzième siècle crut pouvoir quitter l'Italie, elle ne fut que conséquente à sa propre définition. La translation de la papauté à Avignon, légitime dans son principe, était la plus belle occasion offerte à l'Italie de détacher sa destinée de celle de l'Église. L'Italie commit la faute irréparable de renouer des liens qui allaient se briser. C'est elle qui rappelle à grands cris le pape et la cour papale ; c'est elle qui anathématise les papes français, et proclame niaisement sa victoire : *Nunquam Gallus cantabit in Sancta Sede.* Elle a voulu une papauté italienne, elle l'aura, et à la place du vieux *patriarchium* de Latran, tombé en ruine durant le grand schisme, s'élèvera bientôt le palais tout italien du Vatican, un palais comme ceux de Florence, sans aucun caractère religieux ni catholique. L'Italie l'emporte sur la catholicité, l'Église devient sa propriété, le pape n'est plus qu'un prince italien, à la manière des Médicis de Florence, des Sforzes et des Visconti de Milan, des la Rovère d'Urbin. Adieu les grandes prétentions des Grégoire et des Innocent! adieu la monarchie universelle! Qu'importe à ces petits princes, Borgia, la Rovère, Médicis, Aldobrandini, Farnèse; que leur importe (en dehors des revenus qu'ils en reçoivent) tout ce monde, sans relation avec eux, d'Allemagne, d'Angleterre, de Norvége, de Suède, que le pape du moyen âge embrassait sans effort dans sa vaste paternité? Ceux-ci ont bien d'autres soucis : arrondir leurs petits États d'après les préceptes de Machiavel, établir leurs neveux, lutter par les armes avec les petits princes ou les petits États voisins, et par l'intrigue avec les deux grandes puissances qui désormais feront la balance des affaires italiennes.

Suivez les conséquences de cette révolution jusque dans les temps modernes, vous arriverez à cet étrange spectacle que présentent le dix-septième et le dix-huitième siècle. Que faut-il à cette époque pour l'emporter dans les luttes théologiques? Être bien en cour de Rome, entretenir à Rome des agents habiles dans toutes les pratiques italiennes, avoir raison auprès des congrégations, toutes composées d'Italiens. Quel spectacle que celui d'un Fénelon, l'âme la plus élevée de son siècle, consentant à être jugé par quelques Italiens qui n'avaient assurément ni sa pureté de cœur ni sa distinction d'esprit ! La catholicité est devenue un fief de l'Italie, mais aussi l'Italie a cessé d'exister. Si Latran représente excellemment la grande papauté du moyen âge, si le Vatican est l'image de la papauté profane et italienne de la renaissance, le Quirinal est la vraie résidence de la papauté moderne ; une mesquine réunion de bureaux, le centre d'un petit gouvernement, ne vivant que de diplomatie. Les soins de l'État sont devenus, dans les temps modernes, une affaire si compliquée qu'ils ne peuvent souffrir de partage. Ce méchant coin de terre suffit pour absorber les pensées du chef de la catholicité. Quelle déchéance, grand Dieu ! L'antique roi des âmes réduit à négocier avec les hérétiques, à nouer mille intrigues pour figurer parmi les souverains de troisième ou quatrième ordre !

Le pape du moyen âge règne partout et ne règne nulle part : il pèse peu sur l'Italie, car son royaume embrassant l'univers, il n'a pas le temps de songer aux municipalités indépendantes et toujours rebelles qui forment son apanage spécial. Le pape du quinzième et de la première moitié du seizième siècle s'envisage bien comme souverain direct de ses petits États ; mais au moins est-ce un souverain national et tout italien. Le pape de nos jours, au contraire, est bien plus lourd à porter ; car en même temps qu'il est le souverain absolu et direct d'une partie de l'Italie, il est universel et sans nationalité dans sa politique. En réalité, de nos jours comme au moyen âge, Rome est gouvernée par un souverain étranger, bien que portant un nom italien et né en Italie ; car sitôt que cet Italien de naissance veut être Italien de politique, les impossibilités fourmillent sous ses pas, et il faut, pour qu'il reste fidèle à ses devoirs de pontife, qu'il revienne à sa politique d'étranger. Eh bien! les deux situations analogues amèneront des effets analogues. Si l'Europe et l'Italie continuent à marcher dans la voie où elles sont engagées, je crois qu'avant peu de temps on sera amené à séparer de nouveau la papauté de l'Italie. Ce sera là au fond une innovation assez peu considérable, puisque le pape, encore Italien de nom, ne saurait plus l'être de tendance. Où est maintenant le centre de la catholicité? Qui tient les clefs de saint Pierre? Que l'Italie, se garde au moins cette fois de courir après elles. Car ce grand départ poserait la première et la plus indispensable condition de son indépendance.

Les habitudes religieuses sont trop profondes en Italie pour qu'on puisse songer à se passer d'un tel mobile quand il s'agit de la réforme politique de ce pays. A l'inverse de la France, où presque toutes les conquêtes communales ont eu un caractère révolutionnaire et très-profane, les mouvements qui, au moyen âge, ont fondé en Italie la liberté municipale se sont produits sous forme religieuse. La révolution qui, dans l'avenir, rendra à la péninsule son existence politique aura très-probablement le même caractère. Mais ce n'est pas au vieux catholicisme, dont le sort est désormais attaché aux principes qui ont fait la ruine de l'Italie, qu'il faut demander ce levain nouveau. Une noble illusion a pu seule faire espérer au parti guelfe qu'on créerait une Italie forte et libre, au nom de saint Pierre. L'âge des Jules II est passé. Que ceux qui ont espéré de ce côté déposent toute espérance. Il ne s'agit plus de dire : Pie IX et l'Italie ; il faut dire : Pie IX ou l'Italie. Si l'Italie est contente d'elle-même, si elle veut rester ce qu'elle est depuis le concile de Trente, qu'elle demeure à l'école des jésuites, qui lui apprendront à se passer de patrie. Que si elle aspire à tenir son rang parmi les nations modernes, si elle veut être une nation sérieuse, forte, modérée, raisonnable, qu'elle commence par dire, avec Pétrarque :

> Dell' empia Babilonia, ond' è fuggita
> Ogni vergogna, ond' ogni bene è fori,
> Albergo di dolor, madre d'errori,
> Son fuggit' io per allungar la vita.

C'est un Arnauld de Bresce qu'il faut à l'Italie. Assurément, je suis loin de croire à l'efficacité de certaines tentatives ayant pour but de naturaliser en Italie ce qui n'est pas fait pour elle. Le protestantisme est une religion trop sérieuse pour un peuple superficiel, habitué à un culte extérieur et facile. Il n'y a que la bonhomie anglicane qui puisse s'imaginer que le texte pur de la Bible fera en Italie beaucoup de prosélytes. C'est de ses propres entrailles que l'Italie doit tirer sa réforme religieuse ; ne la troublez pas dans ce **travail** sacré. Toute prédiction serait ici téméraire; je crois néanmoins qu'il y a là assez d'illusions détruites, d'espérances indestructibles, de souffrances, de résignation et de colère, assez peu aussi de rationalisme et de critique pour que ce pays soit à la veille d'un grand mouvement religieux

Quand je visitai le Mont-Cassin, Tosti n'y était plus ; mais son âme y vivait tout entière. De cette vieille abbaye de Saint-Benoît il avait fait un foyer de belles études, de hauts sentiments et de vie selon l'esprit. C'est là qu'il faut aller pour comprendre le martyre de ceux que le sort a doués de généreuses aspirations au milieu d'un peuple avili. Le premier coup de la réaction devait tomber sur la noble abbaye, devenue le centre du développement intellectuel et libéral dans cette partie de l'Italie. Un jour, un escadron de cavalerie monta au galop la longue rampe qui serpente le long des flancs de la montagne. Le couvent fut occupé militairement ; l'imprimerie du monastère, coupable d'avoir mis au jour les livres de Tosti et quelques travaux d'érudition, fut mise sous les scellés[1]. Un des religieux, accusé, je crois, de rationalisme et de panthéisme, fut emmené à Naples et incarcéré. Tosti dut s'éloigner : d'anciennes amitiés lui obtinrent un asile près de Rome, à Saint-Paul hors les murs.

C'est là que je l'ai vu, résigné, heureux de sa propre pensée, mais, je crois, sans espérance. Jamais homme n'a reçu des faits un aussi cruel démenti. Cette papauté qu'il a exaltée jusqu'au ciel et qu'il a proclamée l'arche sainte de l'Italie, la voilà qui fait et approuve tout ce qu'il a flétri, qui déclare abominable, hérétique, sortie de l'enfer, sa plus chère et plus sainte pensée : l'idée d'une patrie italienne. J'évitai de sonder cette plaie terrible et de le provoquer à de douloureuses clartés. Il parlait comme d'un âge d'or des beaux jours du Mont-Cassin et de la noble vie qu'on y menait. Je faisais semblant de croire que ce bonheur

---

[1] Elle était dans cet état en 1850, et y est encore, je crois. Une secousse de tremblement de terre, en octobre ou novembre 1849, ayant rompu les scellés, l'abbaye se vit menacée d'un surcroît de persécution.

pouvait revenir. — « Non, reprit-il, on ne recommence pas deux fois le même rêve. Quand on a vu en songe les cieux ouverts et la face des bienheureux, on cherche vainement au réveil à recomposer la vision divine : elle a fui pour toujours. » Il parlait beaucoup de la France, qu'il ignore absolument, et la curiosité de ses questions semblait supposer qu'il tournait de ce côté ses regards.

Non, Tosti ; que ferais-tu parmi nous ? La France est un exil pour des âmes comme la tienne. Au milieu des passions aveugles, entre la religion inintelligente et le matérialisme brutal, âme poétique et pure, où serait ta place ? De ta cellule, tu entends le frémissement des roseaux du Tibre ; tu vois le soir les montagnes d'Albano nager dans des flots de lumière. Que te faut-il davantage ? Reste Italien, reste moine, content de ta noblesse morale et de la sympathie de tous ceux qui adorent en esprit.

LES RÉVOLUTIONS D'ITALIE

L'Italie, qui a tant appris au monde, ne lui a point légué de plus précieux enseignement que son histoire. Grâce à l'ampleur avec laquelle les événements s'y déploient, les leçons, qui ailleurs ne se tirent des faits qu'au moyen d'une patiente analyse, sont écrites dans les annales de ce pays merveilleux en caractères gigantesques et d'un éclat sans pareil. Nulle part l'enjeu de la vie n'a été disputé avec plus de passion ; nulle part la philosophie de l'activité humaine ne se laisse étudier en un plus parfait miroir. Tour à tour désespérante et splendide, l'histoire de l'Italie est ainsi le plus curieux objet proposé aux méditations du penseur, et, pour l'imagination, le plus éblouissant des rêves. L'histoire de France offre certes un développement fort logique et d'une admirable unité ; mais cette histoire est si loin de présenter un ensemble achevé, que sa formule définitive nous échappe encore et que l'avenir qu'elle nous réserve est entouré de mystère. L'Italie, au contraire, a l'avantage d'avoir vu se succéder chez elle deux développements complets, celui de l'antiquité et celui du moyen âge. Après l'étrange sommeil qu'elle a traversé durant les deux derniers siècles, on peut dire que son histoire est close et que son avenir, quel qu'il doive être, sera à peu près sans lien avec le passé.

Le livre de M. Ferrari [1] apporte à ceux que préoccupe le grand problème de l'Italie de véritables traits de lumière. Esprit vif et mobile, représentant à un haut degré les qualités et les défauts de sa nation, M. Ferrari a vu plus finement qu'aucun autre dans le dédale d'agitations sans but, mais non sans résultat, de haines aveugles et pourtant fécondes, qui forme le tissu des annales de son pays. Il fallait un Italien pour faire comprendre et faire aimer cet enfer dont l'Italie, durant plus de mille années, a parcouru les cercles, toujours guidée

---

[1] *Histoire des révolutions d'Italie*, 4 vol. in-8°. Paris, 1857-1858.

par le génie. Chose étrange! un état social dont les violences ordinaires égalaient au moins celles des plus mauvais jours de notre Terreur, un régime politique qui a produit dans les villes diverses de l'Italie plus de sept mille deux cents révolutions et plus de sept cents massacres (c'est la curieuse statistique établie par M. Ferrari), qui tous les cinq ou six ans amenait forcément la guerre civile, qui mettait en permanence l'assassinat et les plus odieuses perfidies, un tel régime a été si cher à l'Italie, que jamais elle n'a voulu l'échanger contre le repos acheté au prix d'une diminution de son activité. La liberté de la guerre civile est à peu près la seule à laquelle elle paraisse avoir tenu ; ce qui, dans notre civilisation pacifique et timide, amène l'interruption de toutes les fonctions sociales, était, pour ce peuple dévoré par le besoin de la vie publique, la condition même des grandes œuvres et de la fécondité créatrice. Qu'on se représente l'embarras de l'excellent Sismondi, républicain orthodoxe, protestant rigide, au milieu de cette farandole effrénée, qui renversait à chaque pas son bon sens si exact et ses principes si arrêtés ! M. Ferrari s'y retrouve avec un instinct de race que je n'ai rencontré à un aussi haut degré chez aucun historien. Il se met de la partie ; il entre dans cette ronde satanique, en sachant bien qu'elle mène à l'abîme ; il en veut presque à ceux qui, en parlant de paix, d'union, de concorde, ralentissent la marche sans cesse accélérée des révolutions. Son Dieu est celui de Machiavel; un destin fatal qu'aucune loi ni aucun dogme ne captive, qui condamne l'homme à toujours poursuivre un but, à ne jamais l'atteindre, ou à le trouver puéril s'il l'atteint. Une inépuisable jeunesse d'imagination, un goût vraiment attique de la vie et de l'action, enchantent sous sa plume l'horreur d'un monde sans foi ni vertu, et transforment pour lui en fête un spectacle qui ne semble capable d'inspirer que le désespoir.

Je ne me dissimule pas les graves défauts qui nuiront au livre de M. Ferrari auprès des lecteurs plus soucieux d'un jugement solide, d'un style simple et pur, que d'aperçus hardis, de vérités fines et neuves exprimées sous une forme toujours exagérée. M. Ferrari est un penseur distingué, un artiste merveilleusement doué ; il connaît les ressources de notre langue, il la manie parfois avec bonheur ; et pourtant son style est trop souvent fatigant et heurté. Les traits charmants, les expressions heureuses, les couleurs fortes et vives, abondent sous sa plume; mais il ne semble pas se douter de l'art de fondre tout cela en une contexture harmonieuse, solide, défiant la minutieuse critique. Ses vues sont en général justes et sûres ; mais il ne paraît pas beaucoup se soucier de l'exactitude et de la clarté dans les menus détails. Son livre est ainsi un singulier mélange de grandes qualités que peu apprécieront, et de petites imperfections que tous verront au premier coup d'œil. Je ne le défendrai pas contre ceux qui l'accuseront d'être systématique, paradoxal, irrespectueux pour toutes les convenances politiques, littéraires, historiques; je dirai seulement que pour moi il m'enchante. Je connais peu de livres qui donnent à leur sujet tant de relief et de saillie, qui fassent naître autant de réflexions sur les choses de ce monde et sur quelque chose de plus encore. Les singulières lacunes qu'on y remarque, et en particulier l'abstention de tout jugement moral que l'auteur s'est sans doute imposée à dessein, ont elles-mêmes leur raison d'être dans cette histoire, je suis tenté de dire dans ce cauchemar étrange, d'où l'on sort en doutant si la nature humaine est infernale ou céleste, mais assuré que sa destinée n'est pas vulgaire et que quelque chose d'inconnu s'agite dans son sein.

Chaque pays inspire sa philosophie de l'histoire, et le meilleur moyen de juger une nation, c'est d'étudier les théories historiques qu'elle a provoquées. Les défauts du système de M. Ferrari sont les défauts mêmes de l'histoire de l'Italie; et par là ils sont pour nous souverainement instructifs. Comme tous les grands hommes de son pays, M. Ferrari a la fièvre de son idée ; il en est possédé plutôt qu'il ne la possède. Préoccupé d'une nécessité fatale qui fait succéder les révolutions aux révolutions comme se suivent les mouvements convulsifs du malade, M. Ferrari méconnaît trop deux éléments qu'il faut maintenir dans l'histoire, ne fût-ce que pour la consolation des honnêtes gens, le hasard et la liberté. On dirait, en le lisant, que l'histoire n'est pas conduite par des hommes ; je ne vois pas dans tout son livre un seul acteur à qui il laisse un rôle personnel. Quel serait l'étonnement de tous ces Florentins, Pisans, Siennois, des douzième, treizième et quatorzième siècles, s'ils pouvaient lire l'ouvrage de leur compatriote du dix-neuvième siècle, et retrouver leurs passions irréfléchies, leurs emportements, leurs caprices, érigés en théories abstraites et en lois inflexibles ! Certes, l'historien philosophe a parfaitement le droit de découvrir dans les événements une foule de choses que les contemporains et les héros de ces événements n'y voyaient pas. Les grandes lois de l'histoire ne s'aperçoivent qu'à distance : à quatorze cents ans d'intervalle, nous jugeons, par exemple, que les barbares germains ont rendu au monde un grand service en y introduisant l'idée du droit individuel et de la liberté ; or on eût sans doute fort étonné Sidoine Apollinaire et Clovis en développant devant eux cette pensée-là. Nul n'a la formule de lui-même ; l'avenir saura

mieux que nous ce que nous fûmes : de même il est
tout naturel que, riches de l'expérience de ce qui a
suivi, nous énoncions, à propos du rôle des grands
hommes du passé, des vues auxquelles ces grands
hommes ne songeaient point. Je ne reproche donc pas,
comme quelques-uns, à M. Ferrari d'attribuer aux
événements plus de signification qu'ils n'en eurent ; je
lui reproche seulement de les supposer gouvernés par
des formules trop absolues. Aucune des lois de l'histoire n'est vraie qu'à peu près ; assujettir l'infinie variété des faits à recevoir une même explication, c'est
s'exposer à mille démentis. Je regrette surtout que
M. Ferrari se soit obligé à retrouver les lois de l'histoire italienne dans le reste de l'Europe. Cette partie
de son ouvrage me paraît de beaucoup la plus subtile
et la plus systématique. Le profond sentiment qu'il
possède des choses politiques, quand il s'agit de l'Italie, lui fait défaut sur ce terrain étranger. Loin que
l'Italie ait tracé la voie aux révolutions de l'Europe au
moyen âge et dans les temps modernes, je trouve, tout
au contraire, que les révolutions de l'Europe ont suivi
une ligne diamétralement opposée à celle de l'Italie,
et que la destinée de ce dernier pays n'est explicable
que quand on s'est bien rendu compte de sa situation
isolée dans la famille d'États créée par la ruine de
l'empire romain.

La grande loi de développement suivie par les différents États de l'Europe latine est celle-ci : la race germanique, en détruisant les cadres de l'administration romaine, y substitue la souveraineté divisée et envisagée comme une propriété personnelle, c'est-à-dire la féodalité. L'établissement germanique, surtout à l'époque carlovingienne, ne connaît d'abord aucune distinction de nationalités : les divisions dans l'intérieur des pays occupés par les Germains sont tracées uniquement en vue du conquérant sans égard pour la géographie et l'ethnographie. Mais les nationalités ne tardent pas à prendre le dessus; elles le prennent en s'attachant à une famille germanique, dont elles font leur égide et leur point d'appui. De ce pacte des anciens pays romains avec le germanisme naît la royauté moderne, essentiellement tempérée, même lorsqu'elle affecte les apparences les plus absolues, essentiellement différente au moins des despotismes de l'antiquité et de l'Orient, où l'individu n'a aucun droit contre le souverain ou l'État. La France commença le jour où Robert le Fort prit en main la cause des populations abandonnées par les faibles Carlovingiens. Ce jour-là la France et la maison de France furent fondées du même coup; ce jour-là fut contractée l'union séculaire d'où devait sortir la puissante unité des pays gaulois. Chacune des nationalités de l'Europe est ainsi le résultat d'une sorte de pacte respectif entre les fractions démembrées de l'ancien empire et une famille germanique qui les représente. La limitation des pouvoirs, inconnue dans les monarchies de l'Orient et dans les tyrannies sorties des républiques de l'antiquité, s'établit de la sorte. Le souverain a des devoirs et des droits envers ses sujets ; les sujets ont des devoirs et des droits envers leur souverain, et, le progrès des siècles venant en aide, l'Europe chrétienne arrive de la sorte au meilleur état social que le monde ait connu jusqu'ici.

Si nous cherchons à appliquer cette loi historique à l'Italie, nous la trouvons violée à chaque pas. Loin de saisir les occcasions de se former une maison royale qui se présente sans cesse à elle, l'Italie semble prendre à tâche de briser son royaume dès qu'il aspire à se former. Par une conspiration perpétuelle, sortant en quelque sorte de tous les points du sol, elle brise le royaume goth, qui lui offrait de si merveilleux avantages et lui assurait le meilleur apport de sang germain qu'aucun pays de l'Europe eût reçu. Les Lombards ramènent pour elle la chance d'une puissante monarchie unitaire. Les papes, interprètes du vœu italien, brisent la royauté lombarde avec l'épée des Carlovingiens. Rien pourtant n'était perdu encore. Après le démembrement de l'empire carlovingien, nous retrouvons des rois d'Italie dans des conditions fort analogues à celles qui donnèrent à la France la dynastie capétienne. Vain espoir ! l'Italie se laisse de plus en plus dominer par le besoin exagéré de libre action, qui lui a toujours fait préférer des maîtres éloignés et investis de pouvoirs indéfinis à des maîtres nationaux et investis de pouvoirs définis. Elle brise Béranger, comme elle avait brisé les Goths et les Lombards : par des prodiges d'habileté, et grâce à la coopération constante de la papauté, elle rend impossible à tout jamais le titre de *roi d'Italie*.

A partir du dixième siècle, le sort de l'Italie est ainsi irrévocablement fixé. L'Italie n'aura pas d'unité matérielle. La division et la haine y porteront jusqu'aux dernières limites leurs effets de morcellement. Chaque ville sera un État. Dans le sein de chaque ville il y aura autant de communautés rivales qu'il y a de quartiers, de corps de métiers, de confréries. Chaque bicoque a son histoire ; des villes dont on ignore presque la place, Semifonti, Comacino, sont le théâtre de luttes de titans, dont les récits contemporains égalent en vivacité ceux des guerres civiles de Sparte et d'Athènes. Pas de roi, pas de capitale, pas de principe de réversion ; à peine quelques ligues temporaires, presque aussitôt dissoutes que formées ; mais aux deux pôles de cet étrange état social, deux puissances idéales, indéfinies, apparaissant par intervalles, tolérées quand elles ne font rien, haïes quand elles veulent gouverner. La papauté, convertie en un dogat italien par Théodorat et Marozie, puis en royauté universelle par Hildebrand ; l'Empire, sans domaine propre, surtout depuis l'extermination de la maison de Hohenstaufen, ne correspondent pas à des divisions territoriales, ne résident nulle part. L'horreur de l'Italie pour les souverainetés concrètes et matérialisées rendait impossible la formation d'un domaine analogue à celui qui a formé le noyau de la France. Son empereur peut tout et ne peut rien. Son pape se proclame *minor Deo*, *major homine*, et il est matériellement si faible, que les quatre cents bandits de Nogaret, ayant derrière eux le roi de France, suffisent pour le souffleter et lui porter un coup dont il ne se relève pas.

Au quatorzième et au quinzième siècle, il est vrai, au sortir des guerres municipales, quand des idées plus larges d'impartialité, de justice, d'organisation, se font jour, on voit poindre quelques tentatives vers l'unité. Les républiques se sont changées en seigneuries, et quelques familles arrivent à s'attribuer sur des portions considérables du territoire italien une souveraineté presque régulière : les Visconti, en particulier, purent rêver un moment le titre de roi d'Italie. Le seigneur fait en partie ce que fait ailleurs la royauté et ce à quoi les consuls et les podestats des époques antérieures ne pensaient guère : il protége les personnes, il veille à la sûreté du commerce, il réprime les violences des partis, il empêche les guerres civiles. Il fait plus en un sens ; car il fonde la Renaissance et rend possible une liberté de penser inconnue jusque-là dans le monde chrétien. Mais ici se révèle une des lois les plus importantes de la politique générale, je veux dire l'impossibilité où sont les principats issus des guerres civiles de se changer en dynasties. De la république ne sort que le tyran, le Visconti, le Sforza, roi sans couronne, sans foi, sans loi, sans titre défini, tenant sa puissance d'une occulte et mystérieuse nécessité ; jamais le Carlovingien, le Staufen. Les Médicis n'échappèrent à cette loi qu'en associant leurs droits à celui de maisons étrangères à l'Italie. Il semble qu'une nécessité bizarre oblige toutes les dynasties royales de l'Europe à s'appuyer sur un titre germanique, comme si le sérieux de cette race était nécessaire pour donner aux sociétés modernes leur assise et leur solidité.

Ainsi suspendue entre deux souverains impalpables, un empereur étranger et un pape cosmopolite, flottant entre ces deux extrêmes, d'être tout ou de n'être rien, manquant d'un centre matériel où elle pût organiser sa défense, que pouvait devenir l'Italie le jour où le régime des municipalités et des principautés du moyen âge devenait impossible à maintenir? Hélas! on ne l'aperçoit que trop. Condamnée à n'avoir ni souverain, ni capitale, ni armée nationale (M. Ferrari a admirablement éclairci ce dernier point), elle devait voir une partie de son territoire s'immobiliser au profit du seul pouvoir continu qu'elle eût dans son sein, la papauté, et le reste devenir la proie des grands États européens, qui réclamaient des portions de son territoire à titre féodal. En cela, à vrai dire, l'Italie ne faisait que suivre sa destinée. L'Italie, à toutes les époques de son histoire, semble avoir visé bien moins à l'indépendance nationale qu'à la liberté de ses factions intérieures. Dante trouve tout naturel de menacer ses compatriotes ingrats de la colère de l'empereur; aucun parti ne se faisait scrupule, pour se venger de ses adversaires, d'en appeler aux ennemis du dehors; l'intervention du *pacier*, prince étranger chargé d'apaiser les querelles de la cité, ne blessait personne. A nos yeux, une administration nationale est la première condition de la liberté. Les idées de l'Italie sur ce point différaient si profondément des nôtres, que chaque ville trouva plus avantageux de se faire administrer systématiquement par des étrangers, et de faire un marché avec des podestats nomades, qui la gouvernaient à forfait, en stipulant un *minimum* de têtes coupées. Ce détestable régime, le plus dur de tous, d'après notre manière de voir, plaisait aux villes et leur paraissait bien supérieur à la royauté; telle était l'activité intérieure de ce peuple, que le bonheur de se sentir exister en souffrant lui paraissait mille fois préférable à la paix du royaume, où l'on ne vit que subordonné à d'autres intérêts et comme une fonction du tout.

Une autre cause, d'ailleurs, interdisait à l'Italie l'unité nationale, je veux dire son rôle universel, cette sorte de primatie à laquelle, depuis les jours de l'ancien Empire, elle n'a jamais renoncé. Par son alliance étroite avec la papauté, par les liens singuliers qui l'attachaient à l'Empire, par son importance financière et diplomatique, par l'énorme influence qu'elle exerçait sur les révolutions intellectuelles et sur celles du goût, l'Italie entrait dans les affaires du monde entier : il était juste que le monde entrât dans les siennes. C'est le sort des pays qui préfèrent la grandeur de leur action générale à la centralisation intérieure d'appeler ainsi l'intervention de l'étranger. Les pays de cette sorte ne peuvent régler seuls leurs affaires. Devenue la patrie de tout le monde, attirant à elle les intrigues de l'Europe entière, ayant dans son sein des intérêts majeurs pour tous et aussi le secret des origines de tous, l'Italie ne pouvait aspirer à la vie heureuse et modeste des pays qui ne demandent qu'une seule chose, c'est qu'on les laisse tranquilles s'occuper de leurs affaires. Sa main est sur tous ; la main de tous est sur elle. Ses pontifes, ses légats, ses diplomates, ses hommes habiles remplissent le monde ; il est juste que tout le monde ait un pied chez elle, et que, maîtresse universelle, elle obéisse à tous [1].

La papauté surtout, à laquelle l'Italie du moyen âge tenait si essentiellement et dont les énormes développements sont bien une œuvre italienne, imposait évidemment à ce pays des conditions d'existence politique tout à fait à part. Outre qu'au point de vue territorial, la papauté neutralisait la partie centrale de la péninsule et opposait un obstacle infranchissable à son unité, elle introduisait dans le courant des affaires italiennes des intérêts de premier ordre qui n'avaient rien de national. L'existence politique et la suprématie religieuse sont inconciliables, et si l'Italie a de droit divin le gouvernement des consciences, il faut qu'elle renonce à se gouverner elle-même dans l'ordre temporel. Le monde catholique peut bien consentir à avoir en Italie son agence centrale ; mais il ne peut pas permettre que cette agence soit tout italienne. A l'é-

[1] Ces vues, très-bien développées par M. Ferrari, l'avaient été déjà d'une manière remarquable par M. Quinet, dans son ingénieux écrit sur les *Révolutions d'Italie*.

poque de la translation du Saint-Siége à Avignon, l'Italie réclame à grands cris. D'une part, cette translation, si parfaitement conforme au caractère universel de la papauté du moyen âge, lui paraît une nouvelle captivité de Babylone, une spoliation de son droit; de l'autre, elle trouve inique d'être gouvernée par des légats français, représentants d'un souverain né et résidant loin d'elle. Grande inconséquence, qui s'est reproduite toutes les fois que les prétentions ultramontaines et le patriotisme italien se sont trouvés en présence! Le monde ne peut accepter la suprématie théologique de l'Italie qu'à la condition de peser sur l'Italie. Si Rome est le concile permanent du catholicisme, Rome et la portion de l'Italie qui suit ses destinées doivent appartenir au catholicisme et non s'appartenir.

Le jour où l'Italie rappela la papauté qui s'éloignait d'elle et suivait sa tendance cosmopolite, elle créa de la sorte le plus terrible des embarras qui durant des siècles devait peser sur son avenir. Il ne faut pas que la politique pousse trop loin le souci du pittoresque; ici pourtant le pittoresque a ses droits, car il correspond à de profondes raisons. Qu'on essaye de rêver pour Rome un autre destin que celui que les siècles lui ont assigné. Qu'on imagine un plan de régénération italienne où Rome ait une place; qu'on en imagine un où elle n'en ait pas. Pour moi, je ne puis envisager sans terreur le jour où la vie pénétrerait de nouveau ce sublime tas de décombres. Je ne puis concevoir Rome que telle qu'elle est, musée de toutes les grandeurs déchues, rendez-vous de tous les meurtris de ce monde, souverains détrônés, politiques déçus, penseurs sceptiques, malades et dégoûtés de toute espèce, et si jamais le fatal niveau de la banalité moderne menaçait de percer cette masse compacte de ruines sacrées, je voudrais que l'on payât des prêtres et des moines pour la conserver, pour maintenir au dedans la tristesse et la misère, à l'entour la fièvre et le désert.

Ce n'est donc ni un hasard ni une criante injustice qui a condamné l'Italie à n'être point une nation comme les autres. Elle est plus et elle est moins. La géographie, quoi qu'on en ait dit, est ici pour peu de chose. Les causes de cette singulière destinée sont bien plus profondes. L'Italie a eu son unité, mais toute morale ; aussi cette unité a-t-elle été surtout comprise par les hommes de génie. Vers 1350, quand Pétrarque écrivait sa *Canzone* à Colà de Rienzi, aucun pays n'avait encore proféré un tel accent de patriotisme : le mot de *France* ne devait être prononcé avec tant d'amour que quatre-vingts ans après par Jeanne d'Arc. Ce que le cœur humain peut contenir de haine, les villes rivales de l'Italie l'ont épuisé l'une contre l'autre, et pourtant peu de pays ont eu un sentiment plus vif de leur noblesse. Nulle part l'homme n'a si profondément goûté le bonheur de vivre et de mourir pour quelque chose de grand. Profondément divisées quand il s'agit de leurs intérêts, les diverses parties de l'Italie se sont trouvées unies, non certes pour résister à l'étranger, mais pour le détester, pour le trahir, pour le dédaigner au nom de la gloire incomparable de leur commun passé.

Les malheurs de l'Italie et son impuissance nationale sont ainsi la conséquence de sa gloire. Ce pays auquel, selon nos idées étroites de centralisation et de nationalité, on pourrait dénier le nom de patrie, est de tous les pays du monde celui qui a été le plus aimé : nul n'a provoqué plus de dévouements, nul n'a compté plus de nobles victimes. Ce pays, envers lequel nous croyons être généreux en lui faisant l'aumône de notre compassion, a souri mille fois de notre abaissement. Gardez pour vous votre pitié, pourrait-il nous répondre. Quand vous étiez enchaînés à l'idée matérielle d'une royauté héréditaire, transmise comme un bien légitimement acquis, moi je goûtais la sainte volupté de m'appartenir ; quand vous n'aviez que des maîtres, moi j'avais une patrie ; quand vous n'aviez pas de citoyens, j'avais plus de cent soixante républiques libres, maîtresses d'elles-mêmes, ayant leurs archives et leurs histoires comme de grands États. Quand vous ne saviez que le jargon barbare de vos docteurs subtils, moi j'avais Pétrarque, Boccace; je lisais Homère, l'antiquité tout entière revivait dans mon sein. Qui vous a enseigné le secret de la beauté? qui a fait le pape? qui a fait l'empereur? qui tient encore la clef de vos consciences? et savez-vous quel trouble s'élèverait dans le monde le jour où je rebâtirais le Capitole et laisserais crouler le Vatican.

Certes, à ne juger les choses que d'après nos idées modernes, une telle grandeur est étrange, et ceux qui en sont fiers doivent paraître des hommes d'un autre âge. De plus en plus l'Europe semble s'habituer à cette idée que le repos est le but suprême des sociétés, que tout ce qui étouffe les luttes intérieures des États est un bien, et que l'égalité dans la sujétion peut seule préserver l'espèce humaine du retour de ces discussions religieuses et politiques qui remplissent les annales du passé. Je conviens que l'histoire d'Italie, envisagée à ce point de vue, doit inspirer une profonde pitié. Si l'idéal d'une nation est d'arriver à cet excès de timidité que toute diversité d'opinion y soit prévenue par des mesures administratives et à ce degré d'uniformité que le diapason des orgues de Barbarie y soit réglé par l'État, un pays où tout différait à quelques lieues de distance et où la liberté de la haine était portée jusqu'à ses dernières limites doit paraître souverainement barbare. Je n'essayerai pas de convertir ceux qui jugeraient de la sorte ; chacun met son bonheur où il lui plaît. Je reconnais que les citoyens de Pise et de Florence étaient beaucoup moins bien administrés que nous ne le sommes ; le seul point que je conteste est que nous ayons le droit de les plaindre. Mille fois l'occasion d'échanger leur tumultueuse liberté contre une paix obscure s'est présentée à eux ; toujours ils l'ont repoussée. Qui sait si en quelques années de leur orageuse existence ils n'ont pas plus vécu que ces populations ignorées qui ont végété heureuses à l'ombre de leur vigne et de leur figuier?

Mais il est rare que de trop brillantes destinées ne cachent pas pour l'avenir d'amers retours. A cette agitation frénétique dont l'histoire d'aucun pays, pas même celle de la Grèce, ne saurait donner une idée, succède la plus profonde léthargie que jamais peuple ait traversée. Ces républiques si fécondes en révolutions deviennent de paisibles communes des États romains : cette Toscane où durant quatre siècles le sang des guerres civiles coula par torrents est le seul pays de l'Europe où la peine de mort puisse être de fait abolie. L'Italie, si spirituelle, si vive, si animée, tandis qu'elle fut sans maître, au moins sans maître présent et effectif, devient, dès qu'elle a des gouvernements réels, molle, douce, sans ressort. Elle s'endort, selon l'heureuse expression de M. Ferrari, dans la paix du Seigneur. Elle n'a point voulu de la salutaire humiliation d'un souverain héréditaire ; elle en aura vingt, et chaque maison de l'Europe se croira le droit de tailler dans son sein des principautés pour ses membres invalides. Elle n'a pas voulu de la contrainte et de l'abnégation que suppose la formation d'une armée nationale ; elle sera la proie d'une soldatesque avide qui s'abattra par nuées successives sur ses riches cités. Elle n'a rien voulu sacrifier de sa vie locale, de ses franchises, de son insatiable activité ; elle perdra jusqu'au souvenir de ce qu'elle a été : son unique souci sera de composer des sonnets et des *cicalate* pour ses insipides académies. Elle n'a pas voulu de la réforme religieuse qui eût détruit le principal levier de son ascendant politique sur le monde, elle a préféré l'incrédulité matérialiste au protestantisme : elle portera le joug religieux le plus lourd qu'aucun pays, l'Espagne exceptée, ait porté ; elle subira le supplice de cette chappe de plomb que son poëte vit peser dans l'Enfer sur les hypocrites. Quand on voit à Bologne, à Vérone, le soldat croate, avec sa pesante allure et sa révoltante roideur, régler les mouvements d'une population spirituelle et charmante, le cœur se soulève, et on se prend de colère contre la destinée qui fait expier si chèrement le don fatal de la beauté. Mais, à la réflexion, cette gauche et laide créature reprend son sens historique ; elle représente la revanche de l'Europe contre la domination universelle de l'Italie et ce lest que toute société reçoit forcément du dehors, quand elle ne le trouve pas au dedans. Cela est si vrai, que le seul pays de l'Italie qui ait de nos jours sa vie indépendante est le seul aussi qui n'ait pas participé aux splendides aventures de l'Italie. Le passé sérieux et grave du Piémont est bien humble comparé aux glorieuses annales de Gênes, de Florence, de Milan ; et voilà pourquoi le Piémont seul possède les conditions essentielles des États modernes : une maison royale, une noblesse provinciale, une bourgeoisie, une armée.

Est-ce à dire que l'Italie soit à jamais condamnée à porter la peine de sa brillante et exceptionnelle destinée ? Non certes ; dans mon opinion, une nouvelle ère a commencé pour l'Italie le jour, éloigné de nous d'un demi-siècle environ, où elle s'est comparée aux autres nations et où elle a vu ce qui lui manquait. L'Italie du dix-septième et du dix-huitième siècle ne souffrait pas de son abaissement ; car le sentiment même de la vie avait chez elle disparu. Nul Italien alors n'avait honte de sa patrie et ne se sentait humilié. Nul ne disait avec Leopardi : « O ma patrie ! je vois tes murs et tes arcs, tes colonnes et tes statues, je vois les tours désertes de nos aïeux ; mais ta gloire, je ne la vois plus, ô Italie ! née pour étonner les nations par ta bonne comme par ta mauvaise fortune. » L'époque de la Révolution et de l'Empire, qui a laissé au delà des Alpes une si profonde empreinte, apprit à l'Italie ce dont elle ne s'était pas doutée jusque-là, qu'elle était inférieure et déshéritée. L'Italie trouva alors que sa primatie spirituelle la consolait peu d'être la dernière des nations ; on entendit pour la première fois ce blasphème : Nous avons honte d'être Italiens. Un vaste parti, plus ou moins imbu des idées françaises, se forma, dans le nord surtout, aspirant à faire de l'Italie un pays comme un autre, maudissant le pape, maudissant Charlemagne, regrettant hautement que la péninsule entière n'eût point Pavie pour capitale et ne s'appelât point Lombardie.

Ce mouvement, auquel cinquante années de constants efforts ont donné une puissance irrésistible, est beaucoup trop lancé pour qu'il puisse être arrêté. Je crois à l'avenir *national* de l'Italie. Mais ce qu'il importe de maintenir, c'est que cet avenir national, où l'Italie serait un pays fort, indépendant, ayant une armée, se mêlant de ses affaires et non de celles des autres, n'est nullement dans la tradition italienne, et qu'en un sens l'Italie s'en trouverait amoindrie. La vraie grandeur de l'Italie n'est pas en tout cela. Même à ses plus mauvaises époques, l'Italie sans indépendance, sans forces militaires, sans unité, a tenu une bien plus grande place dans le monde que des nations très-fortement constituées. L'Espagne est certainement un des pays de l'Europe dont l'intégrité nationale est le plus garantie ; et pourtant qui voudrait comparer l'importance du rôle actuel de l'Espagne à l'importance du rôle de l'Italie, toute vaincue et humiliée qu'elle est? On ne saurait être deux choses à la fois, et si l'Italie devient un pays comme un autre, il faut qu'elle renonce à être une tribu de Lévi, ne possédant rien à titre terrestre, parce qu'elle possède tout par le ciel. J'éprouve une sorte de respect religieux devant le patriote italien : car il fonde pour l'avenir. Mais, à mes yeux, ce n'est pas là le vrai Italien. Le vrai Italien, c'est tel prélat de la cour de Rome, qui ne croit pas dans sa fierté avoir rien à envier à ces barbares qu'il voit mendier sa faveur. Le vrai Italien, c'est tel moine néo-guelfe, proclamant du fond de son couvent l'Italie reine du monde ou à la veille de le devenir. Le vrai Italien, c'est ce sectaire dangereux, je l'avoue, qui ne veut de la résurrection de l'Italie que pour régner au nom d'une nouvelle et chimérique papauté. Le vrai Italien, c'est l'impénitent M. Ferrari, exaltant la gloire de sa patrie, divisée, anarchique, impuissante, et trouvant que la part de l'Italie est assez belle pour repousser la pitié et les regrets.

Le livre de M. Ferrari répand sur tous ces problèmes de vives et pénétrantes clartés. L'Italie y paraît dans sa grandeur et ses misères : mère de tout bien et de tout mal, de toute erreur et de toute vérité ; digne tour à tour des hommages et des malédictions du monde, comme la maîtresse savante qui l'a formé, la courtisane qui l'a séduit, le bouffon qui l'amuse. Une seule chose lui a manqué, chose humble en apparence, mais en réalité la plus grande de toutes, l'honnêteté. Artiste jusque dans le crime, regardant presque comme des dupes ceux qui s'arrêtent à cette prosaïque distinction du bien et du mal, qu'elle crut inconciliable avec l'art de réussir, elle n'envisagea la vie que comme une stratégie à la manière de Braccio, ou une partie de scélératesse à la façon des Borgia. Le patriotisme lui-même se montre chez elle peu scrupuleux : ses plus vertueux citoyens professent le dédain de l'espèce humaine, et partent de ce principe que le monde étant peuplé de sots, il faut pour le gouverner simuler la folie. « Je l'avoue, dit Rienzi, pour le bien du peuple, je me suis fait tantôt fou, tantôt histrion, tantôt homme grave, tantôt homme simple, tantôt rusé, tantôt timide, tantôt fourbe. » Il y a des réactions, je le sais, contre ces éclipses étranges du sens moral ; mais elles manquent elles-mêmes de sérieux et de suite. Ni les paradoxes grandioses de Hildebrand, ni le carnaval dévot de Savonarole, ni les homélies de Jean de Vicence ne valent un peu de bon sens et de raison. Nulle part dans toute cette histoire je ne vois de saint Louis, de Washington, de Lafayette. Ce ne sont pas là des politiques, dira M. Ferrari, ce sont des honnêtes gens. Peut-être ; mais plût à Dieu, pour le bonheur de l'Italie, qu'elle eût compté dans son sein beaucoup de ces consciences timorées et de ces esprits étroits ! Ils lui eussent épargné d'amères déceptions, et la pénible nécessité de recommencer, vieille, la carrière que les nations en apparence moins favorisées qu'elle ont parcourue depuis mille années.

L'HISTOIRE SECRÈTE DE PROCOPE

De tous les problèmes que soulève la critique historique, il n'en est pas de plus singulier que celui auquel a donné lieu l'*Histoire secrète* de Procope[1]. Jusqu'au commencement du dix-septième siècle, l'histoire n'avait été pour Justinien qu'un long panégyrique. Peu de figures apparaissaient dans le passé avec autant de majesté. Dernier héritier de la grandeur romaine, Justinien semblait en avoir groupé tous les rayons, à l'entrée de la nuit du moyen âge. Son nom, attaché à la grande compilation qui est devenue la lé-

[1] Voir la traduction, accompagnée d'amples commentaires, qu'en a donnée M. Isambert. Paris, 1856.

gislation universelle des peuples civilisés, jouait parmi les jurisconsultes le rôle d'autorité irréfragable, comme celui d'Aristote parmi les philosophes, comme la Bible parmi les théologiens. Assise à côté de lui, la courtisane Théodora participait aux mêmes hommages, et la mosaïque de Saint Vital de Ravenne, nous les montrant tous deux dans le sanctuaire et presque au rang des saints, n'était qu'un écho de l'opinion accréditée par les siècles.

Cette opinion paraissait sans appel, lorsqu'un habile helléniste, Nicolas Alemanni, découvrit, vers 1620, parmi les manuscrits du Vatican, les pages qui devaient exposer le monarque si longtemps adulé à toutes les sévérités de l'histoire. On savait, par de vagues renseignements, qu'à la suite des huit livres officiels consacrés par l'historien Procope de Césarée à la gloire de Justinien, figurait un neuvième livre, portant le titre suspect d'*Anekdoton* (inédit), où l'auteur s'etait vengé de ses flatteries par de singulières médisances. C'est ce document, rangé depuis longtemps parmi les pièces perdues ou d'une existence incertaine, qu'Alemanni venait de rendre à la science. Dès les premières lignes du perfide appendice, l'auteur fait de complets aveux : sous le coup de la terreur, en butte à un espionnage continuel, il n'a pu, dans son histoire officielle, présenter les faits sous leur véritable jour : maintenant, en révélant les turpitudes qu'il a dû cacher d'abord, il sait fort bien à quoi il s'expose ; la postérité jugera ce qu'il va dire invraisemblable et le rangera parmi les faiseurs de tragédies.

L'imagination la plus féconde, en effet, ne saurait dépasser les sombres horreurs du tableau que nous offre l'*Histoire secrète*. Qu'on se figure une société dénuée de sens moral, où la grossière avidité de natures perverses soit l'unique loi, un enfer où deux funestes génies règnent en vue du mal, le cultivent avec art, l'aiment pour lui-même et pour le plaisir qu'ils trouvent à le faire, une vénalité inouïe, une dégradation de mœurs à peine croyable, le vol organisé, nulle sûreté pour les personnes, le bon sens même atteint et la raison menacée, Byzance transformée tantôt en une cage de fous, tantôt en un épouvantable coupe-gorge où l'assassinat de milliers de personnes se commettait de gaieté de cœur et en plein jour, un monde d'empoisonneurs et d'assassins, de frénétiques et de fous ; voilà l'effroyable cauchemar que déroule en deux cents pages l'écrit singulier que nous analysons. Ce n'est point le crime grandiose de l'Italie du quinzième siècle, le crime commis par l'emportement de natures fougueuses, tel que nous le trouvons chez les scélérats héroïques de l'école des Borgia; ce n'est point le crime commis par théorie et avec raisonnement, dont notre Terreur a donné l'exemple unique peut-être ; non, c'est le crime lâche et vil, la perversité par épuisement, une honteuse partie de débauche d'eunuques avinés. L'*Histoire secrète* est, sous ce rapport, une œuvre précieuse et sans pareille, une véritable œuvre d'art, sans que l'auteur s'en soit douté. L'idéal de la platitude et du mal, le tableau d'un siècle bas et méchant, ne trouvera jamais un tel maître pour le peindre. Après avoir lu ce livre étrange, on ne s'étonne plus de l'hypothèse à laquelle l'auteur a recours pour expliquer tant de crimes ; c'est que Justinien et Théodora ne sont pas des hommes, mais des démons qui, pour faire le plus de mal possible, ont pris la forme d'êtres humains.

Une question se présenta tout d'abord lors de la publication de l'*Histoire secrète*, et tient encore aujourd'hui la critique en suspens. De Procope adulateur ou Procope pamphlétaire, lequel mérite de faire foi ? Un menteur dévoilant lui-même ses mensonges ne doit être cru que sur preuves ; les motifs qui l'ont porté à flatter ont bien pu le porter à calomnier, et si, par son aveu, il enlève toute créance à ses premiers récits, il discrédite du même coup ceux qu'il y substitue. De là un doute grave qui a partagé les historiens en deux camps : les uns comme Montesquieu et Gibbon, ont accordé une confiance entière à l'*Histoire secrète* ;

d'autres, comme Ludewig, la Ravalière, et en général l'école des jurisconsultes, n'ont vu dans l'*Histoire secrète* qu'un libelle calomnieux et ont cherché à expliquer par des motifs intéressés cette étrange palinodie.

A tout esprit non préoccupé, et antérieurement à tout examen, il paraîtra naturel de donner la préférence à l'*Histoire secrète*. La critique est soupçonneuse : toute atteinte portée à la liberté de parler ou d'écrire l'inquiète ; le crime qu'elle pardonne le moins aux souverains, c'est d'avoir voulu la tromper. Certes, au point de vue de la moralité de l'histoire, la présomption doit toujours être faite contre ceux qui se défient de la liberté. Cependant, quand il s'agit d'une histoire vieille de treize cents ans, l'impartialité est permise, surtout quand des motifs particuliers commandent à l'historien de se tenir en garde et de suspendre son jugement.

La nature humaine, en effet, n'est jamais mauvaise sans compensation, et toutes les fois qu'un caractère nous est présenté comme absolument pervers, c'est une raison de douter de la vérité du portrait. Il faut dire que si les récits de Procope sont exacts, Justinien et Théodora ont été, depuis les temps historiques, les deux êtres les plus méchants qui aient existé. Je laisse de côté Théodora ; il appartient à d'autres d'examiner si les infamies dont on la charge sont possibles ou doivent être envisagées comme le fruit d'une imagination souillée rêvant des crimes chimériques. Me bornant à Justinien, je dirai que la thèse fondamentale de Procope se détruit par son exagération même. Cette thèse, répétée à chaque page, c'est que Justinien fut un ennemi gratuit de l'espèce humaine et en particulier de l'empire romain. Tous les actes de son gouvernement, les mesures les plus inoffensives et parfois les plus justes de son administration sont interprétées en ce sens. Or, si l'on excepte quelques-uns des premiers Césars à qui un pouvoir inouï jusque-là dans l'humanité donna le vertige, il ne semble pas que l'amour du mal pour le mal ait jamais été un mobile suffisant pour soutenir une vie entière et servir de principe à un système de gouvernement. Tout en faisant la part aussi large que possible au mensonge officiel, tout en séparant profondément le caractère personnel des souverains et leur rôle historique, tout en avouant que des scélérats ont pu faire de grandes choses et passer pour de grands hommes, il m'est impossible de croire qu'un frénétique eût laissé dans l'histoire une figure comme celle de Justinien, ni d'admettre qu'un règne aussi glorieux par l'administration, la législation et la conquête, ait pu être l'œuvre d'un Domitien assisté d'une Messaline. Des hommes exécrables, je le

sais, ont régné à Rome sans que Rome pour cela ait
cessé d'être la maîtresse du monde; mais ici le problème est tout différent; il faut expliquer une renaissance, un dernier moment de vie dans un corps exténué; il faut expliquer comment l'empire, sur son déclin, put ressaisir encore le sceptre universel, exercer
la suzeraineté depuis la Bretagne et le Sahara jusqu'au
Tigre, et tenir en échec le monde barbare déjà plus
qu'à moitié victorieux.

La défiance augmente quand on examine de près
les procédés de critique familiers à notre historien et
ses habitudes d'esprit. Tantôt ce sont des déclamations
vagues sans faits articulés; tantôt des commérages de
villes grecques, des propos de valets de chambre, des
plaintes de domestiques d'une incroyable absurdité[1].
Souvent, par de singulières distractions, le même fait
sert de base à des griefs opposés. Justinien est à la fois
un astucieux tyran qui a dépensé une prodigieuse activité d'esprit pour torturer le genre humain, et « un
sot comme il ne s'en est jamais vu, un lourdaud, un
âne qui obéit à la bride en remuant les oreilles. » Procope ne songe pas qu'en montrant l'objet de son antipathie sous ces couleurs ridicules, il s'ôte le droit de le
présenter comme atroce. Un parti pris violent lui fait

---

[1] Voir pages 151, 189, par exemple.

accepter les dires les plus contradictoires quand il s'agit de noircir ceux qu'il hait.

Mais c'est surtout dans les jugements sur la politique extérieure de Justinien qu'on sent le réquisitoire où tout est systématiquement interprété dans le sens du mal. Les affaires étrangères furent le grand côté du règne de Justinien. Ce prince donna le modèle de la vraie politique qu'il eût fallu suivre avec les barbares ; en les cantonnant et les attachant à l'Empire, il fit en Orient pour les Slaves ce qu'on aurait dû essayer en Occident pour les Germains. Or, il faut le dire, soit sottise, soit aveuglement volontaire, Procope n'a rien compris à cette habile conduite qui assura à l'empire d'Orient un prolongement de mille années de vie. Les conquêtes de Justinien, s'il fallait en croire son détracteur, ne furent motivées que par le désir d'avoir plus d'hommes à tyranniser ! Il est évident que Procope appartenait à un parti exclusif, conservateur des vieilles traditions romaines, opposé à l'adoption des Slaves et à toute entente avec eux. Jamais les tendances étroites de l'esprit grec et son dédain pour l'étranger ne se sont trahis avec plus de naïveté. Certes Procope était excusable, comme tous ses contemporains, de ne point apercevoir l'élément de sérieux et de moralité que les races germaniques et slaves apportaient dans le monde, et le service qu'elles rendaient en faisant contre-poids aux peuples légers du Midi. Mais comment expliquer autrement que par une étrange petitesse de vues les reproches qu'il adresse à Justinien à propos des dépenses de ce prince pour accroître au dehors l'action de l'Empire? La grande politique extérieure coûte toujours cher : Justinien, pour relever sa marine et soutenir jusqu'au bout du monde son rôle de suzerain, fut obligé à d'énormes sacrifices : tout cela paraît à Procope un effet de la résolution que l'empereur avait prise de *faire passer les richesses des Romains aux barbares.* Résolu à tout blâmer, il ne veut pas qu'on pactise avec les ennemis du dehors, et il trouve mauvais qu'on lève des subsides pour les combattre. La seule pensée des barbares l'impatiente et lui ôte le sens ; il croit, en se fermant les yeux, écarter les dangers qui menacent l'ordre social où il se complaît.

Cet esprit du Fanariote dédaigneux, n'admettant rien en dehors du petit monde où il est habitué à vivre, me paraît le trait essentiel du caractère de Procope. On sent qu'une grande partie de son antipathie contre Justinien et son prédécesseur Justin vient de ce que l'un et l'autre représentaient l'intrusion des Slaves et des Albanais dans les affaires de Byzance. Nés en Albanie, sachant à peine écrire et parlant très-mal le grec, n'ayant point les manières délicates de l'ancienne classe aristocratique, ces empereurs barbares étaient fort impopulaires parmi les Grecs raffinés de Constantinople. On voit partout derrière Procope un petit cénacle de mécontents, dont les deux derniers règnes avaient offensé les prétentions ou froissé les instincts, et dont les confidences allaient grossir le carton secret d'où est sortie la plus atroce vengeance qu'ait méditée l'orgueil des patriciens blessés.

C'est une explication facilement accueillie de la multitude que celle qui cherche l'origine de toute opposition dans un mécontentement personnel. Aussi les défenseurs de Justinien ont-il attribué les calomnies de Procope à une disgrâce ou aux regrets d'une ambition déçue. Rien ne prouve la réalité d'une telle supposition. La carrière de Procope paraît avoir été aussi régulière et aussi honorable que peut l'être une carrière sous un gouvernement despotique. Je me le figure bien plutôt comme un homme honnête, mais faible, qui a été servile à contre-cœur et qui cherche à se réhabiliter par le dénigrement. On sent en lui une haine sincère pour le mal, un goût naturel pour l'ordre, mais un esprit borné qui apprécie toute chose avec des préjugés de coterie. Ses griefs sont bien plus des griefs de castes que des griefs d'intérêt personnel. Les hommes appartenant aux classes habituées à jouer un rôle officiel écrivent en général assez mal l'histoire de leur temps. Ils sentent vivement l'injure; mais ils ne savent point assez s'y soustraire. Se croyant nécessaires au spectacle de ce monde, et s'imaginant que les choses humaines ne sauraient se passer d'eux, ils pensent faire acte d'abnégation en sacrifiant leur fierté pour rester aux affaires. Puis, ils se vengent de leurs humiliations par des dédains de gentilshommes et d'injustes sévérités. C'est là, je l'avoue, l'objection que je suis toujours tenté de faire à Saint-Simon. Si votre siècle était si mauvais que vous le dites, si le séjour à la cour était si humiliant, pourquoi y restiez-vous? J'en dis autant de Procope. Quand le sage qui a accepté l'obscurité sans regret me dévoile les faiblesses de son siècle, je le crois volontiers. Mais un sénateur mécontent qui vient se plaindre des avanies qu'il a endurées, diffamer le maître qu'il a servi, conter ses doléances parce qu'il a fait antichambre parmi les laquais (p. 184), parce qu'un de ses amis a été berné par les eunuques (p. 185), parce qu'un jour l'impératrice l'a reçu d'une façon sommaire au milieu d'un troupeau de solliciteurs (p. 181), un tel critique m'est un témoin suspect. Il prouve dans un sens général contre le gouvernement qui l'a employé, car le propre des mauvais gouvernements est d'humilier ceux qui les servent; mais il mérite peu de confiance, car la rancune la plus implacable est celle de la fierté blessée, et l'homme qui pardonne le moins à son siècle est celui qui, n'ayant pas eu le courage de renoncer au monde, se venge sur le monde des mépris qu'il a soufferts.

Loin de nous cette complaisante philosophie de l'histoire qui, sous le prétexte du bien commun, sait trouver une excuse pour toutes les tyrannies; mais gardons-nous aussi d'accepter sans contrôle le témoignage des mécontents froissés par la fatalité des temps. L'abus dans le monde résulte toujours d'un privilége, et le crime obligé des réformateurs est de porter atteinte à des droits consacrés. Les privilégiés atteints par ces réformes présentent naturellement comme des tyrans les souverains qui s'en font les promoteurs. Ils ont raison, car la suppression des droits anciens ne peut avoir lieu sans amener le despotisme; mais ils manquent d'étendue d'esprit, en ce qu'ils ne voient pas que les droits anciens deviennent avec le temps injustice, et produisent un tissu de maux aussi préjudiciable pour le peuple que le despotisme des réformateurs. L'espèce humaine, dans sa marche boiteuse, s'avance en s'appuyant alternativement sur deux douleurs : le privilége amenant le despotisme de plusieurs, la réforme des priviléges amenant le despotisme d'un seul.

Justinien fut au plus haut degré ce qu'on peut appeler un souverain révolutionnaire. Quoi qu'en dise

Procope, je suis persuadé que le zèle désintéressé du bien le guida souvent dans ses réformes. Mais pour remédier au mal il commit une faute plus grave peut-être que le mal : il substitua sa volonté aux institutions ; il affaiblit tous les corps, abaissa les caractères. Les hommes élevés dans les anciens principes de dignité personnelle, sans cesse humiliés devant les fonctionnaires de la domesticité de l'empereur, perdirent l'estime d'eux-mêmes. Il ne resta debout que l'empereur et son entourage, le *palais*, une sorte de Versailles, où l'on s'étouffait et où les âmes perdaient toute valeur. Le cœur saigne en voyant les deux classes d'hommes d'où l'on aurait dû attendre quelque peu de vertu ou d'honneur, les évêques et les militaires, à genoux devant Théodora, et attendant de leur servilité l'avancement de leur fortune. Qu'on joigne à cela une administration tracassière et se mêlant de tout, une centralisation qui supprimait tous les pouvoirs intermédiaires entre le souverain et les sujets, on aura une idée du débordement d'intrigues que dut amener un tel régime et de l'importance colossale que prirent dans les affaires du monde les travers d'esprit et les caprices du souverain.

Quant aux mœurs infâmes que Procope attribue à Justinien, elles sont difficiles à concilier avec la sobriété, l'activité infatigable et l'ardeur pour le travail que son détracteur ne lui refuse pas. La vérité est, je crois, que, sous ce rapport comme sous tant d'autres, Justinien fut un homme fort peu délicat, mais ne fut pas pire que son siècle. L'affaiblissement du patriciat et la disparition presque totale des idées de noblesse héréditaire avaient abaissé à un degré incroyable les mœurs de la haute société. La naissance n'étant plus comptée pour rien chez les femmes, et le charme des qualités morales étant peu compris d'un siècle aussi grossier, les hommes riches ou puissants n'étaient guidés dans leurs unions que par des appétits inférieurs, et ainsi presque tous les mariages importants se faisaient par le théâtre. On porta une loi pour défendre aux sénateurs et aux grands officiers d'épouser des comédiennes ; l'empereur la viola tout le premier. Ces femmes conservaient dans leur position nouvelle des mœurs détestables, et leur fortune était un encouragement public donné à l'aventure et à la légèreté.

Je pense qu'il y a aussi quelque exagération, mais un fond réel de vérité, dans ce que Procope nous dit de la sottise de Justinien : ce fut un esprit sérieux et appliqué, mais lourd et grossier. Les exercices de chevaux et les ballets paraissent avoir été toute sa littérature. Ces défauts auraient été de peu de conséquence chez un particulier ; mais dans les gouvernements absolus le goût des souverains n'est pas chose indifférente ; il n'est pas permis à celui dont les préférences sont des lois d'avoir telle littérature qu'il lui plaît. La sottise encouragée par l'empereur fit d'énormes progrès. Pour comble de malheur, elle aboutit à un goût effréné des controverses théologiques. Esprit étroit et absolu, Justinien croyait sérieusement avoir raison en ces sortes de matières, et versa pour d'insignifiantes subtilités des torrents de sang. L'Asie Mineure, le plus beau pays du monde, en devint un désert. On peut dire sans exagération qu'aucun souverain, pas même Philippe II, n'a ordonné tant de supplices pour ses opinions religieuses. Sévère, consciencieux à sa manière, il porta en religion la férocité de la loi antique et la sombre dévotion du persécuteur laïque.

Le travail de codification, qui fait le principal titre de gloire de Justinien, signalait lui-même une décadence : ces travaux, assurent les personnes versées dans l'histoire de la législation, ne s'entreprennent jamais que quand la génération des grands jurisconsultes est près de se perdre. Il est certain du moins que les époques de codification ne sont pas toujours les mieux douées de l'amour de la justice et du sentiment moral. Jamais des institutions vraiment politiques ne sont sorties d'institutions judiciaires. Les magistrats, excellents conservateurs de quelques-unes des garanties sociales, ne savent point fonder les garanties politiques ni la liberté.

Rien d'ailleurs n'est plus dangereux en histoire que d'apprécier la force et la moralité d'un peuple par la perfection abstraite de son Code. Si l'on compare, au sixième siècle, les législations informes du monde germanique et la législation savante de Byzance, au premier coup d'œil la préférence ne saurait être douteuse. D'un côté, c'est la barbarie, le tarif du meurtre, le prix des personnes estimé en argent, de révoltantes anomalies au point de vue de ce que nous appelons civilisation ; de l'autre, c'est le droit philosophique, universel, fondé sur la raison absolue. Et pourtant je n'hésite pas à le dire : le droit germanique valait mieux. De l'organisation byzantine est sorti un des plus honteux abaissements dont l'histoire ait gardé le souvenir ; de l'esprit germanique est sortie la vraie notion de la dignité humaine par la consécration de l'individu. Le sang avait un prix chez les Germains ; il n'en avait pas à Constantinople. Mieux vaut pour la liberté le droit le plus subordonné que l'égalité dans la sujétion. La personne du moyen âge féodal subissait le privilége, mais elle l'exerçait à son tour. Elle avait dans ce privilége une propriété inamissible, qui la garantissait contre tout pouvoir humain. Chaque homme possédait une sorte de charte qu'il transmettait comme un domaine à ses enfants. L'État, cet autocrate sans pareil, qui a des droits contre tous et contre qui personne n'a de droits, n'existait point encore. Voilà pourquoi le moyen âge féodal, dont la législation est, au point de vue philosophique, si imparfaite, n'a point eu de tyran comme Justinien. Si un pouvoir analogue à celui du César byzantin eût essayé de s'y former, les feudataires, les évêques, les abbés, les communes, les hommes libres de tout état, mille droits, en un mot, organisés contre celui du souverain, se fussent ligués ensemble. Le pape eût appuyé la ligue ; le tyran eût été excommunié et arrêté dès ses premiers pas.

Sans être aussi mauvais que le voudrait Procope, le siècle de Justinien fut en réalité un siècle abominable. Sans être des démons à face humaine, Justinien et Théodora furent de fort mauvais souverains. L'*Histoire secrète* fût-elle un mensonge d'un bout à l'autre, son existence seule est une pièce de conviction irréfragable ; car, pour que la haine n'ait pu se satisfaire sans cet énorme raffinement de malice, pour qu'elle soit arrivée à cet épouvantable degré de concentration, il a fallu un despotisme vraiment inouï. Justinien peut n'être point coupable de tous les méfaits dont le pamphlet de Procope l'accuse ; mais il est coupable de l'abaissement des âmes et de la servilité que suppose ce chef-d'œuvre de rancune et d'hypocrisie. La vérité comprimée se venge par la calomnie : elle a tort sans doute; la parfaite sagesse voudrait que l'on fût juste envers tous. Mais à qui la faute? A ceux qui, en supprimant la liberté, ont avoué qu'ils avaient quelque chose à cacher; à ceux qui, en faussant l'opinion, ont rendu l'approbation suspecte et le mal seul croyable. L'*Histoire secrète* est le châtiment de ceux-là : le mensonge de la haine sert de réponse au mensonge de l'adulation. Il y avait un moyen bien simple de prévenir l'un et l'autre, le respect des caractères et la liberté !

LES SÉANCES DE HARIRI

Un des principaux services que M. de Sacy ait rendus aux études arabes est, de l'aveu de tous les orientalistes, l'édition qu'il donna en 1822, avec un commentaire, de l'ouvrage célèbre connu sous le nom de *Mekâmât* ou *Séance de Hâriri*[1]. Bien des objections, avant comme après la publication, s'élevèrent contre l'opportunité de cette grande entreprise; la principale était sans doute le peu d'intérêt que semble offrir un livre en apparence insignifiant pour le fond, et dont la

---

[1] Deuxième édition, avec des notes en français, par MM. Reinaud et Derenbourg, 1855.

forme, appréciée d'après nos idées européennes, dépasse tout ce qu'il est permis d'imaginer en fait de mauvais goût. L'esprit si droit et si ferme de M. de Sacy aperçut, au delà de ces jugements étroits, la véritable valeur de l'ouvrage de Hariri. A ses yeux, d'ailleurs, une considération dominait toutes les autres : c'est le rôle immense que ce livre a joué et joue encore en Orient. On peut dire, en effet, qu'il n'est guère possible de bien pénétrer dans les finesses de la langue arabe sans l'étude approfondie de ces compositions bizarres, sortes de topiques universels de la rhétorique musulmane, qui sont restées jusqu'à nos jours en Asie l'école du beau langage et le répertoire du style choisi. M. de Sacy pensa donc avec raison que la publication de ce curieux ouvrage était le complément nécessaire de ses travaux sur la grammaire arabe et la plus belle application du principe qu'il avait inauguré avec tant d'éclat : étudier le génie des langues orientales chez les grammairiens orientaux eux-mêmes.

L'Europe savante et l'Orient n'eurent qu'une voix pour reconnaître la perfection avec laquelle l'illustre éditeur accomplit cette tâche difficile. La préface écrite dans l'arabe le plus pur, le commentaire composé en grande partie, il est vrai, d'après ceux de Motarrézi et de Chérichi, mais quelquefois aussi d'après les propres observations de M. de Sacy, enlevèrent les suffrages des lettrés les plus exigeants d'Égypte et de Syrie. Ce magnifique volume in-folio de 660 pages, tout arabe depuis la première ligne jusqu'à la dernière, devint promptement classique dans l'Orient musulman. Des livres y ont déjà été composés, uniquement destinés à l'examen de l'œuvre du savant français, et la puérilité des critiques, rapprochée de la solennité des éloges, est le plus bel hommage que la science de notre compatriote ait reçu.

Le scheick Abou-Mohammed al-Cassem ben-Ali ben-Mohammed ben-Othman, devenu si célèbre sous le surnom de *Hariri*, naquit à Bassora l'an 1055 de l'ère chrétienne. Sa vie s'écoula presque entière dans sa ville natale, dont il subit toutes les vicissitudes. Le tableau de cette existence intérieure d'une ville arabe au douzième siècle, composé en grande partie d'après la correspondance même de Hariri arrivée jusqu'à nous, forme une des parties les plus intéressantes de la préface des nouveaux éditeurs. Au milieu de l'anarchie politique que laissait après elle la ruine des institutions du khalifat, et du chaos de la féodalité inaugurée par les Seldjoukides, un assez grand mouvement intellectuel se continuait encore dans la vallée du Tigre et de l'Euphrate, qui était devenue depuis trois siècles le centre de la civilisation du monde entier. Hariri joua un rôle politique de quelque importance, tantôt sous les ordres des khalifes impuissants de Bagdad, tantôt pour le compte des sultans seldjoukides. Il était de sang arabe, de la tribu des Beni-Harâm, et resta fidèle, au milieu de la révolution des mœurs qui s'opérait de toutes parts, aux habitudes de sa race. Sa manière libre et toute profane le faisait regarder d'assez mauvais œil par les musulmans rigides. Il arriva cependant de son vivant à une immense renommée, et, quand il allait s'adosser à sa colonne de prédilection, dans la mosquée des Beni-Harâm, un cercle nombreux se réunissait autour de lui pour l'entendre. C'est là qu'il lut toutes ses *Mekâmât* ou *Séances*, sorte de nouvelles dont le type existait avant lui, mais auxquelles il sut donner une vogue dont aucun genre de fiction n'avait joui jusqu'alors.

Les *Séances de Hariri* sont peut-être de tous les ouvrages de la littérature arabe celui qui étonne le plus un Européen, et dont il est le plus difficile de se former quelque idée à moins d'une étude spéciale de cette littérature. La première question que nous nous adressons sur un livre est : Quel en est le sujet? Pour l'Orient, au contraire, le sujet n'est guère qu'un prétexte, et l'unité d'un ouvrage ne réside d'ordinaire que dans la vue toute personnelle que l'auteur y a portée. Hariri lui-même nous fait connaître l'objet qu'il s'est proposé en composant les *Séances*. « J'ai voulu, dit-il, dans sa préface, qu'elles renfermassent tous les mots de la langue, sérieux et plaisants, les termes légers et graves, les perles et les brillants de l'élocution, ainsi que les expressions les plus piquantes, y compris certains passages du Coran et quelques métonymies remarquables. J'y ai de plus enchâssé un choix de proverbes arabes, des observations littéraires, des questions grammaticales, des cas lexicologiques, des nouvelles qui n'avaient pas encore été racontées, des discours variés, des exhortations propres à faire pleurer le pécheur et des plaisanteries capables de faire oublier au malheureux ses chagrins. »

Le canevas sur lequel Hariri a brodé cet étrange dessin est en apparence des plus frivoles. C'est la série des métamorphoses d'un mendiant lettré, nommé Abou-Zeid de Saroudj, sorte de Protée qu'on retrouve sous toutes les formes, jouant tous les rôles, à peu près comme certains personnages comiques du théâtre italien, le Stenterello de Florence, par exemple. Le récit est placé dans la bouche d'un homme honnête et sensé, Hareth ben-Hammam, qui, voyageant pour son instruction et ses affaires, rencontre partout sur sa route Abou-Zeid sous un costume nouveau, le prend un moment au sérieux avec la foule, et finit par reconnaître sous tous les masques le rusé mendiant. Tantôt prédicateur ému, Abou-Zeid transporte son auditoire et arrache des larmes aux pécheurs ; le soir du même jour, Hareth le rencontre se livrant à la débauche dans un cabaret avec les aumônes qu'il a recueillies de la piété des croyants. Tantôt, avocat éloquent, il s'entend avec son adversaire pour tromper le juge et sa partie. Tour à tour boîteux, aveugle, maître d'école, improvisateur, prédicateur ambulant, faux derviche, médecin, dévot, libertin, il sait changer de figure comme de manteau, et parcourt toutes les situations de la vie pour s'en moquer et exploiter la simplicité des bonnes âmes. Ce n'est pas qu'il soit absolument dégradé et inaccessible à tout sentiment d'honneur. Nullement. Plat valet pour le public, il est frondeur pour les gens en place, et se drape parfois dans ses haillons avec une majesté digne d'Édie Ochiltree et des plus fiers mendiants de Walter Scott. Il a été riche et considéré autrefois ; les croisés ont pris sa ville natale et pillé ses biens ; il ne se croit pas obligé d'être honnête homme malgré la fortune. A l'endroit de la morale, il a pris son parti une fois pour toutes ; ses principes se réduisent à celui-ci : « Pour parvenir à tes fins, ne crains pas de parcourir l'hippodrome de la ruse et du mensonge; dresse tes filets, et prends les sots qui s'y laissent tomber. » Ses talents auraient pu lui faire obtenir des emplois lucratifs ; il a préféré la vie du mendiant, parce qu'elle laisse plus d'indépendance et permet le mieux à l'homme de développer toutes ses ressources. Sur ses vieux jours, c'est la profession qu'il recommande à son fils comme la meilleure et la plus digne. Il lui en explique les principes, et le supplie de ne pas en laisser altérer les traditions. Une des plus étranges *Séances* est la trentième, où Abou-Zeïd, arrivé à l'apogée de sa vie de mendiant, est installé roi d'un peuple de vagabonds et de bateleurs, prononce un discours plein de solennité, et, du haut de son royaume de bohème, rend au monde les mépris qu'il en reçoit. Sur la fin de sa vie, la religion, dont il s'est joué si souvent, reprend ses droits; il se convertit, rentre dans la ville de Saroudj, et arrive à être imâm de sa paroisse. Hareth le rencontre une dernière fois devenu honnête homme, et les deux amis se disent adieu pour toujours. Ce dénoûment est-il sérieux, ou la conversion d'Abou-Zeïd n'est-elle qu'une dernière comédie après tant d'autres? On ne sait : Hariri maintient jusqu'au bout le mystère qui enveloppe la conscience de son héros; la conception de la vie reste ainsi suspendue dans une espèce de mirage où le rire touche aux larmes, le sérieux au frivole, l'ironie au respect.

Il faut voir avec quelle admirable variété d'invention et quelle finesse d'observation morale Hariri a su conduire ainsi son mendiant à travers cinquante situations

diverses pour comprendre ce qu'il y a d'ingénieux et
d'original dans le plan des *Séances*. Cette *comédie humaine* qu'on avait entrevue pour la société du dix-neuvième siècle, et qu'on n'aurait certainement pas su renfermer dans un cadre acceptable, Hariri l'a réalisée pour la société musulmane du douzième siècle. Son insaisissable héros, traversant avec ironie tous les rôles, et ne laissant voir chaque fois sous son masque à l'œil pénétrant de Hareth qu'un comédien habile et goguenard, a manqué à M. de Balzac; et, disons-le à l'honneur de la société moderne, si pour son malheur elle renferme plus d'un Abou-Zeid, il faut convenir au moins qu'un tel personnage est chez nous impossible au point de vue de l'art. Le monde contemporain est trop compliqué, trop mêlé de bien et de mal, pour qu'il puisse être représenté d'une manière complète par le type d'un fripon, comme aussi par le type d'un honnête homme. L'idée d'un drôle éhonté, également exercé en finesses grammaticales et en escroqueries, ne faisant servir ses connaissances littéraires qu'à extorquer un dîner ou quelque aumône, peut un instant nous faire sourire, mais ne nous inspirerait à la longue que le dégoût.

Pour les Arabes, au contraire, Abou-Zeid n'est nullement un être méprisable. Hariri n'a pas pour lui un mot sérieux de blâme; il le fait mourir en honnête

homme ; il lui donne par moments des sentiments
très-délicats, entre autres un tendre souvenir de sa
patrie qui lui inspire de charmants vers. En Orient,
l'homme ne lutte pas contre le sort qui veut l'avilir. Il
est écrit qu'il sera noble ou ignoble. Chaque fois que
Hareth surprend Abou-Zeid en flagrant délit d'impos-
ture, le mendiant n'a jamais qu'une excuse : « Saroudj
est pris ; mes biens et ma famille sont entre les mains
des infidèles. Je vois que la fortune ne demeure jamais
dans le même état, et je m'efforce de l'imiter. » Une
pensée triste, la conscience du profond abaissement de
la société musulmane, se mêle à cette préoccupation de la fatalité. « La race des hommes généreux est
finie ; les vices mettent tous les hommes de niveau.
Quand le monde s'avilit, pourquoi s'obstiner à être
noble? » Le sentiment de cette décadence pèse comme
un rêve pénible sur toute la poésie arabe, depuis l'extinction de l'esprit libéral du khalifat. Cent ans avant
Hariri, Hamadani avait composé un livre, fort analogue
à celui du conteur de Bassora, avec les friponneries
d'un certain Aboulfath Escanderi, qui, lorsque ses
fraudes sont découvertes, répond imperturbablement :
« Ne crains pas l'abjection et l'ignominie, car le siècle
qui t'y condamne est encore plus vil que toi. Lutte de
bassesse avec lui, et tu ne réussiras pas à le vaincre.
L'enfant n'est pas obligé d'être plus sage que son père. »

Cette ignoble résignation aux vices de son siècle, cette façon de s'encourager à l'infamie par l'exemple de la fortune est toute musulmane. Jamais l'Orient n'a compris la fierté intérieure qui élève l'homme au-dessus du sort et place sa moralité en dehors des caprices de la destinée ; il faut remonter au parasite italien du seizième siècle, vivant de sa grammaire et de sa rhétorique, pour trouver cette singulière combinaison de cynisme et de littérature, d'avilissement et d'esprit. Chez nous, la culture intellectuelle est une sorte de noblesse, qui oblige. En Orient, le type du lettré mendiant et escroc n'est nullement une fiction. Il y avait, à l'époque de Hariri, de ces grammairiens nomades, sorte de rapsodes pédantesques, bien endurcis aux bassesses, payant leur écot en bons mots et en pièces de vers. M. Reinaud a très-ingénieusement démontré qu'Abou-Zeid est un personnage réel, et qu'un fait historique a fourni à Hariri le cadre de son poëme. Un jour qu'il était assis sous le portique des Beni-Harâm, à Bassora, il vit venir un vieillard de fort misérable apparence qui l'étonna par l'élégance de son langage et sa facilité à prendre tous les tons. Le soir, il en parla à quelques personnes qui se réunissaient chez lui ; or il se trouva que chacun avait vu l'individu dans les nombreuses mosquées de Bassora, sous un costume différent et usant d'un artifice nouveau pour obtenir quelque aumône. Ce vieillard était un scheik de Saroudj, ville voisine d'Édesse, qui, ayant vu sa patrie prise par les chrétiens, sa famille réduite en esclavage et tous ses biens ravagés, avait embrassé la profession d'improvisateur, et s'était mis à courir le pays en vivant d'expédients. Nous apprenons, en effet, par un passage de l'historien Ibn-al-Athir que la ville de Saroudj fut prise par Baudouin en janvier 1101. La physionomie de ce singulier mendiant frappa Hariri, qui prit de cette aventure l'idée de son personnage principal et la trame de ses récits. Ainsi, par un rapprochement bizarre, la composition de l'un des écrits les plus caractérisés de la littérature arabe se rattache à un épisode de l'histoire des croisades.

Peu d'ouvrages ont exercé une influence littéraire aussi étendue que les *Séances* de Hariri. Du Volga au Niger, du Gange au détroit de Gibraltar, elles ont été le type du bel esprit et du beau style pour tous les peuples qui ont adopté avec l'islamisme la langue de Mahomet. Aujourd'hui encore elles sont classiques dans toutes les écoles musulmanes de l'Asie, surtout dans l'Inde ; et n'est-ce pas une étrange fortune, bien propre à faire comprendre l'immense destinée du peuple arabe, que celle d'un livre composé à Bassora, imprimé pour la première fois à Calcutta, dont les deux principaux commentateurs sont nés l'un à Xérès, l'autre sur les bords de l'Oxus, et arrivé à sa forme définitive entre les mains d'un savant français? Les personnes qui ont voyagé dans le Levant s'accordent à dire que les *Séances*, quand elles sont lues devant la foule assemblée, ne manquent jamais leur effet ; aussi ont-elles produit de nombreuses imitations arabes, syriaques, hébraïques ; de nos jours même on a vu paraître en Orient quelques essais du même genre.

Cette vogue, il faut l'avouer, est due principalement à la qualité que nous apprécions le moins dans l'œuvre de Hariri, à ce style extravagant, tout cousu d'allusions, de proverbes, d'énigmes, de calembours, à cette manie de n'employer que des termes rares et qui ne sauraient être compris sans un commentaire, à ces puérilités de versification, vrais tours de passe-passe littéraires, qui n'ont d'autre mérite que celui de la difficulté vaincue. Qu'on se figure un ouvrage de 400 pages, écrit tout entier de ce style : « Depuis le jour où je jetai au Caire l'ancre du séjour, j'allumai mon fallot à la flamme de son génie, et je remplis la conque de mon oreille des perles de sa conversation, jusqu'à l'heure où croassa au-dessus de notre tête le corbeau de la séparation. Alors je le quittai avec autant de regret que la paupière en éprouverait à quitter l'œil. » Inutile d'avertir que cette traduction ne rend ni les rimes, ni les allitérations, ni les jeux de mots, ni une foule d'autres *beautés* intraduisibles. Que dire des pièces de vers appelées *peaux de tigre*, où toutes les lettres sont alternativement pointées et non pointées ; de telle autre dont le principal mérite est qu'on n'y trouve pas une seule fois la lettre *r* ; de telle autre qui a l'avantage de renfermer tous les verbes d'une certaine forme, et de montrer la loi de leur irrégularité? Ce dilettantisme grammatical, pour nous si insipide, s'explique quand on se rapelle que la grammaire est, aux yeux des Arabes, le plus noble des arts, que la poésie elle-même y emprunte ses plus belles images, et qu'un poëte n'imagine pas un compliment mieux tourné que celui-ci : « Quand l'objet de tes vœux est un verbe au futur, il devient un passé avant qu'on ait pu y joindre une particule qui en fasse un conditionnel. »

On a peine à se figurer quels immenses frais de composition ont dû coûter ces *difficiles bagatelles*, et c'est vraiment pour l'homme sérieux un très-pénible spectacle de voir tant d'efforts dépensés en pure perte pour n'être que ridicule. Mais les contemporains de Hariri n'en jugeaient pas comme nous, et on raconte que, quand il présenta son recueil aux critiques de Bagdad, ceux-ci n'y trouvèrent à reprendre qu'une seule expression. Le ridicule d'ailleurs a ses droits quand il appartient au passé : pour celui qui sait prendre chaque chose à sa place dans l'histoire de l'esprit humain, le style de l'*Astrée* et du *Grand Cyrus* a son charme. Ajoutons à l'honneur de Hariri que ses *Séances*, traduites rime pour rime et calembour pour calembour par un des poëtes les plus célèbres de l'Allemagne, M. Frédéric Rückert, sont lues avec intérêt et empressement au delà du Rhin. Notre langue est trop sévère pour qu'une semblable tentative pût être accueillie chez nous autrement que par le sourire; on peut voir cependant un essai très-curieux en ce sens, fait par un de nos plus habiles orientalistes, M. Munk[1].

Hariri est, après tout, l'auteur le plus spirituel et le plus intéressant de la décadence arabe. Nulle part mieux que dans ses écrits on ne touche du doigt le tour d'imagination familier aux nations musulmanes et la fatale limite qui leur semble posée dans l'ordre des choses intellectuelles et morales. En général, il faut l'avouer, Hariri ne fait pas envisager la civilisation musulmane par le bon côté. Autant la vieille expression du génie arabe, telle qu'on la trouve dans les poésies anté-islamiques et dans le Coran, porte un profond caractère de force et d'originalité, autant la science et la philosophie arabes sont dignes de toute notre admiration, comme ayant servi à continuer la

[1] *Journal asiatique*, décembre 1834.

tradition rationnelle de l'esprit humain ; autant cette fade rhétorique qui, à partir du dixième siècle, envahit l'Orient mérite peu de fixer l'attention de l'historien et du critique. Rien ne vit sous ce langage artificiel et convenu ; la pensée humaine semble réduite aux proportions du sonnet et du madrigal ; les subtilités grammaticales débordent de toutes parts. Prenez les deux grandes écoles rivales de Bassora et de Coufa. Quel est, pensez-vous, le point de divergence entre ces deux académies célèbres, qui ont rempli du bruit de leurs luttes tout le monde musulman ? Est-ce quelque système philosophique ou politique, est-ce une profonde dissidence sur les questions vitales de l'humanité, sur Dieu, sur l'homme, sur la société ? Non ; c'est la question de savoir si le verbe dérive du nom, ou le nom du verbe. La grammaire, si respectable quand elle n'aspire qu'à enseigner la correction du langage, et si vraiment philosophique quand elle se propose d'étudier l'esprit humain dans la plus curieuse de ses créations spontanées, n'est ici qu'un jeu frivole, ce qu'elle sera toujours quand on emprisonnera la raison dans l'étude et l'arrangement des syllabes. Il faut avoir étudié de près ce spectacle de la décadence de l'Orient pour se figurer les déplorables effets de l'activité humaine s'exerçant à vide, et prenant par la fausse rhétorique et le sophisme sa revanche de l'interdiction de la pensée. Si c'était là un moyen de mettre fin aux querelles et d'obtenir la paix, on consentirait peut-être à acheter à ce haut prix un bien si désirable. Mais non : l'homme met d'autant plus de passion dans un débat que l'objet en est plus mince; on s'égorge aussi bien pour des cochers verts ou bleus que pour des opinions et des principes, et c'est une grande erreur de croire que l'amoindrissement des esprits ait jamais été une garantie de repos.

LA FARCE DE PATELIN

La meilleure comédie qu'ait produite le moyen âge, la *Farce de Patelin*, qui, rajeunie et plutôt affaiblie qu'améliorée, a pu réussir au dix-huitième siècle et faire la réputation de Brueys et Palaprat, vient de paraître dans sa forme primitive par les soins de M. Génin[1]. D'excellents juges, M. Littré, dans la *Revue des Deux Mondes* (15 juillet 1855), M. Magnin dans le *Journal des Savants* (décembre 1855), ont rendu hommage à l'érudition, au goût exercé, à l'exactitude scrupuleuse du nouvel éditeur. La tâche qu'il s'était im-

[1] Paris, Chamerot, 1854.

posée présentait de grandes difficultés : les manuscrits de la *Farce de Patelin* sont rares et méritent peu de confiance ; les premières éditions, œuvres de l'imprimerie naissante, sont pleines de fautes et exigeaient pour être corrigées une grande sagacité. La belle édition de M. Génin, aussi accomplie sous le rapport typographique qu'au point de vue de la philologie, restera comme l'édition modèle, et prendra son rang dans cette série de restaurations d'œuvres antiques qui semble devoir constituer une partie essentielle du travail scientifique au dix-neuvième siècle.

Patelin est la pièce la plus spirituelle et la plus achevée de notre vieux théâtre comique. Les naïves représentations du treizième siècle ont certainement plus de charme : le *Jeu de la Feuillée* d'Adam de la Halle, en particulier, offre bien plus de véritable finesse et se distingue par une verve digne d'Aristophane[1]. Mais l'entente de la scène et de la distribution des parties font entièrement défaut dans ces premiers essais, tandis que *Patelin* nous représente la comédie complète, la comédie telle que l'entend Molière, telle que la comprit l'antiquité. L'auteur était évidemment un homme habile, pratiquant son art avec expé-

---

[1] Voir le *Théâtre français au moyen âge*, de MM. Monmerqué et Fr. Michel. Paris, 1839.

rience et souvent même avec trop de réflexion. Ce qui caractérise en effet les compositions primitives et vraiment naïves, c'est que l'écrivain ne se doute pas des beautés que nous admirons dans son œuvre ; heureuse ignorance d'où résultent une candeur et une sobriété qui ne sauraient s'imiter. Ici, au contraire, l'auteur a si bien conscience de ses traits d'esprit, qu'il les épuise en les répétant jusqu'à la fatigue. Malgré ce défaut, la *Farce* du moyen âge fait avec Patelin son entrée sur le terrain de l'art véritable. Tandis que le *Mystère* n'arriva jamais, en France du moins, à se transformer en tragédie et resta toujours frappé d'une incurable impuissance, si bien que le génie tragique à son réveil fut obligé de se rattacher à des traditions étrangères, la farce confine de plain-pied à la comédie moderne. « C'est de la farce, dit très-bien M. Génin, qu'est sortie la gloire réelle et durable du théâtre français, la comédie d'intrigue aussi bien que la comédie de caractère. Je doute un peu que le *Cid* et *Cinna* descendent du mystère de la Passion; mais je suis bien sûr qu'il y a une filiation directe entre la *Farce de Patelin* et le *Légataire*, et *Tartufe*, et même le *Misanthrope*. »

Ni l'auteur ni la date précise de la *Farce de Patelin* ne sont connus. La discussion de ces deux points ne pouvait manquer de suggérer à un critique aussi spirituel que M. Génin d'ingénieuses conjectures. Quant à la date, M. Génin se trouve amené par différents rapprochements à la placer au temps de Charles VII et de Louis XI, vers 1460. C'est du moins la limite en deçà de laquelle on ne peut songer à descendre, et il faut avouer que les objections que d'habiles critiques ont adressées à M. Génin tendent à donner à *Patelin* plus d'ancienneté. — La question d'auteur n'est pas moins incertaine, et, en attribuant *Patelin* à Antoine de la Sale, l'auteur de la *Chronique de petit Jehan de Saintré* et des *Quinze joies de mariage*, l'un des conteurs des *Cent Nouvelles nouvelles*, M. Génin a bien moins voulu sans doute indiquer une provenance réelle que désigner la région littéraire à laquelle la *Farce de Patelin* semble appartenir.

La farce publiée par M. Génin est en effet le chef-d'œuvre de cette littérature essentiellement roturière, narquoise, spirituelle, immorale, que produisit la fin du moyen âge, et qui trouva dans Louis XI un zélé protecteur et sa plus complète personnification. On raconte qu'au banquet du sacre ce roi sans façon, gêné par la couronne de Reims, qui s'ajustait mal à sa tête, la posa sur la table à côté de lui, puis, sans égard pour la noble assistance, sans égard pour le duc de Bourgogne, représentant de l'antique courtoisie, il causa tout le temps avec un joyeux et subtil compère, qui se tenait au dos de sa chaise. Ce que Louis XI fit le premier jour de son règne, le goût public l'avait fait avant lui. Il y eut au quinzième siècle toute une littérature qu'on pourrait appeler la *littérature Louis XI*, où la suprême vertu est la finesse, où la grandeur est impitoyablement sacrifiée au succès. Les nobles fictions dont avait vécu le moyen âge sont évanouies ; Charlemagne est devenu un ridicule personnage dont les romanciers, indignes successeurs des trouvères, font le type de l'imbécillité ; Arthur s'est affaibli dans de pâles imitations et touche presque aux fadeurs de l'Amadis ; l'Église amoindrie se proclame elle-même à son siècle de fer ; les saints font défaut ; la pauvre Jeanne d'Arc n'est apparue un moment avec ses imaginations d'un autre âge, en compagnie de sainte Catherine, de saint Michel et de *ses sœurs du paradis*, que pour être condamnée par le pédantisme scolastique et l'égoïsme cupide ; cette belle vision ne réveilla rien autour d'elle et attendit quatre cents ans pour être comprise. Tous les éléments moraux que la race germanique semble avoir portés dans la Gaule avec elle, le sentiment de l'indépendance individuelle, la révolte contre le système administratif et gouvernemental des Romains, où l'individu n'avait aucun droit contre l'État, la grande imagination, l'héroïsme chevaleresque, ont disparu. Il reste l'esprit gaulois, esprit plat, positif, sans élévation, fort avisé pour les choses de ce monde, moraliste à sa manière, mais à condition qu'on entende par moralité l'art de réussir ici-bas. Cet esprit goguenard, destructeur de toute noblesse et de tout idéal, qui, en plein moyen âge, sous le monastique et chevaleresque saint Louis, fit sa première apparition, qui, sous Philippe le Bel et presque sous sa royale dictée, se montra avec une singulière hardiesse dans les écrits de Jean de Meung, mais sans exclure encore la vigueur et une certaine distinction, éclate avec toutes ses allures bourgeoises chez maître Patelin. Épopée d'un âge de fripons, comme l'a dit M. Michelet, Patelin est l'expression de cette laideur vulgaire et immorale, mais spirituelle, qui caractérise le quinzième siècle et que les miniatures de ce temps nous révèlent avec tant d'originalité. Laideur utile pourtant et dont il ne faut pas médire, car le noble et poétique moyen âge devait disparaître. La noblesse s'achète toujours cher ; la féodalité germanique était devenue pour le monde une chaîne intolérable ; une réaction d'en bas était nécessaire, et ce rude labeur ne voulait pas de mains délicates. Où en serions-nous si Louis XI avait eu le cœur moins vil, l'âme moins cupide, la conscience plus timorée ?

A ce point de vue, on ne saurait affirmer que la *Farce de Patelin* elle-même ne signale pas un progrès.

L'historien et le critique littéraire portent souvent sur un même fait des jugements très-divers. Le critique ne doit jamais prendre son parti de la vulgarité; l'historien sait que les nuances des choses sont infinies, que le bien des uns est le mal des autres, et que tout jugement absolu appliqué aux révolutions du passé est défectueux. L'historien n'est pas obligé de s'en tenir aux exigences de l'esthétique ; les siècles les plus condamnés au point de vue de l'art sont souvent pour lui les plus féconds. Ce quatorzième siècle, si pauvre d'intelligence et de poésie, si inférieur au treizième pour la grande originalité, est au fond bien plus analogue aux temps modernes et en un sens plus avancé. La poésie veut pour ses héros un monde d'individualités illimitées où ils puissent se développer librement, sans être tenus captifs dans le réseau de servitudes où l'égalité des droits enferme l'homme civilisé. Or cette combinaison sociale, si essentielle pour l'art, ne peut se réaliser qu'au prix de la violence et de l'oppression. Une époque régulière comme celle où nous vivons ne saurait servir de théâtre à un grand poëme, parce qu'un homme n'y peut atteindre de grandes proportions sans devenir odieux. Le moyen âge est, en ce sens, pour les temps modernes ce que l'âge héroïque était pour l'antiquité, je veux dire l'époque à laquelle l'art doit se reporter pour trouver un champ favorable à ses créations. Mais c'est là un regret d'artiste que l'histoire n'est pas obligée de partager. L'idéal poétique de la chanson de Roland est fort supérieur à celui de Patelin ; et pourtant la condition humaine était à quelques égards meilleure à l'époque où l'on applaudissait Patelin qu'à l'époque où l'on se nourrissait des exploits de Roland. L'avénement d'une classe inférieure à la place d'une aristocratie ne va pas sans un certain abaissement momentané de l'esprit et du goût. Que respirent en général les chants populaires, en France du moins ? La malice, la finesse pratique, un tour d'esprit grivois et moqueur, mais peu de moralité, peu d'élévation. Le souci du bien et du beau n'y tient guère de place : réussir et faire son chemin, tel est le principal enjeu qu'on y voit proposé à l'activité ; le plus coupable est loin d'y être toujours le plus ridicule.

Patelin me paraît le type le plus achevé de ce premier essai de littérature bourgeoise qui suit la ruine d'un grand idéal aristocratique. Quand on passe des nobles fictions créées par les belles époques du moyen âge aux œuvres plates et roturières du quatorzième et du quinzième siècle, on sent tout d'abord une profonde déchéance. D'un monde de grandeur et de fierté, on tombe à une littérature sans idéal ni délicatesse. Au lieu du sérieux et du respect, qui sont la condition essentielle du grand art, on ne trouve devant soi qu'un scepticisme vulgaire, non le scepticisme qui résulte d'une pensée vigoureuse s'usant elle-même, mais le scepticisme des âmes basses qui ne peuvent s'élever à la conception de ce qui est beau et pur. Roland et son héroïsme, Lancelot et Tristan avec leur fine sentimentalité, le chevalier du Saint-Graal poursuivant sa sainte chimère, les aventures déjà moins grandioses, mais pleines de charme encore, d'Aucassin et Nicolette, d'Amis et Amile, n'ont rien à faire ici. Ce sont bien d'autres héros qu'il faut au public que le poëte a maintenant à satisfaire. Un avocat décrié et mis au pilori s'entretenant avec Guillemette, sa digne épouse, des moyens de mettre à neuf leurs habits usés ; l'avocat leurrant de belles paroles le drapier, son voisin, pour se faire donner du drap à crédit, puis employant un grossier artifice pour ne pas le payer ; le drapier se félicitant d'avoir trompé Patelin en lui vendant vingt-quatre sous ce qui n'en vaut que vingt ; le berger Thibaud Agnelet volant le drapier, son patron, et trouvant Patelin prêt à plaider pour lui contre leur commun débiteur ; le berger enfin trompant l'avocat qui lui a fait gagner une mauvaise cause et tournant contre lui la ruse que l'avocat lui a enseignée contre sa partie ; voilà la nouvelle littérature qui succède à celle des trouvères et des troubadours : la friponnerie en action, un monde de voleurs, où le plus honnête homme (encore ne l'est-il pas tout à fait), le drapier, est le plus sacrifié. Assurément, si Louis XI, comme il est assez vraisemblable, a assisté à ce spectacle, il a dû s'y plaire. Je crois le voir de son air moqueur applaudissant Patelin ; Agnelet surtout a dû lui paraître un héros. Tous les personnages de la pièce sont à la fois trompeurs et trompés ; Agnelet seul trompe tout le monde : son patron, le juge, l'avocat ; il les trompe par sa feinte bêtise et n'est trompé par personne. La palme lui appartient. Tout habile qu'il était, le roi ne vit pas sans doute la portée historique du drame qui le faisait sourire : il fallait plusieurs siècles pour que la royauté apprît à ses dépens que Thibaud Agnelet est un client ingrat, et que, quand on se fait son avocat, on risque fort de ne pas toucher ses honoraires.

Le défaut irréparable de la *Farce de Patelin*, au point de vue de l'art, est cette bassesse de cœur au-dessus de laquelle l'auteur ne s'élève jamais. Ce sont les faiblesses, les inconséquences de la nature humaine qui sont ridicules, et non ses hontes. Le spectacle de la dégradation morale ne saurait être un digne objet de plaisanterie. Certes, il serait puéril de déprécier la comédie en général, et surtout ce sentiment délicat, l'un des plus élevés et des plus complets de notre nature, l'ironie, acte de maître, par lequel l'esprit humain établit sa supériorité sur le monde, et dont les grandes races seules sont capables. L'homme n'a pas de marque plus décisive de sa noblesse qu'un certain sourire fin, silencieux, impliquant au fond la plus haute philosophie. Une rigoureuse analyse démontrerait que l'ironie entre pour une part dans toutes les créations vraiment élevées, et, s'il s'écrit une *Divine Comédie* du dix-neuvième siècle, je maintiens que l'ironie y aura place comme dans l'Olympe antique. Mais la farce n'est pas l'ironie, elle en est la caricature : le masque déprimé des Sganarelle ou des Scapin n'est que repoussant. Molière lui-même, malgré son art exquis, ne sauve pas ce que l'ignoble et le vulgaire ont par eux-mêmes d'odieux, et j'avoue que cet éminent comédien me blesse, lorsqu'il abandonne la grande observation pour faire grimacer certains personnages et me faire rire au prix de la honte d'un être humain.

L'auteur de *Maistre Patelin* fait bien pis encore. Quand la farce nous montre la victoire du fripon et la bêtise honnête victimée, elle a complétement tort aux yeux de la morale ; cependant, la bêtise étant à sa manière un défaut esthétique, c'est-à-dire quelque chose qui rabaisse la nature humaine, on peut ne pas trouver mauvais de la voir par moments humiliée. Mais que la bêtise et la friponnerie triomphent à la fois, que Thibaud Agnelet, le plus sot de la bande, trompe tous les autres par sa sottise même et gagne son procès en faisant la bête, voilà ce qui est désespérant et immoral au plus haut degré. Car enfin la conséquence à tirer de là serait celle-ci : Si vous voulez réussir, soyez fripon ; mais, si vous voulez réussir plus sûrement encore, tâchez d'être ou de paraître un sot.

La valeur morale de la *Farce de Patelin* est donc assez mince ; mais la valeur historique et le mérite littéraire en sont incontestables. Avec la *Chronique de petit Jehan de Saintré*, Patelin est le document le plus précieux de l'état moral de la fin du moyen âge. Il est toujours injuste de chercher directement dans la comédie ou dans la satire le tableau des mœurs d'une époque, et on aurait tort de croire que les avocats, les juges, les bergers et les drapiers du quinzième siècle ressemblassent à ceux que nous voyons en scène dans Patelin : c'est comme si l'on prétendait que toute l'antiquité était composée de Daves et de Trimalcions. Mais l'esprit d'un siècle peut se conclure de la nature des spectacles qui l'ont intéressé. Or l'impression que laisse Patelin est pour nous des plus tristes : on ne peut s'empêcher de plaindre le temps où un avilissement de la nature humaine que rien ne compense a provoqué autre chose que le dégoût.

SOUVENIRS

D'UN

VIEUX PROFESSEUR ALLEMAND [1]

Les savants en général n'écrivent pas de *Souvenirs* : ils ont peu à raconter ; leurs recherches les habituent à voir les choses par un côté tout impersonnel. Le public d'ailleurs ne s'intéresse guère plus à leurs personnes qu'à leurs travaux ; il a, pour justifier son dédain, un mot commode qui est à lui seul un arrêt sans appel, le mot de *pédantisme*. Nous sommes si timides contre le ridicule, que tout ce qui semble y prêter nous devient suspect, et que bien des esprits

[1] *Aus dem Leben eines alten Professors*, par le docteur Frédéric Creuzer, professeur à l'Université de Heidelberg. Leipzig et Darmstadt, 1848.

délicats aiment mieux rester superficiels que de s'exposer à une accusation si redoutable. Depuis Montaigne, qui a soin de nous avertir « qu'il ne s'est rongé les ongles à l'étude d'aucune science, qu'il n'en a gousté que la crouste première en son enfance, et n'en a retenu en général qu'un informe visage, un peu de chaque chose et rien du tout, à la françoise, » jusqu'à Mascarille, qui prétend bien que ses vers ont l'air cavalier et ne sentent pas le pédant, l'esprit français s'est toujours laissé dominer par une sorte de respect humain mal entendu, qui met à la place du pédantisme de la science ce que Mme de Staël appelait si bien le *pédantisme de la légèreté*. Il est assez bizarre, en effet, qu'on soit ridicule pour être sérieusement ce que l'on est, et que la première condition pour avoir droit de parler de tout soit d'afficher la prétention de ne rien savoir. Cette fausse délicatesse est certainement l'une des causes qui égarent en France le plus d'esprits distingués, et j'ose dire que parmi nous le commencement de la sagesse est d'être endurci contre la mauvaise honte, qui fait envisager la frivolité comme de bon ton et le sérieux comme ridicule.

Non-seulement les traits de caractère que l'on croit stigmatiser du nom de pédantisme sont presque toujours de louables et solides qualités, mais il suffit de savoir les bien prendre pour y trouver mille grâces, mille travers pleins de charmes, et pour être tenté d'envier à l'Allemagne le bonheur qu'elle a de posséder une variété infinie de types d'illustres pédants. Je ne connais pour ma part aucune lecture plus attachante que les biographies des savants allemands et hollandais de la grande école : celle de Hemsterhuys, celle de Wyttenbach, par exemple. Sous une apparence de simplicité et presque de pesanteur, quelle originalité et parfois quelle finesse ! Chez nous, l'érudit restera longtemps encore dans l'opinion un curieux, un amateur de raretés, qui n'a de valeur que quand il est amusant ; quelque chose comme l'abbé lettré du dix-huitième siècle, un meuble de château, utile pour les jours de pluie. En Allemagne, la science a réussi à mieux marquer sa place. On y a mieux compris que, si le plus noble emploi de la vie humaine est de pénétrer l'énigme de l'univers, on ne saurait y arriver que par la science positive des réalités ; que le savant qui poursuit les millions de faits dont se compose le monde est par conséquent le vrai philosophe, ou du moins le préparateur nécessaire de la philosophie. De là cette haute naïveté à laquelle n'atteignent que les hommes bien pénétrés du sérieux de leur cause, et ces petits ridicules dont sourient les dégoûtés, mais qui ne sont accordés qu'aux caractères entiers et simples.

Le charmant volume de Mémoires personnels que vient de nous donner un illustre représentant de la science allemande, M. Creuzer, l'auteur de cette histoire des religions de l'antiquité, maintenant dépassée, mais qui fut en son temps si utile, est le plus parfait miroir de la vie calme, satisfaite, doucement élevée, qui est celle des universités en Allemagne. On aime tout d'abord cette bonhomie persuadée que ce qui l'intéresse doit intéresser tout le monde, et qui veut associer le lecteur à la tranquille joie de ses souvenirs. Autant la vanité qui cherche à se grandir en initiant le public à ses prétendues confidences nous attriste et nous irrite, autant cette pieuse satisfaction d'un vieillard de quatre-vingts ans, qui, en repassant sur sa vie, a le droit d'en être content, nous plaît et nous intéresse. Pour attacher tant de prix à son passé, il faut n'y trouver ni haine ni amertume. Les attaques si passionnées qui poursuivirent le savant auteur de la *Symbolique* n'ont laissé aucune trace dans son livre, non plus que dans son âme. Les reproches les plus déraisonnables ne l'ont pas un moment ébranlé dans sa douceur ni entraîné d'un pas au delà de ce qu'il voulait être. Esprit de la famille d'Érasme et de Mélanchthon, il s'est vu accuser de conspirer avec les jésuites contre la liberté politique et religieuse, et cette ridicule accusation ne lui a pas fait faire un pas vers le jésuitisme. Il resta à la fois l'ami de Hegel et du mystique Gœrres, de Gœthe et du converti Frédéric Schlegel. Dans ce livre où il vient de nous ouvrir son cœur, je ne trouve d'autre vengeance contre tant d'injustes agresseurs, et en particulier contre J. H. Voss, l'*antisymbolique*, qu'une tout innocente plaisanterie. Au moment de monter en diligence pour se rendre de Paris à Heidelberg, il trouva le coupé presque rempli par un jésuite en grande robe. « Quel malheur, lui dit un de ses amis, que ce pauvre Voss ne soit plus, pour dénoncer au public le voyage concerté de Frédéric Creuzer en compagnie d'un jésuite ! »

On aime à savoir comment s'est développée une conscience religieuse aussi distinguée que celle de M. Creuzer. Les souvenirs de son enfance, passée tout entière à Marbourg, sa ville natale, renferment à cet égard de curieuses révélations. C'est à l'admirable église de Sainte-Élisabeth, le type le plus parfait peut-être de l'art chrétien à sa meilleure époque, qu'il rattache lui-même ses premières impressions religieuses. On peut dire que la *Symbolique* fut conçue tout entière sous ces voûtes, dans le cerveau de cet enfant. « Notre belle église de Sainte-Élisabeth, dit-il, était pour moi tout un monde. Les longues nefs formées de colonnes élancées, le chœur avec ses vitraux peints, les chapelles latérales avec les tombeaux des landgraves, les statues des chevaliers, les armoiries, les niches peuplées de bienheureux, les peintures antiques représentant la vie de la sainte et de son mari mort à la croisade, tout cela m'enchantait et faisait pour moi des jours de fête de tous ceux où j'assistais au culte divin dans ce temple incomparable. Et lorsque, à certaines époques de l'année, les portes de l'ancienne sacristie étaient ouvertes, que les images dorées de Marie tenant son petit enfant et des douze apôtres se découvraient, et que le sacristain expliquait aux paysans, qui se pressaient en foule pour l'entendre, la valeur incalculable et les propriétés merveilleuses des pierres précieuses qui se gardaient dans le trésor, j'en avais à rêver pour des semaines. » Un vieux livre de cantiques spirituels, copié par son père, fut la seconde cause qui développa le germe de mysticisme déposé dans l'âme fine et impressionnable du jeune Creuzer. La poésie et le symbole l'occupaient déjà tout entier; il n'aimait la religion que dans son expression grandiose; les chants des fidèles réunis le ravissaient; au contraire, la prière du collége lui était insipide, et lui-même nous apprend que jamais il ne put y attacher la moindre valeur religieuse.

M. Creuzer fait à ce propos une singulière confession, que je rapporterai parce que bien des personnes aimeront peut-être à voir leur propre barbarie excusée par l'exemple d'un illustre penseur. Il avoue qu'en fait de musique religieuse il n'a jamais compris que les chants d'église, exécutés avec ensemble par le peuple, et que toutes les combinaisons de la musique savante des modernes sont toujours restées pour lui lettre close. Combien de personnes, si elles étaient sincères, avoueraient de même qu'elles préfèrent à toute la musique de l'Italie et même de l'Allemagne une belle psalmodie, le rhythme de ces vieilles hymnes qui ont conservé leur physionomie primitive! Et, après tout, n'auraient-elles pas, au besoin, une théorie pour justifier cette préférence? Qu'est-ce que la musique d'église (je ne parle pas de la musique sacrilége qui, de nos jours, usurpe ce nom ; j'entends le plain-chant dans sa large et naïve simplicité), qu'est-ce que le plain-chant, si ce n'est la grande et vraie musique, la musique des Grecs? Où faut-il aller pour entendre, à l'heure qu'il est, l'air charmant qui rendit si populaire dans l'antiquité le nom de Sapho? A l'église. Où faut-il aller pour entendre le rhythme des odes de Pindare, rhythme sans lequel, il faut l'avouer, ces singulières compositions n'ont guère plus de valeur pour nous que des cantates privées de leur chant? A l'église : un docte académicien l'a prouvé[1]. Dire qu'on n'aime

[1] M. Vincent, *Notices et Extraits des manuscrits de la Bibliothèque du roi*, t. XVI.

que le chant d'église, cela veut donc dire tout simplement qu'on a le goût ancien en musique. Or c'est là un aveu qu'on peut faire sans honte ; il est certain, en effet, que, si la notation musicale des Grecs nous était parvenue d'une façon pleinement intelligible, on verrait que leur musique était du même ordre que leur sculpture, et que dans cet art, comme dans tous les autres, la Grèce a donné la mesure du grand, du noble, du simple, de tout ce qui saisit profondément l'âme et l'élève sans effort.

Une foule d'autres impressions religieuses sont rendues dans le livre de M. Creuzer avec un grand charme. Je n'ignore pas que les curieux, qui chercheront dans ce petit volume le genre d'intérêt que l'on est habitué à trouver dans des *Mémoires*, reprocheront à M. Creuzer de ne pas tout dire, et même de passer sous silence précisément les points sur lesquels le lecteur attendait des confidences. Ainsi pas un mot qui rappelle que cet érudit, en apparence si éteint par les années et les travaux, a été le héros d'une romantique histoire qui émut toute l'Allemagne ; pas même un regret pour la belle chanoinesse qui se jeta, dit-on, pour lui, dans le Neckar ! Le docte historien des symboles de l'antiquité a-t-il repoussé ces souvenirs comme trop profanes ? Nous ne voulons pas le croire : M. Creuzer n'est pas de ceux qui peuvent scinder leur vie en deux parts.

Mais il a pensé avec raison qu'il est certaines religions qui ne s'expriment bien que par le silence, et que les souvenirs ont leur discrétion, comme les sentiments eux-mêmes. Il a voulu d'ailleurs que son livre portât l'empreinte austère de sa vie toute vouée à l'étude, et présentât un reflet de cet âge héroïque de la science allemande, dont il est lui-même, de nos jours, un des plus illustres survivants.

Quel siècle, en effet, dans l'histoire de la pensée, que celui qui, annoncé de loin par le génie universel de Leibnitz, s'ouvre avec Wolf et Heyne, et s'achève avec Niebuhr, les Schlegel, les Humboldt, et l'esprit humain verra-t-il désormais une aussi merveilleuse union de la science et de la philosophie, de la haute religion et de la poésie? Qu'est-ce que Gœthe, qu'est-ce que Herder, qu'est-ce que Hegel, si ce n'est le produit immédiat de cet immense travail critique qui s'opéra dans les universités allemandes à la fin du dernier siècle et au commencement de celui-ci ? A Dieu ne plaise que je cherche à rabaisser la France à propos d'un homme qui doit la meilleure partie de sa fortune littéraire au bonheur qu'il a eu d'être traduit par un savant de notre nation, et qui se plaît, à chaque page de son dernier écrit, à rendre hommage au génie philologique des Sacy, des Burnouf ! Mais il faut avouer qu'à part quelques illustres exceptions, la grande manière d'entendre la science dans ses rapports avec la philosophie, l'esthétique et la religion, n'est pas précisément le fait de l'esprit français : la philosophie n'a été trop souvent en France qu'une sorte de scolastique abstraite, s'isolant de la connaissance des faits et de l'histoire ; l'érudition, un passe-temps pour les oisifs ; la religion, un dogme accepté sur la foi du pape et des évêques, et dont la conscience individuelle n'a pas à s'occuper. L'unité de la vie supérieure de l'homme, la valeur religieuse du besoin qui nous porte à pénétrer le secret des choses, ont été en général peu comprises par nous.

Les singulières contradictions et les fictions bizarres auxquelles donnent lieu dans notre société cette façon un peu superficielle d'envisager la culture intellectuelle et morale frappèrent beaucoup M. Creuzer dans le voyage qu'il fit en France en 1826. Ses surprises commencent à Strasbourg, où il rencontre un de ses confrères de l'Académie des inscriptions, dont les opinions voltairiennes lui étaient connues, en tournée d'inspection universitaire avec un jésuite : l'excellent Creuzer ne revient pas de ce prodige et cherche encore vainement à se l'expliquer. La protection de son collègue voltairien ne lui fut pas d'ailleurs inutile : un exemplaire de sa propre édition du *De Republica* de Cicéron, qu'il portait avec lui, faillit le compromettre ; on ne put jamais décider la douane à laisser passer ce titre séditieux. A Paris, ce sont bien d'autres sujets d'étonnement. Le pasteur Marron lui communique les inquiétudes de ses coreligionnaires ; il voit Charles X suivre les processions dans les rues avec toute sa cour, « et cependant, ajoute-t-il, dans les sociétés d'hommes cultivés il n'était jamais question de théologie. Parmi les académiciens de Paris, je n'ai pas entendu prononcer un mot sur les différences de confession, si bien qu'on aurait pu croire qu'ils y étaient indifférents. Benjamin Constant lui-même, qui était alors au plus fort de sa polémique, après l'accueil le plus aimable, ne me parla que de choses scientifiques. »

Les habitudes cérémonieuses de l'Allemagne rendirent M. Creuzer fort susceptible sur un autre point beaucoup moins grave. « Ce qui me frappa surtout, dit-il, dans les hommes d'État et les savants avec lesquels je me trouvai en rapport à Paris, ce fut l'extrême simplicité de leur extérieur. A l'une des séances de l'Institut, je dus être averti par un de mes confrères que mon voisin était le marquis de Pastoret, tant la mise et les manières de ce vice-président de la chambre des Pairs étaient loin de révéler sa haute position ; le baron de Sacy entra dans le costume le plus modeste, sans aucune des nombreuses décorations qu'il avait droit de porter, avec des livres sous le bras. Daunou, l'ancien président du conseil des Cinq-Cents, puis tribun, Daunou qui avait tenu un moment dans ses mains la destinée de son pays, était dans son extérieur d'une simplicité plus que socratique. Les dîners et les réceptions offraient aussi le caractère le plus bourgeois, et se faisaient avec moins de cérémonie que dans les plus petites universités d'Allemagne. Les académiciens non mariés traitaient leurs amis au restaurant, comme le fit pour moi M. .... » Je m'arrête, de peur de commettre des indiscrétions sur le ménage des amis encore vivants de M. Creuzer.

Il faut avouer, en effet, que M. Creuzer, parfois si discret sur ses souvenirs personnels, l'est beaucoup moins sur le compte de ses amis. Ses amis et le public n'ont pas du reste à le regretter. Le chapitre relatif à M. et madame Wyttenbach, par exemple, est certainement un des plus intéressants de son opuscule ; grâce aux révélations de M. Creuzer, nous possédons sous les traits de ce couple respectable le tableau idéal d'un savant ménage de Hollande. La Hollande est, sans contredit, après l'Italie, le pays qui a produit le plus grand nombre de femmes distinguées par leur érudition. Je dis, après l'Italie ; en effet, chose étrange ! c'est la contrée de l'Europe où l'éducation des femmes est en général le plus négligée qui est par excellence la terre classique des femmes savantes. Les universités de Padoue et de Bologne ont eu le singulier privilége de compter jusqu'à nos jours plusieurs femmes parmi leurs docteurs. Madame Clotilde Tambroni a figuré jusqu'en 1817 parmi les professeurs de l'université de Bologne; elle y avait occupé, durant plusieurs années, la chaire de littérature grecque, qu'elle quitta par refus de serment à la république cispadane. A Padoue, Hélène Piscopia enseigna la philosophie et écrivit doctement sur la théologie, les mathématiques, l'astronomie ; à Padoue encore (d'autres disent à Bologne), Novella d'Andrea suppléait son père dans l'enseignement du droit canon : on avait seulement la précaution de faire tendre ce jour-là un petit rideau devant la chaire. Chez ces doctes dames, en effet, la science était loin de nuire à la beauté. J'ai vu à Padoue, dans l'église de Saint-Antoine et sous le portique de l'Université, deux bustes d'Hélène Piscopia en costume de bénédictine. Ils justifient la passion qu'elle inspira aux plus grands seigneurs de son temps, passion à laquelle elle se montra toujours insensible, bien que ses parents l'eussent relevée à son insu du vœu de virginité qu'elle avait fait à l'âge de onze ans. On peut voir dans Tomasini (*Virorum illustrium Elogia*) les portraits des autres dames illustres de l'université de Padoue; elles sont pour la plupart remarquablement belles. Je ne sais si l'on possède de même les portraits des femmes savantes de Hollande ; mais ce que l'on connaît par ouï-dire des charmes de madame Ruhnkenius (*Vita Ruhnkenii,* par Wyttenbach, page 72) est fait pour nous donner la plus haute opinion de leur beauté. Voilà certes plus qu'il n'en faut pour réfuter les méchancetés de Molière. De même, en effet, que les personnes pieuses auront toujours contre *Tartufe* un grief assez fondé, de même il me semble que les personnes sérieuses auront toujours quelque peine à approuver les *Femmes savantes*. Cette façon de présenter les meilleures choses par leur côté ridicule, cette préférence accordée à la vulgarité bourgeoise sur la noblesse intellectuelle, parfois peut-être affectée, a toujours de graves inconvénients dans un pays comme le nôtre, où le ton est la règle à peu près souveraine de l'opinion, et je ne m'étonne pas que les sociétés distinguées de 1672 aient fait tous leurs efforts pour arrêter à sa naissance ce dangereux ouvrage. Qu'il y aurait une belle apologie à écrire *Pro docto femineo sexu !*

Madame Wyttenbach, qui m'a engagé dans cette digression, était Française d'origine et docteur de l'université de Marbourg. Le beau milieu platonique où elle vivait et qui se montre si bien dans le principal de ses ouvrages, le *Banquet de Léontis*, la fit accuser de paganisme par les piétistes du temps : il n'en était rien ; dans ses derniers jours, elle écrivait à Creuzer :

« J'ai vécu et je meurs dans les principes que vous avez connus à Wyttenbach. J'ai le bonheur de jouir de la tranquillité d'âme la plus parfaite. La bienfaisance, recommandée d'une manière si touchante dans l'Évangile, a embelli mes jours et en embellit la fin. » L'avant-veille de sa mort, faisant allusion au commencement du *Phédon*, elle lui envoyait encore ces mots, tracés de sa main élégante et ferme : « Le vaisseau de Délos se fait longtemps attendre. » C'est un curieux spectacle que celui de ces vieilles et saintes mœurs se prolongeant presque jusqu'à nos jours, au milieu des bouleversements amenés par les révolutions. Les déboires du pauvre Wyttenbach, ennemi des visites et de toute représentation officielle, au milieu des régimes nouveaux qui se succédaient en Hollande ; sa douleur quand l'université de Leyde se trouva un matin n'être plus qu'une académie de l'Université de France, gouvernée par M. de Fontanes et inspectée par M. Noël ; son désespoir quand il lui fallut, en qualité de membre de l'Institut de Hollande, s'affubler d'un habit galonné d'or et mettre des épaulettes : tout cela forme un tableau très-piquant et très-finement rendu. Comme Ruhnkenius, son maître, dont il nous a laissé la biographie, il se maria fort tard ; mais Ruhnkenius « unissait le culte des muses à celui des sirènes, de manière à plaire en même temps aux unes et aux

autres, et à participer également à leurs faveurs[1]. »
Le chapitre de son mariage commence par ces mots :
Ruhnkenius non erat novus in amore!

On ne lit pas de ces choses-là dans la vie de M. Creuzer. Tout y est élevé, pur, innocent. On est heureux en le lisant, car on sent qu'il a vécu heureux, doucement sollicité par la pensée, sans en être dévoré, aussi peu tourmenté par le dogmatisme que par le scepticisme, influent et honoré, sans avoir été ministre ni homme d'État. Quelle vie charmante que celle des philologues, quand ils savent comprendre leur bonheur et ne l'échangent pas contre les décevantes jouissances de l'ambition! Déchargé du plus rude souci qui soit imposé à l'homme ici-bas, celui d'avoir une opinion exprimée sur les choses divines et humaines, ils jouent dans ce monde le plus commode des rôles, celui de spectateurs. Étrangers aux passions de secte ou de parti, ouverts à la vérité, de quelque part qu'elle vienne, ils voient tout aboutir à leur tribunal, et eux-mêmes ne relèvent de personne. Le bien, le mal, le beau, le laid, le médiocre même, tout les intéresse ; car toute chose a son prix, quand on l'envisage comme partie intégrante de cet univers. La curiosité philosophique devient ainsi le plus noble et le plus sûr emploi

[1] *Vita D. Ruhnkenii a Wyttenbachio scripta*, p. 43.

de la pensée. Quand même tout le reste serait vanité, il semble que la curiosité ne le serait pas; et, quand même elle le serait, cette façon d'écouler la vie aura toujours été la plus douce manière d'exister.

L'ACADÉMIE FRANÇAISE [1]

Un homme fort laborieux et fort zélé pour la bonne littérature, M. Livet, vient de publier une nouvelle édition de l'*Histoire de l'Académie française,* par Pellisson et d'Olivet, en l'accompagnant d'une introduction, d'éclaircissements et de notes qui témoignent d'une très-grande instruction. Les ouvrages de Pellisson et d'Olivet sont de vrais modèles de cette manière de raconter, simple, distinguée, pleine d'abandon, qui disparaît chez nous de jour en jour devant l'envahis-

---

[1] *Histoire de l'Académie française,* par Pellisson et d'Olivet, avec une introduction, des éclaircissements et des notes, par M. Ch. Livet. Paris, Didier, 1858.

sement du mauvais goût et de l'enflure. Formées en grande partie de pièces officielles, ces deux histoires ont tout le charme de compositions originales. Les rapports qui précédèrent l'institution de l'Académie, les lettres patentes de sa fondation sont de vrais chefs-d'œuvre, et font sentir admirablement l'un des mérites de l'ancienne monarchie, je veux dire son style excellent, sa « civilité, » comme l'on disait autrefois. On sent partout dans les actes de cette noble royauté une entente élevée des choses de l'esprit, une libérale grandeur qui, loin de chercher à tout absorber, veut que l'on vive autour d'elle. Comme elle n'avait d'autre prétention que d'être hors de pair, elle ne connut jamais ces impatiences auxquelles échappent si difficilement les régimes nouveaux. Le pire défaut des gouvernements, la jalousie, n'approcha jamais d'elle ; car elle n'admettait pas qu'aucun développement légitime lui fît concurrence ou dérobât quelque chose à sa prérogative incontestée.

L'Académie française est la seule institution en France qui ait un peu plus de deux cents ans. Aussi est-elle le seul corps (j'excepte naturellement le clergé, ou pour mieux dire l'épiscopat) qui ait été jusqu'ici entièrement à l'abri des entreprises des divers gouvernements. L'Institut lui-même, qui y a heureusement échappé, a résisté aux attaques, non en s'en référant à ses origines révolutionnaires, qui ne l'exposaient que trop aux envahissements de l'administration, mais en se rattachant aux vieilles libertés de la plus ancienne des Académies qui le composent. La liberté n'est assurée que quand elle se fonde sur des institutions qui ont longtemps duré. On pourrait montrer que les seules planches de salut sur lesquelles se réfugie encore de nos jours quelque indépendance sont des épaves de ce qu'on appelle en France l'ancien régime. Q'on essaye de se figurer un pouvoir, quelque autorisé à tout faire qu'on le suppose, qui ose porter atteinte à ce chiffre de *quarante*, devenu sacramentel en littérature ; on n'y réussira pas. Il y a là une barrière que la langue elle-même a consacrée. Sans le savoir et sans le vouloir. Richelieu, le jour où il fonda l'Académie, posa le grain de sable devant lequel devait expirer l'énorme puissance dont il fut le principal créateur, la puissance de l'État. Le pays du monde où les institutions politiques ont été les plus faibles devait donner naissance à la plus forte institution littéraire qu'aucune nation ait possédée, et le programme du fondateur devait cette fois du moins se vérifier à la lettre : « l'Académie était assise sur des fondements assez forts pour durer autant que la monarchie. »

Dès ses premières années, l'Académie française fut violemment attaquée, et depuis elle n'a jamais cessé de l'être. Disons-le tout d'abord : il y a au fond de ces attaques des raisons bien plus profondes que l'on n'est d'ordinaire tenté de le croire. On suppose volontiers que le dépit de la vanité blessée et la jalousie qu'éprouvent les natures inférieures pour ce qu'elles ne peuvent atteindre ont dicté tant de déclamations passionnées. Il n'en est point ainsi. L'antipathie que l'Académie française a toujours excitée chez une certaine classe de personnes tient à des causes fort sérieuses, et s'explique par les éléments très-divers dont se compose cette singulière institution. « Environ l'an 1629, quelques particuliers, logés en divers endroits de Paris, ne trouvant rien de plus incommode dans cette grande ville que d'aller fort souvent se chercher les uns les autres sans se trouver, résolurent de se voir un jour de la semaine chez l'un d'eux. Ils étaient tous gens de lettres et d'un mérite fort au-dessus du commun : M. Godeau, maintenant évêque de Grasse, qui n'était pas encore ecclésiastique ; M. de Gombauld, M. Chapelain, M. Conrart, M. Giry, feu M. Habert, commissaire de l'artillerie, M. l'abbé de Cérisy, son frère, M. de Serizay et M. de Malleville. Ils s'assemblaient chez M. Conrart, qui s'était trouvé le plus commodément logé pour les recevoir, au cœur de la ville, d'où tous les autres étaient presque également éloignés. Là, ils s'entretenaient familièrement, comme ils eussent fait en une visite ordinaire, et de toutes sortes de choses, d'affaires, de nouvelles, de belles-lettres. Que si quelqu'un de la compagnie avait fait un ouvrage, comme il arrivait souvent, il le communiquait volontiers à tous les autres, qui lui en disaient librement leur avis ; et leurs conférences étaient suivies, tantôt d'une promenade, tantôt d'une collation qu'ils faisaient ensemble. Ils continuèrent ainsi trois ou quatre ans, et, comme j'ai ouï dire à plusieurs d'entre eux, c'était avec un plaisir extrême et un profit incroyable ; de sorte que quand ils parlent encore aujourd'hui de ce temps-là et de ce premier âge de l'Académie, ils en parlent comme d'un âge d'or, durant lequel, avec toute l'innocence et toute la liberté des premiers siècles, sans bruit et sans pompe, et sans autres lois que celles de l'amitié, ils goûtaient ensemble tout ce que la société des esprits et la vie raisonnable ont de plus doux et de plus charmant[1]. »

Voilà la première origine de l'établissement qui, agrandi et consacré par la sanction du roi, devint l'Académie française. Un œil exercé eût pu dès lors entrevoir en cette réunion d'hommes spirituels et distingués le germe d'une institution littéraire sans doute, mais avant tout morale et sociale. Celui qui s'y trompa le

[1] Pellisson, pages 8-9.

moins, ce fut le parlement. Avec cet instinct de clairvoyante jalousie qui a toujours inspiré aux corps judiciaires une défiance secrète pour ce qui fonde l'indépendance de l'individu, il vit très-bien que les lettres patentes du cardinal fondaient bien plus qu'une conférence littéraire : durant trois ans il refusa obstinément de les enregistrer. Mais déjà les conséquences de la création de Richelieu se développaient avec rapidité. L'Académie comptait à peine quelques années d'existence, et un immense résultat était atteint, l'ennoblissement de l'esprit. Jusque-là, mendiant, parasite ou pédagogue, l'esprit n'avait point eu de forteresse, et avait cherché son asile à l'ombre de l'église et du château féodal. Désormais, c'est l'homme d'esprit qui accorde aux gentilshommes le titre de confrères. L'Académie ne donne pas la gloire (celle-là se distribue on ne sait trop par quelles mains) ; mais elle confère en un jour ce que le roi lui-même ne pouvait donner qu'avec l'aide du temps, la considération. Il faut lire les très-curieux récits qui nous ont été conservés de la visite de la reine Christine[1] pour se figurer à quel point l'Académie s'était tout d'abord emparée de l'opinion. L'importance sociale d'un homme comme Voiture, qui, presque sans rien publier, préludait déjà au

---

[1] Livet. II, pages 451 et suiv.

rôle de Voltaire, par son esprit, sa conversation, ses manières, son impertinence avec les gens de qualité, est aussi un véritable événement, et montre qu'une puissance nouvelle était apparue dans le monde, le jour où quelques bourgeois lettrés firent agréer comme un service d'État leurs réunions hebdomadaires et leurs efforts pour inaugurer un goût plus pur.

Je ne veux rien exagérer, et je m'exposerais à de fort graves objections si je prêtais à l'ancienne Académie une entière liberté de gouvernement intérieur, qu'aucune institution en France, depuis le treizième siècle, n'a jamais possédée. L'Académie dépendait du roi, mais elle en dépendait *directement*; or dépendre directement du roi, c'était alors la liberté. Ce qui rend le despotisme si pesant, ce qui en fait à la longue une cause de destruction pour tout ce qui est libéral et élevé, c'est beaucoup moins le pouvoir absolu accordé à un seul que le partage de ce pouvoir entre des agents que leur position même condamne à être des hommes médiocres et tracassiers. Voilà pourquoi, dans l'ancienne monarchie, la sujétion immédiate à la royauté était une condition d'indépendance et donnait des libertés inconnues dans notre société contemporaine, même à ses meilleurs jours. Molière pouvait tout oser, à la seule condition de divertir le roi. Depuis que les priviléges ont disparu, le ridicule seul a conservé les siens; il se défend comme un droit, et si un grand comique paraissait de notre temps, il se trouverait à chaque instant en présence de respectabilités inattaquables que le comédien de Louis XIV ne connaissait pas.

C'est parce qu'elles n'ont point suffisamment compris ce caractère social de l'Académie française que beaucoup de personnes sont surprises, en parcourant la liste des *sujets* qui ont rempli les quarante fauteuils, d'y trouver bien des noms qui ne rappellent pas tout d'abord de grands mérites littéraires. Cette objection serait fondée si l'Académie était un corps exclusivement composé d'hommes de lettres ; elle tombe, si l'on entend les devoirs de l'Académie dans leur sens le plus étendu. Les livres ne sont qu'une des formes sous lesquelles l'œuvre si vaste de la culture des esprits s'accomplit et se répand. Une des forces de l'esprit français est le lien étroit qui a toujours existé parmi nous entre ceux qui font les livres et ceux qui les lisent et les apprécient. Si nous vivions au dix-septième ou au dix-huitième siècle, nous verrions que tous ces personnages inconnus, qui semblent occuper dans les listes de l'Académie une place usurpée, ont eu une grande importance sociale. Cette espèce d'influence ne survivant guère à la personne qui l'a exercée, on a peine à la comprendre à distance; l'histoire ne conserve les noms que des grands écrivains, des grands politiques, des grands capitaines ; elle laisse ignorer ce qu'on doit de reconnaissance à l'homme du monde qui remplit bien les devoirs de son état. Je regrette, pour ma part, le temps où un joli quatrain fait par un gentilhomme était un titre académique. L'épigramme était une garantie à défaut d'autre. Hélas ! on l'a tuée sans que les ridicules qui y donnaient lieu aient du même coup disparu.

Il faut, d'ailleurs, se rappeler que l'un des objets de la fondation de l'Académie était de purger la langue des scories que le pédantisme de l'école et du barreau y avaient introduites : écrire comme les gens qui parlaient bien, voilà ce qu'elle essayait d'enseigner par ses exemples et ses leçons. Il était donc essentiel qu'elle fît une large part dans son sein aux hommes qui représentaient le ton de la bonne compagnie. Conrart, le modèle du secrétaire perpétuel, n'écrivit ou plutôt n'imprima rien. Ah ! ne dites pas qu'ils n'ont rien fait, ces obscurs beaux esprits dont la vie se passa à instruire le procès des mots et à peser des syllabes. Ils ont fait un chef-d'œuvre, la langue française. Ils ont rendu un service inappréciable à l'esprit humain en créant le *Dictionnaire*, en nous préservant de cette liberté indéfinie qui perd les langues, en traçant autour de nous ces précieuses limites qui nous obligent à torturer dix fois notre pensée avant de l'avoir amenée à un cadre possible et vrai. Longtemps, je l'avoue, ces chaines m'ont révolté ; je maudissais comme les Allemands les entraves qui nous empêchent à chaque instant de dire ce que nous voulons. Mais plus tard j'ai reconnu que c'était là un immense avantage et la cause même qui assure à notre langue son universalité. On n'a vraiment atteint la pleine maturité de l'esprit que quand on est arrivé à voir qu'on peut tout dire sans appareil scolastique, avec la langue des gens du monde, et que le *Dictionnaire de l'Académie* renferme ce qu'il faut pour l'expression de toute pensée, quelque délicate, quelque nouvelle, quelque raffinée qu'elle soit.

Il faut faire la même réponse aux objections tirées des lacunes que certaines personnes croient remarquer dans la liste des membres de l'Académie. Le nom de Pascal est peut-être le seul dont l'absence ne puisse se justifier par d'excellentes raisons. Descartes s'était fait Hollandais, et d'ailleurs ce n'est pas à l'Académie française que ce génie essentiellement scientifique avait sa place. L'objection tirée de l'absence de Molière est bien plus faible encore. Je trouve au contraire la conduite de l'Académie très-délicate envers ce grand homme. Elle ne l'admit qu'après sa mort, quand il ne pouvait plus la compromettre. Y songe-t-on ? Les Séguier, les Coislin, les Bossuet, auraient pu voir leur confrère exposé chaque soir aux sifflets du parterre et aux coups de bâton de Scapin ! L'homme qui se montre en public peut être un fort honnête homme et même un homme de génie. Mais (à sa place je m'en consolerais) il aura toujours dans la société une condition à part. Il faut respecter ce formalisme nécessaire au bel ordre de la vie humaine, et auquel l'Académie, gardienne des préjugés utiles, est particulièrement obligée de tenir. Tout le monde doit avoir des préjugés, excepté le critique. Ah ! plût à Dieu que notre pauvre société démantelée eût plus de ces limites salutaires qui, en inspirant à chacun le respect de lui-même, produisaient à défaut de vertu la fierté, et servaient d'appui aux âmes que le devoir ou la religion ne soutiennent point assez !

Il n'est pas jusqu'à l'opinion fort répandue d'après laquelle les femmes exerceraient une certaine influence dans les élections, qui, au point de vue que je viens de développer, ne cesse d'être un reproche contre l'Académie. J'ignore complétement si le fait est fondé, et je suis porté à croire que c'est là un de ces commérages provenant du besoin qu'ont les gens du dehors de supposer qu'il se passe quelque chose derrière les coulisses ; mais, s'il était vrai, je n'y trouverais rien que de fort naturel. Il serait certes déplacé que, dans un corps scientifique, les femmes se mêlassent de juger le mérite des candidats, chimistes, physiciens, philologues, etc.; mais dès qu'il s'agit de tact et de goût, elles peuvent, elles doivent même avoir un avis. Les femmes ont eu une part dans la formation de l'esprit français; il faut leur laisser le droit de travailler dans la forme qui leur appartient à l'amélioration du goût et des mœurs.

Que de grandes concessions aient été nécessaires pour créer cette espèce de maîtrise en fait de bon ton que l'Académie représente parmi nous, on ne saurait le méconnaître. Les matières spéculatives, en cessant d'être l'apanage de l'école et en passant sous le contrôle des hommes du monde, se virent assujetties à des nécessités inconnues jusque-là. On peut croire que l'esprit français, dégagé de ces entraves, eût montré en certaines matières plus de sérieux, et qu'en général les travaux de première main, moins rejetés dans l'ombre par les brillants succès du talent et de l'art d'écrire, se fussent plus richement développés parmi nous ; ce qu'il est permis d'affirmer, c'est que sans cette longue éducation de style et de rhétorique, l'esprit français n'eût point eu ce qui fait son cachet particulier. Je ne voudrais point passer pour un de ces flatteurs toujours attentifs à caresser les défauts de leur pays, et le pire défaut du nôtre est sans contredit cette coquetterie qui lui fait croire trop volontiers que tout le monde pense à lui et l'admire, même quand on le plaint. Le génie français n'est pas de tous ceux qui se partagent le monde le plus philosophique, le plus poétique surtout ; mais c'est certainement le plus complet, le plus mesuré, le plus propre à créer une forme de culture intellectuelle qui s'impose à tous. Croyant beaucoup plus au bon sens et aux facultés communes de l'esprit humain qu'aux dons de la raison réfléchie, les vrais représentants du goût français traitent impitoyablement de pédantisme tout ce qui ressemble à des habitudes professionnelles, tout ce qui implique un langage technique et spécial. De là des jugements souvent superficiels, mais aussi une merveilleuse aptitude pour donner à toute chose une forme civile et polie. Certes, s'il y a deux professions qui exigent une discipline particulière de l'esprit, ce sont celles du médecin et de l'homme de loi ; et pourtant que ne doivent pas ces deux professions au bon sens de Boileau, de Molière, de l'auteur des *Plaideurs !* Un odieux héritage de la barbarie, dont la persistance jusqu'à la fin du dernier siècle est un vrai prodige, la torture judiciaire, a-t-elle été abolie par des magistrats, par des jurisconsultes? Nullement. Notre confrère, M. Laboulaye, en faisait récemment la remarque[1] avec son

---

[1] Préface de l'*Institution au droit français* de Claude Fleury. Paris, Durand, 1858.

sens si droit et sa forte érudition. Les légistes les plus honnêtes et les plus judicieux en parlent comme de la chose du monde la plus naturelle, et si l'Assemblée nationale, qui n'était pas composée de légistes de profession, ne l'eût abolie, je n'affirme pas qu'elle n'eût trouvé place dans le Code d'instruction criminelle à côté de tant de restes de l'ancien Châtelet.

A Dieu ne plaise que je rabaisse les droits des spécialités ou que je veuille diminuer la créance qu'elles méritent. Je conviendrai même, si l'on veut, que l'existence d'un corps moins soucieux du fond des choses que de la forme constituerait un vrai danger et ferait dégénérer la culture de l'esprit en une vaine rhétorique, s'il ne trouvait d'utiles secours dans les liens étroits qui l'unissent, au sein de l'Institut, à des compagnies plus essentiellement savantes. L'investigation, en effet, dans le champ des études historiques comme dans celui de la nature, suppose des précautions dont les hommes du monde, d'ordinaire trop peu en garde contre l'erreur ou la fraude, sont peu capables. Constater un fait n'est pas si facile qu'ils le pensent, et quand les personnes peu au courant des méthodes veulent se former un jugement dans les choses qui sont du domaine des savants de profession, il y a infiniment à parier qu'elles tomberont dans quelque grosse erreur. Mais les spécialités ne sont pas tout : une Acadé-

mie des sciences, divisée, comme celle de Berlin par
exemple, en deux sections, l'une pour les sciences physiques et mathématiques, l'autre pour les sciences historiques et philologiques, est loin de correspondre à
l'ensemble de l'esprit humain. Il y a encore le côté
moral de toutes ces études, l'esprit, le talent, le caractère, choses indéfinissables et sans application à un
sujet spécial. Souvent des esprits nuls et des hommes
peu honorables ont fait des découvertes importantes et
des travaux utiles. Il est donc essentiel qu'à côté des
Académies qui représentent les branches diverses du
savoir positif, il y en ait une qui représente la noblesse
même de l'esprit humain dans ses applications les
plus diverses. Les fondateurs de l'Institut, dominés
par les idées étroites de leur temps, ne comprirent
point cela : l'Académie française fut pour eux une spécialité comme une autre ; ils en firent une *Classe de
grammaire !* La grande renaissance de la société française qui s'opéra vers 1816 ramena les choses à un
meilleur état. L'esprit grossièrement positif du commencement de ce siècle ne régna plus en maître : une
part fut faite au goût littéraire et aux opinions des
gens du monde, opinions très-saines dans leur généralité, car elles ne dérivent point de théories abstraites,
elles ne reculent pas devant les contradictions, elles
ne sacrifient rien aux formules ni au besoin d'absolu.

On arrive ainsi de toutes parts à ce grand résultat qu'en définitive l'Académie, à chaque époque, a fait ce qu'elle devait faire : au dix-septième siècle, elle a fait la langue noble à laquelle nous devons ce qu'il y a de meilleur dans la discipline de notre pensée ; au dix-huitième siècle, la philosophie ; au dix-neuvième, je ne sais trop comment exprimer les devoirs très-compliqués qui pèsent sur elle, chargée qu'elle est de suppléer à l'absence de toute autre aristocratie; mais si l'on veut appeler du nom de résistance la protestation morale qui, à certaines époques, est le premier devoir de ceux qui ne veulent pas être complices de l'abaissement des caractères et des esprits, il faut dire que l'Académie a noblement résisté. La révolution ayant détruit parmi nous tout ce qui pouvait faire contre-poids au pouvoir exorbitant de l'État, il n'est resté debout, pour maintenir les droits de la conscience individuelle, que la religion et l'esprit. La religion, à d'autres époques, a héroïquement résisté, et je persiste à croire qu'il y a dans le christianisme des éléments dont un libéralisme éclairé pourrait tirer parti. La religion, en effet, étant la chose du monde la moins susceptible d'être administrée, finit toujours à la longue par devenir une machine d'opposition contre les régimes qui veulent tout régler. Mais il faut avouer qu'à part de belles exceptions, l'Église ne semble pas rêver de nos jours la gloire des Chrysostome et des Thomas Becket. Les hommes voués aux travaux de l'esprit se sont ainsi trouvés presque seuls chargés du rôle des anciennes aristocraties, sans rien de ce qui rendait si facile à ces dernières l'accomplissement de leurs devoirs.

Ceux qui reprochent à l'Académie de n'être pas de son temps en font donc en réalité le plus bel éloge. L'essentiel, de notre temps, n'est pas de créer, mais de durer et de résister. En littérature, comme en toute chose, les ordres ont été confondus. Notre siècle, mesurant tout à ses idées matérialistes et mercantiles, a cru, en établissant ou plutôt (je demande à mes savants collaborateurs de conserver à cet égard mon opinion personnelle) en exagérant la propriété littéraire, relever, et, comme on dit, émanciper le travail de l'esprit. On n'a pas vu que par là on faisait une profession entre tant d'autres ; or qui ne voit que si les lettres sont une profession, c'est la dernière de toutes? Descartes, Bossuet et les grands écrivains de leur âge étaient-ils des hommes de lettres? Non ; en ce temps-là, on était gentilhomme, on était évêque, on était magistrat, on était académicien, et on écrivait si l'on avait quelque motif pour cela. Du moment que la carrière des lettres peut être embrassée comme lucrative, elle perd toute sa noblesse. Le gentilhomme d'autrefois, qui n'eût pas daigné recevoir le roturier plus riche que lui, traitait d'égal à égal l'homme de lettres pauvre. Eût-il agi de la sorte si la fonction de l'homme de lettres eût été un métier comme un autre? L'opinion, qui est toujours fondée en quelque chose, n'accorde ce haut degré d'estime qui constitue la noblesse qu'à ce qui ne rapporte rien; elle sent que ce qui donne la gloire ne doit être payé que par la gloire, et que l'inviolabilité des caractères est bien moins garantie par la richesse que par l'honneur et la fierté.

Que l'Académie continue à remplir son devoir, qui est de maintenir la délicatesse de l'esprit français au milieu des rudes épreuves que notre siècle lui fait subir, de protester contre la grande erreur qui porte nos contemporains à regarder comme un abus tout ce qui fonde l'indépendance de l'individu, de combattre ce goût du vulgaire qui fait les succès depuis que la littérature a cessé de prendre son idéal dans la société polie. « Qu'elle ne soit, comme le disait il y a un an un de ses membres dont le noble cœur a un écho pour tout ce qui est grand[1], qu'elle ne soit à aucun degré complice de l'engourdissement moral et intellectuel de notre temps; qu'elle nous fasse respirer le souffle d'un meilleur avenir ! » A toutes les époques, il y a eu une basse littérature; mais le grand danger de notre

---

[1] M. de Montalembert, *Discours d'ouverture de la séance des cinq Académies de l'Institut en* 1857.

siècle est que cette basse littérature, profitant de nos désastres, tend de plus en plus à prendre le premier rang. L'Académie est mieux placée que personne pour combattre ce mal : elle est en possession du seul privilége qui ait survécu à nos révolutions; elle a une tribune, la plus écoutée de toutes ; elle confère le droit de tout dédaigner. Quand on sait bien comprendre l'essence et la mission d'un tel corps, on doit voir que les fautes littéraires sont de sa part de peu de conséquence ; quant aux fautes scientifiques, il lui est difficile de les éviter : l'essentiel est qu'il ne commette jamais une faute de tact.

LA POÉSIE DE L'EXPOSITION

On raconte qu'à la foire d'Ocadh, rendez-vous commercial et congrès littéraire de l'Arabie avant Mahomet, les poëtes des diverses tribus récitaient publiquement leurs vers, et que les pièces qui avaient le plus captivé l'admiration des auditeurs étaient écrites en lettres d'or et suspendues avec des clous d'or aux portes de la Caaba ; telle est l'origine des sept *Moallakat*, ces poëmes admirables où se peint avec tant de charme la vie arabe anté-islamique. Il n'est pas douteux que les produits étalés au palais de l'Industrie ne soient supérieurs de tous points à ceux qui figuraient à la foire d'Ocadh ; mais les partisans les plus déclarés du progrès m'accorderont qu'il faut faire une exception pour la poésie, et que, sous ce rapport, les deux exhibitions ne sauraient être comparées. Je me hâte de faire réparation aux poëtes inconnus dont les vers ne sont pas venus jusqu'à moi ; il me suffit qu'aucune de leurs œuvres n'ait été acceptée du public, et n'ait reçu cette consécration qui fait une partie essentielle de la beauté d'un poëme. Comment une réunion d'hommes qui autrefois, et même à des époques très-rapprochées de nous, eût été couronnée d'une auréole de poésie a-t-elle passé sans rien dire à l'imagination et sans produire une strophe digne de mémoire ? Voilà, certes, un problème digne d'étude et sur lequel, à défaut de poëmes à examiner, il peut être bon de méditer un moment.

Le passé a eu ses panégyries, nobles comme lui, et à aucune la poésie n'a manqué. Tandis que les dieux avaient le privilége de réunir les hommes, les fêtes étaient autant des congrès littéraires que des réunions religieuses ; les jeux de la Grèce eurent Pindare pour célébrer leurs vainqueurs, et entendirent dans la bouche d'Hérodote les premiers et naïfs bégayements de l'histoire. Lorsque les saints eurent succédé aux dieux, les pèlerinages devinrent des centres puissants de création légendaire, dont chacun eut son poëme. Les tournois furent à leur manière les fêtes de l'honneur et de la beauté ; la poésie des trouvères et des *Minnesinger* s'y rattache comme à son berceau. On citerait à peine un lieu du monde où les hommes se soient donné rendez-vous, et autour duquel l'art et la poésie ne se soient point épanouis.

Quand le moyen âge en décadence eut épuisé toutes les ressources de sa vie poétique et religieuse, une institution pleine d'originalité vint les renouveler pour quelque temps. Ce fut un spectacle extraordinaire que ce jubilé de l'an 1300, où l'on vit plus de deux millions d'hommes accourir, sous l'impulsion d'une foi vive encore, de toutes les parties de la chrétienté. A certains jours Rome compta dans son sein jusqu'à deux cent mille étrangers ; il fallut faire des brèches aux murs pour éviter les accidents qui se multipliaient aux portes. Malgré plus d'un détail qui sentait la dégradation des temps, le jubilé eut son poëme. Dante se trouva à Rome en 1300 ; il vit les deux longues files de pèlerins qui traversaient le pont Saint-Ange, « d'un côté, ayant tous le front tourné vers le château pour aller à Saint-Pierre, de l'autre, allant vers le mont. » (*Inf.*, XVIII.) Il se souvint de cette image dans son *Enfer*, et, en mémoire de l'événement qu'il envisageait comme le plus grand du siècle, il plaça en 1300 son voyage à travers les régions invisibles. L'art, comme la poésie, consacra la grande assemblée du monde chrétien.

Giotto, qui paraît avoir été du nombre des pèlerins, peignit, dans le portique de Latran, Boniface VIII publiant la bulle de convocation qui devait ébranler l'Europe entière. L'histoire enfin trouva dans cette fête séculaire l'occasion de son réveil. « Demeurant avec les pèlerins dans la ville sainte, dit Villani, voyant les grandes et antiques choses de cette cité, et lisant les hauts faits des Romains, écrits par Virgile, Salluste, Lucain, Tite-Live, Valère-Maxime, Paul Orose et autres maîtres en histoire, je pris leur style et manière d'écrire, et d'autant que Florence, comme fille et créature de Rome, était particulièrement disposée pour exécuter de grandes choses, il me parut convenable de raconter en un volume les commencements de cette ville, son passé, son présent et ce qu'il plaira à Dieu de son avenir. »

Ainsi, toujours et partout, une pensée supérieure à leur existence finie a réuni les hommes et s'est traduite en symboles divers sous l'action de la poésie et de l'art. Pour la première fois, notre siècle a convoqué de grandes multitudes sans leur proposer un but idéal. Aux jeux antiques, aux pèlerinages, aux tournois, aux jubilés ont succédé des comices industriels. Deux fois l'Europe s'est dérangée pour voir des marchandises étalées et comparer des produits matériels, et, au retour de ces pèlerinages d'un genre nouveau, personne ne s'est plaint que quelque chose lui manquât. Est-il un plus grand signe de la révolution qui s'est accomplie dans les opinions humaines et du déplacement qui s'est fait dans la valeur relative des choses? N'est-il pas évident que le monde a perdu en noblesse, et qu'à ses hautes ambitions d'autrefois, qu'on appellera, si l'on veut, chimériques et barbares, ont succédé des soins plus humbles et plus positifs? Le prophète de notre âge, Fourier, avait prédit qu'un jour, au lieu de se rencontrer dans des batailles ou des conciles œcuméniques, les portions rivales de l'humanité se disputeraient l'excellence dans la confection des petits gâteaux. Sans doute ce grand progrès n'est pas encore pleinement accompli; mais bien des pas ont été faits en ce sens : il y a quelques jours, les plus fortes têtes de l'Europe étaient occupées à décider quelle nation fabrique le mieux la soie ou le coton.

Il serait téméraire de proférer ici des paroles de récrimination ou de blâme; habitué à respecter les faits accomplis, notre temps n'admet pas volontiers que l'on critique la direction générale de son mouvement. On ne saurait nier, d'ailleurs, que les améliorations matérielles, quand elles contribuent à élever le niveau des classes inférieures et à rapprocher les peuples, ne servent à une fin religieuse et morale et n'aient, par conséquent, droit au respect. L'erreur n'est pas de proclamer l'industrie bonne et utile, mais de l'exalter outre mesure et d'attacher trop d'importance à certains perfectionnements. En cet ordre de choses, le bien une fois obtenu, le raffinement est de peu de prix ; car, si le but de la vie humaine est le bonheur, le passé, sans aucune de ces superfluités, l'a fort bien réalisé. Et si, comme le pensent à bon droit les sages, la seule chose nécessaire est la noblesse morale et intellectuelle, ces accessoires y contribuent pour assez peu de chose. L'histoire nous offre d'admirables développements intellectuels et des âges d'or de bonheur qui se sont produits au milieu d'un état matériel très-grossier. La race brahmanique dans l'Inde a atteint un ordre de spéculations philosophiques que l'Allemagne seule, de nos jours, a dépassé, tout en restant pour la civilisation extérieure au niveau des sociétés les moins avancées. L'incomparable idéal de l'Évangile, où le sens moral se déploie avec de si merveilleuses délicatesses, nous transporte au milieu d'une vie simple comme celle de nos campagnes, et où les complications de la vie extérieure n'occupent presque aucune place.

Ce sont là, il est vrai, des civilisations partielles, où l'idée de l'*art* et cet instinct qui porte l'homme à orner ce qui l'entoure font presque entièrement défaut. Une civilisation complète doit tenir compte de l'art et de la beauté presque autant que de la morale et du développement intellectuel. Mais, loin que les progrès de l'art soient parallèles à ceux que fait une nation dans le goût du *confortable* (je suis obligé de me servir de ce mot barbare pour exprimer une idée peu française), il est permis de dire sans paradoxe que les temps et les pays où le confortable est devenu le principal attrait du public ont été les moins doués sous le rapport de l'art. Les deux plus beaux moments artistiques de l'histoire de l'humanité sont, à n'en pas douter, ceux que nous présentent la Grèce au cinquième siècle avant l'ère chrétienne et l'Italie de la Renaissance. Or, si nous étudions de près ces deux grands moments, nous verrons qu'à côté d'un sentiment du beau merveilleusement développé il y avait absence presque complète de soin pour tout ce qui tient au bien-être et aux commodités de la vie. Le confortable privé était chez les Grecs à peu près inconnu; ces citoyens de petites villes, qui élevaient autour d'eux tant d'admirables monuments publics, demeuraient dans des maisons plus que modestes, dont quelques vases, chefs-d'œuvre d'élégance, il est vrai, faisaient tout l'ameublement. Vit-on jamais plus de grâce et de simplicité réunies que dans cette ravissante procession des Panathénées de la *cella* du Parthénon? Le costume de ces jeunes filles, qui nous représentent l'aristocratie d'Athènes, ne surpasse point le luxe des paysannes; les objets qu'elles portent pour le sacrifice rappellent les ustensiles les plus humbles et les plus usuels.

L'Italie de la Renaissance présente le même contraste. Le Vatican, cet incomparable sanctuaire du grand art, est, sous le rapport du confortable, le plus triste palais du monde, nu, délabré, inhabitable, ouvert à tous les vents[1]. Il n'est pas de parvenu qui voulût de nos jours habiter les chambres du cardinal Bibbiena, décorées par Raphaël, avant de les avoir rendues dignes de lui et de sa fortune. L'Italie, qui a traversé les plus profondes décadences et les époques du plus déplorable mauvais goût, mais qui n'a jamais perdu le sentiment de la noblesse et de la grandeur, est toujours restée indifférente à ce que nous envisageons comme essentiel à une civilisation avancée. Comparez le palais italien (et l'ancien hôtel français qui en dérive) à la maison anglaise : d'un côté, nul souci des petits détails de la vie, nul soin de la commodité, tout sacrifié au noble style, négligence extrême et, je me hâte de le dire, fâcheuse, pour tout ce qui n'intéresse que la bonne tenue et la propreté ; de l'autre, une merveilleuse appropriation à tous les besoins, l'utile envisagé comme loi suprême, une exquise propreté, mais absence du

---

[1] La seule aile qui soit habitée est moderne et insignifiante au point de vue de l'art.

sentiment de la grande beauté, la prétention de l'art, si elle ose se produire, n'aboutissant qu'à des œuvres gauches et niaises. Est-ce faute de bonne volonté ou par suite d'un goût dominant et exclusif? Non, certes ; car, dans son admiration, l'Anglais est le plus confiant et le plus éclectique des hommes. C'est que la commodité exclut le style ; un pot de fabrique anglaise est mieux adapté à sa destination que tous les vases grecs de Vulci ou de Nola ; ceux-ci sont des œuvres d'art, tandis que le pot anglais ne sera jamais qu'un ustensile de ménage. Pourquoi Rome est-elle un des lieux du monde où l'on s'élève le mieux au sentiment des grandes et belles choses ? Parce que la vie vulgaire y est presque effacée. Le jour où les petites habitudes de la civilisation européenne y deviendraient dominantes, le jour où des magasins imités des boulevards remplaceraient les pauvres boutiques de la place Navone, où des cheminées de manufactures fumeraient sur l'Aventin, Rome, je veux dire la Rome chère à tout ce qui pense et qui sent, la cité de l'âme, comme l'appelait Byron, n'existerait plus.

Mais je vais établir ma thèse par un exemple bien plus décisif et qui constitue un fait capital dans l'histoire de l'humanité. Il existe une nation qui, longtemps avant toutes les autres, a été en possession des procédés de l'industrie la plus raffinée, qui, jusqu'à la fin du dernier siècle, a dépassé les races les plus nobles en tout ce qui tient aux commodités de la vie ; c'est la Chine. La Chine offre ce phénomène remarquable d'un peuple qui n'a jamais rêvé, qui, au lieu de mythologie et de fables, a eu tout d'abord une littérature spéciale et positive, au lieu de poëmes, des traités de technologie ; eh bien ! la Chine n'a rien qui puisse mériter le nom d'art. Avec sa merveilleuse habileté de main, avec sa coquetterie et son goût pour l'élégance, elle n'est jamais arrivée à l'expression de la beauté ; de même qu'avec ses procédés matériels si avancés, son empirisme parfois si exact, elle n'a rien qui ressemble à la science. Je craindrais de paraître systématique en développant ici les vues que l'étude comparée des civilisations amène à se former sur le développement industriel des diverses races humaines : on pourrait démontrer que les races supérieures, la race indo-européenne, par exemple, sont restées, avant l'époque de l'empire romain, étrangères à toute idée de confortable ; que les métiers, la navigation, l'industrie, ont été longtemps le partage exclusif de races inférieures ; que les grands peuples ne s'adonnèrent au commerce que tard, et quand ils eurent déjà perdu une partie de leur noblesse ; qu'au moyen âge, les nations chrétiennes, si supérieures à celles de l'Orient pour les instincts poétiques et religieux, reçurent presque toute leur initiation industrielle de l'Asie, et que, jusqu'aux progrès dans les sciences d'application qui ont signalé le commencement de notre siècle, la Chine avait conservé sa supériorité industrielle sur l'Europe ; en sorte qu'il n'y a nulle exagération dans cette formule historique soutenue par M. Abel Rémusat : Le luxe européen est d'origine asiatique et surtout chinoise[1]. Mais le développement de ces théories m'entraînerait trop loin, et m'engagerait dans des considérations qui passent en France pour des paradoxes. Je m'arrête donc à cet incontestable résultat, que le progrès de l'industrie n'est nullement, dans l'histoire, parallèle à celui de l'art et de la vraie civilisation, puisque les deux sociétés où l'art s'est élevé à la plus grande hauteur, la Grèce antique et l'Italie de la Renaissance, sont restées étrangères aux raffinements industriels.

A ces deux exemples j'ajouterai celui de la France, qui, dans le domaine de l'art, continua ou plutôt releva avec beaucoup de bonheur la tradition de l'Italie. Il faut rendre à l'ancienne aristocratie française cette justice qu'elle conserva toujours le sentiment du grand style, et repoussa le colifichet, même aux époques du

---

[1] Abel Rémusat, dans le *Journal asiatique*, tome Ier (1822), pages 136 et suivantes.

plus mauvais goût. Quand les banquiers du dix-huitième siècle commencèrent à rechercher les choses rares et le luxe apparent, la demeure nobiliaire resta grave, triste, d'un luxe austère et solide. C'est à l'influence des habitudes anglaises qu'il faut attribuer le changement qui s'est fait à cet égard dans les mœurs. L'aristocratie anglaise n'a jamais eu le goût aussi élevé que la noblesse française : celle-ci formant dans la nation une classe qui n'avait d'autre souci que les choses libérales, la guerre, l'esprit, la galanterie, l'urbanité, ne pouvait arriver à fonder un édifice politique durable et profitable pour tous, mais était merveilleusement propre à maintenir la tradition d'une société brillante et polie. L'aristocratie britannique, au contraire, plus rapprochée par son genre de vie du reste de la nation, devait obéir à ce penchant naturel qui porte nos voisins, doués d'ailleurs de tant d'excellentes qualités, à s'intéresser aux petites choses bien plutôt qu'aux grandes idées et aux grandes passions. De là ce manque général de noblesse qui caractérise en toute chose le goût anglais; de là aussi ce désir de bien-être et cet air bourgeois que les habitudes anglaises ont portés partout avec elles.

J'oserai signaler un autre coupable de la tendance que j'indique ici : ce sont les femmes. Il est incontestable que les instincts féminins tiennent de nos jours plus de place dans la physionomie générale du monde qu'ils n'en tenaient autrefois, en ce sens que le monde est plus exclusivement préoccupé de choses qu'on s'est habitué à envisager comme l'apanage des femmes. Il en est résulté d'excellents effets pour l'adoucissement des mœurs ; mais on ne peut nier que cette prédominance des soins domestiques au détriment des mâles soucis du passé n'ait beaucoup contribué à diminuer les proportions de l'activité humaine. Ai-je besoin de dire que les exceptions abondent, et que c'est peut-être chez des femmes qu'on trouve encore de nos jours le plus de cette fermeté, de cette noble faculté de s'indigner qui disparait, hélas ! du monde avec la grande moralité ? Les femmes, d'ailleurs, rendent un immense service à l'humanité en conservant dans son sein la tradition de l'élégance de la vie extérieure, qui est presque de l'art et de la morale. Mais il me semble que leur influence en ce sens a dépassé les bornes désirables. A d'autres époques, les femmes ont conduit le monde et lui ont imprimé un mouvement fort majestueux, par exemple dans la première moitié du dix-septième siècle. « Vous autres Espagnols, vous en parlez bien à votre aise, disait Mazarin à Louis de Haro, lors de la paix des Pyrénées ; vos femmes ne se mêlent que de faire l'amour ; mais en France ce n'est pas de même, et nous en avons trois qui seraient capables de bouleverser ou de gouverner trois grands royaumes[1]. » Voilà certes un embarras dont la politique de nos jours n'a guère à se préoccuper, et il faut avouer que depuis madame de Longueville, madame de Chevreuse et la princesse Palatine, les dames ont fait de merveilleux progrès en sagesse. Au lieu de demander aux hommes de grandes choses, des entreprises hardies, des travaux héroïques, elles leur demandent de la richesse, afin de satisfaire un luxe vulgaire. Le train général du monde s'est mis de la sorte au service des instincts de la femme, non des grands instincts par lesquels elle reflète à sa manière, et peut-être plus évidemment que l'homme, l'idéal divin de notre nature, mais des instincts inférieurs qui forment la partie la moins noble de sa vocation.

Ce manque général de grandeur et par conséquent de poésie qui caractérise les faits les plus considérables de notre siècle tient donc à ce qu'il y a de plus essentiel dans le mouvement des temps modernes. L'antiquité, douée d'un tact si délicat, avait établi une lumineuse distinction en donnant le nom de *libéraux* aux arts qui ennoblissent, et de *serviles* à ceux qui n'enno-

---

[1] M. Cousin, *Des carnets autographes du cardinal Mazarin*, dans le *Journal des Savants*. Mai 1855.

blissent pas. Certes l'antiquité se trompa et pécha gravement en frappant d'une sorte d'ignominie la chose du monde la plus honnête et la plus estimable, le travail. Croira-t-on que de faute en faute elle en vint à envisager l'industriel lui-même comme une sorte de produit que l'on fabriquait et vendait? La principale source de la fortune de Crassus fut le profit qu'il tirait de ses esclaves, auxquels il faisait apprendre toute sorte de métiers, orfèvres, ciseleurs, écrivains, grammairiens, et qu'il revendait ensuite avec d'immenses bénéfices[1]. Cela nous révolte à bon droit ; mais prenons garde de commettre à notre tour des confusions non moins graves. Le travail professionnel et l'industrie sont des choses bonnes, et par conséquent honorables ; mais ce ne sont pas des choses libérales. L'utile n'ennoblit pas : cela seul ennoblit qui suppose dans l'homme une valeur intellectuelle ou morale. La vertu, le génie, la science, quand elle est désintéressée et n'a pour objet que de satisfaire le désir qui porte l'homme à pénétrer l'énigme de l'univers, la valeur militaire, la sainteté, voilà des choses qui ne correspondent qu'aux besoins moraux, intellectuels ou esthétiques de l'homme : tout cela peut ennoblir. Étrange bizar-

[1] Voir le beau Mémoire de M. Naudet dans les *Mémoires de l'Académie des Inscriptions et Belles-Lettres*, tome XIII (nouvelle série).

rerie ! les hommes accordent plus volontiers la renommée au crime, quand il est grandiose, qu'à l'utilité mesquine ; c'est que le crime lui-même, lorsqu'il est accompagné d'un certain prestige, donne une puissante idée des facultés humaines et implique une grandeur de perversion dont les fortes races sont seules capables : il ne serait pas indifférent aujourd'hui de s'appeler Borgia. Mais ce qui est simplement utile n'ennoblira jamais. Je vois sur le front de ce palais éphémère, à côté de noms immortels dans la science, des noms, honorables sans doute, d'industriels qu'on veut inscrire au livre d'or de la gloire : ils n'y tiendront pas. L'industrie rend à la société d'immenses services, mais des services qui, après tout, se payent par de l'argent. A chacun sa récompense ; aux hommes utiles selon la terre, la richesse, le bonheur dans le sens terrestre, toutes les bénédictions de la terre ; au génie, à la vertu, la gloire, la noblesse, la pauvreté. L'homme de génie n'a droit qu'à une seule chose, c'est qu'on ne lui rende pas la vie impossible ou insupportable ; l'homme utile n'a droit qu'à une seule chose, c'est d'être récompensé dans l'ordre de ses services. Cela est si vrai, que parmi les industriels, les seuls qui aient vraiment forcé les portes du temple de la gloire sont ceux qui ont été persécutés ou méconnus. Il est souverainement inique que Jacquart n'ait pas été riche, et, parce qu'il a vécu pauvre, la gloire lui a été justement décernée. En effet, les qualités qui font l'industriel n'excluent nullement, mais ne supposent pas nécessairement une grande élévation morale, et la pauvreté de Jacquart prouve plus pour son caractère que l'invention même à laquelle son nom reste attaché.

C'est donc une tentative d'avance condamnée que l'effort par lequel certaines personnes, animées des meilleures intentions, ont essayé de nos jours d'attacher à des choses utiles et honnêtes, mais sans élévation, les idées de gloire, d'éclat, de poésie, que le passé a réservées pour les grandes choses qui font prendre en estime les facultés morales et intellectuelles de l'homme. Hâtons-nous de le dire : il n'est question ici que de la distinction extérieure, et non de la noblesse intérieure qui est indépendante de toute condition et ne résulte que de la valeur morale de la personne, de ses mérites devant Dieu, comme on dit dans le langage chrétien. Le monde est obligé de juger par le dehors et sur l'étiquette ; or ce jugement est bien souvent trompeur. Je suis persuadé que les plus belles âmes ont été et resteront toujours inconnues; car, lors même qu'elles ne se cacheraient pas, le monde ne saurait pas les reconnaître. La considération ne peut donc, si ce n'est dans un cercle de personnes très-réduit (et au fond c'est là tout ce qui importe aux âmes délicates et élevées) se fonder sur le mérite réel, mais sur des marques extérieures qui, jusqu'à preuve du contraire, seront censées être des indices de noblesse. Or, à ce point de vue, on ne peut nier que toutes les présomptions ne soient en faveur des professions désintéressées. Les préjugés, qui, dans l'ancienne société française, faisaient attacher moins de faveur aux professions lucratives, et qui interdisaient tout commerce et toute industrie aux gentilshommes, étaient poussés sans doute à de fâcheuses exagérations; mais, comme la plupart des préjugés, ils reposaient sur quelque secrète raison : ils renfermaient une profonde notion de l'équilibre de la société, et entraînaient peut-être moins d'inconvénients que l'opinion qui tendrait à faire envisager la richesse et l'utilité comme la règle de la hiérarchie sociale, si cette opinion venait universellement à prévaloir.

Voilà ce que ne comprennent point assez les personnes qui, frappées des grands progrès industriels de notre temps, s'imaginent que de tels progrès signalent une révolution dans l'esprit humain. Ces personnes prennent l'accessoire de la civilisation pour le principal ; si la philosophie de l'histoire leur était plus familière, elles verraient que la perfection des arts mécaniques peut s'allier à une grande dépression morale et intellectuelle. Je ne prétends pas que ce soit là le cas de notre temps : aucun siècle n'a eu des esprits aussi étendus, aussi cultivés que le nôtre ni en aussi grand nombre ; aucun siècle n'a vu si finement et n'a serré de si près la vérité en toute chose. Mais ce progrès ne s'est réalisé que dans un très-petit nombre d'hommes, et leur élévation même n'a servi qu'à les isoler. La tête semble de plus en plus perdre le gouvernement des choses. C'est en ce sens que la physionomie générale de notre temps est bien moins noble que celle d'autrefois. Le monde renferme en réalité plus d'élévation intellectuelle et morale que jamais ; mais les parties nobles n'occupent plus le premier rang, et cèdent la suprématie à des intérêts secondaires.

L'antiquité a exprimé cela dans un mythe que je voudrais voir représenté en symbolique histoire par le pinceau de Cornelius ou de Kaulbach. Elle rêva un peuple d'Atlantes, issu du commerce des dieux et des hommes, vivant heureux par l'industrie et doué d'une prodigieuse habileté pour les travaux matériels. Ce qu'il y avait de divin dans leur origine empêcha quelque temps leur bonheur tout profane de dégénérer en nullité ; puis, l'élément divin s'affaiblissant peu à peu, ils tombèrent au-dessous de l'homme. Jupiter balaya cet insignifiant petit monde par des tremblements de terre et des inondations, et il n'en resta qu'un océan boueux, où les dernières traces de cette activité frivole furent ensevelies. Que de gens de nos jours dont l'idéal ne dépasse pas le bonheur des Atlantes, un bonheur plat et vulgaire, un âge de plomb ou d'étain, qui ferait regretter l'âge de fer, où, toute beauté morale ayant disparu, toute pensée étant émoussée, il ne resterait plus pour remplir la vie que le plaisir ! Le plaisir, c'est trop dire : le plaisir suppose de l'activité, de l'éveil ; les siècles sérieux et austères ont été plus gais que le nôtre. Ce qui survivrait, ce serait la sottise, contente d'elle-même, s'épanouissant à son aise au soleil et procédant sans regrets aux funérailles du génie.

Ne nous étonnons donc pas si notre jubilé industriel n'a rien inspiré ni rien produit dans l'ordre de l'esprit. Spectacle éblouissant pour les yeux, étude instructive pour l'homme pratique et spécial, il dit peu de chose à la pensée. Où est dans tout cela le sentiment des destinées supérieures de l'humanité ? Il serait injuste de demander au palais de l'Industrie ce qu'il ne pouvait donner, et aucune des observations qui précèdent ne renferme le moindre reproche ni contre l'idée en elle-même, ni contre la manière dont elle a été exécutée. J'ai voulu montrer seulement, par un des exemples les plus considérables de notre siècle, combien les événements qui parlaient le plus vivement à l'imagination des hommes sont de nos jours amoindris, combien les sources poétiques du monde contemporain sont taries, comment enfin la poésie n'est plus que dans le passé, en sorte que les vrais poëtes de notre temps sont le critique et l'historien qui vont l'y chercher.

Loin de nous ces lamentations d'esprits chagrins qui, bornés dans leurs sympathies à une époque ou à une forme du passé, s'obstinent, par une sorte de défi contre l'opinion, à appeler perversion ce que d'autres appellent le progrès. A quoi nous servirait l'histoire si elle ne nous apprenait à distribuer avec la plus grande précaution l'éloge et le blâme aux révolutions qui s'accomplissent, et dont les dernières conséquences ne se sont point encore manifestées ? Le blâme, d'ailleurs, serait ici tout aussi déplacé que l'enthousiasme. Notre siècle ne va ni vers le bien ni vers le mal ; il va vers la médiocrité. En toute chose, ce qui réussit de nos jours, c'est le médiocre. On ne saurait nier que l'application générale des esprits à des poursuites mesquines, mais assez inoffensives, n'ait effacé du monde beaucoup de mal. Mais les grands côtés du développement humain en ont-ils profité? La foule qui se presse sous ces voûtes de cristal est-elle plus éclairée, plus morale, plus vraiment religieuse qu'on ne l'était il y a deux siècles? On en peut douter. Il ne semble pas que beaucoup de personnes soient sorties du palais de l'Exposition meilleures qu'elles n'y étaient entrées ; il faut même ajouter que le but de MM. les exposants n'eût pas été précisément atteint si tous les visiteurs avaient été assez sages pour dire en sortant : « Que de choses dont je peux me passer ! »

LA POÉSIE DES RACES CELTIQUES

Lorsqu'en voyageant dans la presqu'île armoricaine on dépasse la région, plus rapprochée du continent, où se prolonge la physionomie gaie, mais commune, de la Normandie et du Maine, et qu'on entre dans la véritable Bretagne, dans celle qui mérite ce nom par la langue et la race, le plus brusque changement se fait sentir tout à coup. Un vent froid, plein de vague et de tristesse, s'élève et transporte l'âme vers d'autres pensées ; le sommet des arbres se dépouille et se tord ; la bruyère étend au loin sa teinte uniforme ; le granit perce à chaque pas un sol trop maigre pour le revêtir ; une mer presque toujours sombre forme à l'horizon un cercle d'éternels gémissements. Même contraste dans les hommes : à la vulgarité normande, à une population grasse et plantureuse, contente de vivre, pleine de ses intérêts, égoïste comme tous ceux dont l'habitude est de jouir, succède une race timide, réservée, vivant toute au dedans, pesante en apparence, mais sentant profondément et portant dans ses instincts religieux une adorable délicatesse. Le même contraste frappe, dit-on, quand on passe de l'Angleterre au pays de Galles, de la basse Écosse, anglaise de langage et de mœurs, au pays des Gaëls du nord, et aussi, mais avec une nuance sensiblement différente, quand on s'enfonce dans les parties de l'Irlande où la race est restée pure de tout mélange avec l'étranger. Il semble que l'on entre dans les couches souterraines d'un autre âge, et l'on ressent quelque chose des impressions que Dante nous fait éprouver quand il nous conduit d'un cercle à un autre de son enfer.

On ne réfléchit pas assez à ce qu'a d'étrange ce fait d'une antique race continuant jusqu'à nos jours et presque sous nos yeux sa vie propre dans quelques îles et presqu'îles perdues de l'Occident, de plus en plus distraite, il est vrai, par les bruits du dehors, mais fidèle encore à sa langue, à ses souvenirs, à ses mœurs et à son esprit. On oublie surtout que ce petit peuple, resserré maintenant aux confins du monde, au milieu des rochers et des montagnes où ses ennemis n'ont pu le forcer, est en possession d'une littérature qui a exercé au moyen âge une immense influence, changé le tour de l'imagination européenne et imposé ses motifs poétiques à presque toute la chrétienté. Il ne faudrait pourtant qu'ouvrir les monuments authentiques du génie gallois pour se convaincre que la race qui les a créés a eu sa manière originale de sentir et de penser, que nulle part l'éternelle illusion ne se para de plus séduisantes couleurs, et que, dans le grand concert de l'espèce humaine, aucune famille n'égala celle-ci pour les sons pénétrants qui vont au cœur. Hélas! elle est aussi condamnée à disparaître, cette émeraude des mers du couchant ! Arthur ne reviendra pas de son île enchantée, et saint Patrice avait raison de dire à Ossian : « Les héros que tu pleures sont morts ; peuvent-ils renaître ? » Il est temps de noter, avant qu'ils passent, les tons divins expirant ainsi à l'horizon devant le tumulte croissant de l'uniforme civilisation. Quand la critique ne servirait qu'à recueillir ces échos lointains et à rendre une voix aux races qui ne sont plus, ne serait-ce pas assez pour l'absoudre du reproche qu'on lui adresse trop souvent et sans raison de n'être que négative ?

De bons ouvrages facilitent aujourd'hui la tâche de

celui qui entreprend l'étude de ces curieuses littératures. Le pays de Galles surtout se distingue par une activité scientifique et littéraire, à laquelle ne préside pas toujours une bien rigoureuse critique, mais qu'on ne saurait trop louer. Là, des travaux qui honoreraient les écoles savantes les plus actives de l'Europe sont l'œuvre d'amateurs dévoués. Un paysan, Owenn Jones, publia en 1801, sous le titre d'*Archéologie galloise de Myvyr*, ce précieux répertoire qui est encore aujourd'hui l'arsenal des antiquités kymriques. Une foule de travailleurs érudits et zélés, MM. Aneurin Owenn, Thomas Price de Crickhowel, Williams Rees, John Jones, marchant sur les traces du paysan de Myvyr, s'attachèrent à compléter son œuvre et à tirer parti des trésors qu'il y avait entassés. Une femme distinguée, lady Charlotte Guest, s'est chargée de faire connaître à l'Europe le recueil des *Mabinogion*[1], la perle de la littérature galloise, l'expression la plus complète du génie kymrique. Ce magnifique ouvrage, exécuté en

---

[1] *The Mabinogion, from the Llyfr Coch o Hergest, and other ancient Welsh Manuscripts, with an english translation and notes*, by lady Charlotte Guest. London and Llandovery, 1837-49. Le mot *mabinogi* (au pluriel *mabinogion*) désigne une forme de récit romanesque particulière au pays de Galles. L'origine et la signification primitive de ce mot sont fort incertaines, et on peut contester le droit qu'a eu lady Ch. Guest de l'appliquer à l'ensemble des récits qu'elle a publiés.

douze années avec le luxe que le riche amateur anglais sait déployer en ses publications, attestera un jour combien la conscience des races celtiques fut encore vivace dans notre siècle. Seul, en effet, le patriotisme le plus sincère pouvait inspirer à une femme le courage d'entreprendre et d'achever un aussi vaste monument. — L'Écosse et l'Italie se sont également enrichies d'une foule de travaux sur leur ancienne histoire. Notre Bretagne enfin, quoique trop rarement étudiée avec cette rigueur de philologie et de critique que l'on exige maintenant dans les œuvres d'érudition, a fourni aux antiquités celtiques son contingent de travaux estimables. Ne suffit-il pas de citer M. de la Villemarqué, dont le nom restera désormais attaché à ces études parmi nous, et dont les services sont assez incontestables pour que la critique n'ait point à craindre de le déprécier aux yeux d'un public qui l'a accepté avec tant d'empressement et de sympathie?

I

Si l'excellence des races devait être appréciée par la pureté de leur sang et l'inviolabilité de leur caractère, aucune, il faut l'avouer, ne pourrait le disputer en noblesse aux restes encore subsistants de la race celtique[1]. Jamais famille humaine n'a vécu plus isolée du monde et plus pure de tout mélange étranger. Resserrée par la conquête dans des îles et des presqu'îles oubliées, elle a opposé une barrière infranchissable aux influences du dehors : elle a tout tiré d'elle-même, et n'a vécu que de son propre fonds. De là cette puissante individualité, cette haine de l'étranger qui, jusqu'à nos jours, a formé le trait essentiel des peuples celtiques. La civilisation de Rome les atteignit à peine et ne laissa parmi eux que peu de traces. L'invasion germanique les refoula, mais ne les pénétra point. A l'heure qu'il est, ils résistent encore à une invasion bien autrement dangereuse, celle de la civilisation moderne, si destructive des variétés locales et des

[1] Pour éviter tout malentendu, je dois avertir que par le mot *celtique* je désigne ici, non l'ensemble de la grande race qui a formé, à une époque reculée, la population de presque tout l'Occident, mais uniquement les quatre groupes qui de nos jours méritent encore de porter ce nom, par opposition aux Germains et aux peuples néo-latins. Ces quatre groupes sont : 1° les habitants du pays de Galles ou Cambrie et de la presqu'île de Cornwall, portant encore de nos jours l'antique nom de *Kymris*; 2° les *Bretons bretonnants*, ou habitants de la Bretagne française parlant bas-breton, qui sont une émigration des Kymris, du pays de Galles; 3° les Gaëls du nord de l'Écosse, parlant gaëlic; 4° les Irlandais, bien qu'une ligne très-profonde de démarcation sépare l'Irlande du reste de la famille celtique.

types nationaux. L'Irlande en particulier (et là peut-être est le secret de son irrémédiable faiblesse) est la seule terre de l'Europe où l'indigène puisse produire les titres de sa descendance, et désigner avec certitude, jusqu'aux ténèbres anté-historiques, la race d'où il est sorti.

C'est dans cette vie retirée, dans cette défiance contre tout ce qui vient du dehors, qu'il faut chercher l'explication des traits principaux du caractère de la race celtique. Elle a tous les défauts et toutes les qualités de l'homme solitaire : à la fois fière et timide, puissante par le sentiment et faible dans l'action; chez elle, libre et épanouie; à l'extérieur, gauche et embarrassée. Elle se défie de l'étranger, parce qu'elle y voit un être plus raffiné qu'elle, et qui abuserait de sa simplicité. Indifférente à l'admiration d'autrui, elle ne demande qu'une chose, qu'on la laisse chez elle. C'est par excellence une race domestique, formée pour la famille et les joies du foyer. Chez aucune race, le lien du sang n'a été plus fort, n'a créé plus de devoirs, n'a rattaché l'homme à son semblable avec autant d'étendue et de profondeur. Toute l'institution sociale des peuples celtiques n'était à l'origine qu'une extension de la famille. Une expression vulgaire atteste encore aujourd'hui que nulle part la trace de cette grande organisation de la parenté ne s'est mieux conservée qu'en Bretagne. C'est en effet une opinion répandue en ce pays que le sang parle, et que deux parents inconnus l'un à l'autre, se rencontrant sur quelque point du monde que ce soit, se reconnaissent à la secrète et mystérieuse émotion qu'ils éprouvent l'un devant l'autre. Le respect des morts tient au même principe. Nulle part la condition des morts n'a été meilleure que chez les peuples bretons ; nulle part le tombeau ne recueille autant de souvenirs et de prières. C'est que la vie n'est pas pour ces peuples une aventure personnelle que chacun court pour son propre compte et à ses risques et périls : c'est un anneau dans une longue tradition, un don reçu et transmis, une dette payée et un devoir accompli.

On aperçoit sans peine combien des natures aussi fortement concentrées étaient peu propres à fournir un de ces brillants développements qui imposent au monde l'ascendant momentané d'un peuple, et voilà sans doute pourquoi le rôle extérieur de la race kymrique a toujours été secondaire. Dénuée d'expansion, étrangère à toute idée d'agression et de conquête, peu soucieuse de faire prévaloir sa pensée au dehors, elle n'a su que reculer tant que l'espace lui a suffi, puis, acculée dans sa dernière retraite, opposer à ses ennemis une résistance invincible. Sa fidélité même n'a été qu'un dévouement inutile. Dure à soumettre et toujours en arrière du temps, elle est fidèle à ses vainqueurs quand ceux-ci ne le sont plus à eux-mêmes. La dernière, elle a défendu son indépendance religieuse contre Rome, et elle est devenue le plus ferme appui du catholicisme ; la dernière en France, elle a défendu son indépendance politique contre le roi, et elle a donné au monde les derniers royalistes.

Ainsi la race celtique s'est usée à résister au temps et à défendre les causes désespérées. Il ne semble pas qu'à aucune époque elle ait eu d'aptitude pour la vie politique : l'esprit de la famille a étouffé chez elle toute tentative d'organisation plus étendue. Il ne semble pas aussi que les peuples qui la composent soient par eux-mêmes susceptibles de progrès. La vie leur apparaît comme une condition fixe qu'il n'est pas au pouvoir de l'homme de changer. Doués de peu d'initiative, trop portés à s'envisager comme mineurs et en tutelle, ils croient vite à la fatalité et s'y résignent. A la voir si peu audacieuse contre Dieu, on croirait à peine que cette race est fille de Japhet.

De là vient sa tristesse. Prenez les chants de ses bardes du sixième siècle ; ils pleurent plus de défaites qu'ils ne chantent de victoires. Son histoire n'est elle-même qu'une longue complainte ; elle se rappelle encore ses exils, ses fuites à travers les mers. Si parfois elle semble s'égayer, une larme ne tarde pas à briller derrière son sourire ; elle ne connaît pas ce singulier oubli de la condition humaine et de ses destinées qu'on appelle la gaieté. Ses chants de joie finissent en élégies ; rien n'égale la délicieuse tristesse de ses mélodies nationales ; on dirait des émanations d'en haut, qui, tombant goutte à goutte sur l'âme, la traversent comme des souvenirs d'un autre monde. Jamais on n'a savouré aussi longuement ces voluptés solitaires de la conscience, ces réminiscences poétiques où se croisent à la fois toutes les sensations de la vie, si vagues, si profondes, si pénétrantes, que, pour peu qu'elles vinssent à se prolonger, on en mourrait, sans qu'on pût dire si c'est d'amertume ou de douceur.

L'infinie délicatesse de sentiment qui caractérise la race celtique est étroitement liée à son besoin de concentration. Les natures peu expansives sont presque toujours celles qui sentent avec le plus de profondeur ; car plus le sentiment est profond, moins il tend à s'exprimer. De là cette charmante pudeur, ce quelque chose de voilé, de sobre, d'exquis, à égale distance de la rhétorique du sentiment, trop familière aux races latines, et de la naïveté réfléchie de l'Allemagne, qui éclate d'une manière admirable dans les chants publiés par M. de la Villemarqué. La réserve apparente des peuples celtiques, qu'on prend souvent pour de la froideur, tient à cette timidité intérieure qui leur fait croire qu'un sentiment perd la moitié de sa valeur quand il est exprimé, et que le cœur ne doit avoir d'autre spectateur que lui-même.

S'il était permis d'assigner un sexe aux nations comme aux individus, il faudrait dire sans hésiter que la race celtique, surtout envisagée dans sa branche kymrique ou bretonne, est une race essentiellement féminine. Aucune famille humaine, je crois, n'a porté dans l'amour autant de mystère. Nulle autre n'a conçu avec plus de délicatesse l'idéal de la femme et n'en a été plus dominée. C'est une sorte d'enivrement, une folie, un vertige. Lisez l'étrange *mabinogi* de *Pérédur* ou son imitation française, *Parceval le Gallois*; ces pages sont humides, pour ainsi dire, du sentiment féminin. La femme y apparaît comme une sorte de vision vague, intermédiaire entre l'homme et le monde surnaturel. Je ne vois aucune littérature qui offre rien d'analogue à ceci. Comparez Genièvre et Iseult à ces furies scandinaves de Gudruna et de Chrimhilde, et vous avouerez que la femme telle que l'a conçue la chevalerie, — cet idéal de douceur et de beauté posé comme but suprême de la vie,—n'est une création ni classique, ni chrétienne, ni germanique, mais bien réellement celtique.

La puissance de l'imagination est presque toujours proportionnée à la concentration du sentiment et au peu de développement extérieur de la vie. Le caractère si limité de l'imagination de la Grèce et de l'Italie tient à cette facile expansion des peuples du Midi, chez lesquels l'âme, toute répandue au dehors, se réfléchit peu elle-même. Comparée à l'imagination classique, l'imagination celtique est vraiment l'infini comparé au fini. Dans le beau *mabinogi* du *Songe de Maxen Wledig*, l'empereur Maxime voit en rêve une jeune fille si belle qu'à son réveil il déclare ne pouvoir vivre sans elle. Pendant plusieurs années, ses envoyés courent le monde pour la lui trouver : on la rencontre enfin en Bretagne. Ainsi fit la race celtique : elle s'est fatiguée à prendre ses songes pour des réalités et à courir après ses splendides visions. L'élément essentiel de la vie poétique du Celte, c'est l'*aventure*, c'est-à-dire la poursuite de l'inconnu, une course sans fin après l'objet toujours fuyant du désir. Voilà ce que saint Brandan rêvait au delà des mers, voilà ce que Pérédur cherchait dans sa chevalerie mystique, voilà ce que le chevalier Owenn demandait à ses pérégrinations souterraines. Cette race veut l'infini ; elle en a soif, elle le poursuit à tout prix, au delà de la tombe, au delà de l'enfer. Le défaut essentiel des peuples bretons, le penchant à l'ivresse, défaut qui, selon toutes les traditions du sixième siècle, fut la cause de leurs désastres, tient à cet invincible besoin d'illusion. Ne dites pas que c'est appétit de jouissance grossière, car jamais peuple ne fut d'ailleurs plus sobre et plus détaché de toute sensualité ;

non, les Bretons cherchaient dans l'hydromel ce qu'Owenn, saint Brandan et Pérédur poursuivaient à leur manière, la vision du monde invisible. Aujourd'hui encore, en Irlande, l'ivresse fait partie de toutes les fêtes patronales, c'est-à-dire des fêtes qui ont le mieux conservé leur physionomie nationale et populaire.

De là ce profond sentiment de l'avenir et des destinées éternelles de sa race qui a toujours soutenu le Kymri, et le fait apparaître jeune encore à côté de ses conquérants vieillis. De là ce dogme de la résurrection des héros, qui paraît avoir été un de ceux que le christianisme eut le plus de peine à déraciner. De là ce *messianisme celtique,* cette croyance à un vengeur futur qui restaurera la Cambrie et la délivrera de ses oppresseurs, comme le mystérieux Leminok que Merlin leur a promis, le Lez-Breiz des Armoricains, l'Arthur des Gallois[1]. Cette main qui sort du lac quand l'épée d'Arthur y tombe, qui s'en saisit et la brandit trois fois, c'est l'espérance des races celtiques. Les petits peuples doués d'imagination prennent d'ordinaire ainsi leur revanche de ceux qui les ont vaincus.

---

[1] M. Augustin Thierry a finement remarqué que la renommée de prophétisme des Gallois au moyen âge venait de leur fermeté à affirmer l'avenir de leur race. (*Histoire de la conquête de l'Angleterre,* l. XI.)

Se sentant forts au dedans et faibles au dehors, ils protestent, s'exaltent, et une telle lutte décuplant leurs forces les rend capables de miracles. Presque tous les grands appels au surnaturel sont dus à des peuples espérant contre toute espérance. Qui pourra dire ce qui a fermenté de nos jours dans le sein de la nationalité la plus obstinée et la plus impuissante, la Pologne? Israël humilié rêva la conquête spirituelle du monde, et y réussit.

II

La littérature du pays de Galles se divise, au premier coup d'œil, en trois branches parfaitement distinctes : — la littérature bardique ou lyrique, qui jette tout son éclat au sixième siècle par les œuvres de Taliésin, d'Aneurin, de Liwarc'h-Hen, et se continue, par une série non interrompue d'imitations, jusqu'aux temps modernes ; — les *Mabinogion* ou littérature romanesque fixée vers le douzième siècle, mais se rattachant par le fond des idées aux âges les plus reculés du génie celtique ;— enfin une littérature ecclésiastique et légendaire, empreinte d'un cachet tout particulier. Ces trois littératures semblent avoir vécu côte à côte presque sans se connaître. Les bardes, fiers de leur rhétorique solennelle, méprisaient les contes populaires, dont ils trouvaient la forme trop négligée ; bardes et conteurs, d'un autre côté, paraissent avoir eu très-peu de rapports avec le clergé, et on serait parfois tenté de supposer qu'ils ignorent l'existence du christianisme. A notre avis, c'est dans les *Mabinogion* qu'il faut chercher la véritable expression du génie celtique, et il est surprenant qu'une aussi curieuse littérature, source de presque toutes les créations romanesques de l'Europe, soit restée inconnue jusqu'à nos jours. La cause en doit être attribuée sans doute à l'état de dispersion où étaient les manuscrits gallois, poursuivis jusqu'au dernier siècle par les Anglais comme des livres séditieux, compromettant ceux qui les possédaient, et trop souvent aussi égarés entre les mains de propriétaires ignorants, dont le caprice ou la mauvaise volonté suffisaient pour les soustraire aux recherches de la critique.

Les *Mabinogion* nous ont été conservés dans deux principaux manuscrits, l'un du treizième siècle, de la bibliothèque d'Hengurt, appartenant à la famille Vaughan ; l'autre, du quatorzième, connu sous le nom de *Livre rouge d'Hergest* et maintenant au collége de Jésus à Oxford. C'est sans doute une collection semblable qui charma à la Tour de Londres les ennuis du malheureux Léolin, et fut brûlée, après sa condamnation, avec les autres livres gallois qui avaient été les compagnons de sa captivité. Lady Charlotte Guest a fait son édition sur le manuscrit d'Oxford : on ne peut assez regretter que des considérations mesquines lui aient fait refuser l'usage du premier manuscrit, dont le second paraît n'être qu'une copie. Les regrets redoublent quand on sait que plusieurs textes gallois, qui ont été vus et copiés il y a cinquante ans, ont disparu de nos jours. C'est en présence de pareils faits que l'on arrive à croire que les révolutions, en général si destructives des œuvres du passé, sont favorables à la conservation des monuments littéraires, en les forçant à se concentrer dans de grands dépôts, où leur existence comme leur publicité est assurée.

Le ton général des *Mabinogion* est plutôt romanesque qu'épique. La vie y est prise naïvement et sans emphase. L'individualité du héros est absolument sans limites. Ce sont de nobles et franches natures agissant dans toute leur spontanéité. Chaque homme apparaît comme une sorte de demi-dieu caractérisé par un don surnaturel ; ce don est presque toujours attaché à un objet merveilleux, qui est en quelque sorte le sceau personnel de celui qui le possède. Les classes inférieures, que suppose nécessairement au-dessous de lui ce peuple de héros, se montrent à peine, si ce n'est comme exerçant quelque métier, et à ce titre fort honorées. Les produits un peu compliqués de l'industrie humaine sont envisagés comme des êtres vivants et doués à leur manière d'une propriété magique. Une foule d'objets célèbres ont des noms propres : tels sont le vaisseau, la lance, l'épée, le bouclier d'Arthur ; l'échiquier de Gwenddolen, où les pièces noires jouaient d'elles-mêmes contre les blanches ; la corne de Bran-Galed, où l'on trouvait la liqueur que l'on désirait ; le char de Morgan, qui se dirigeait de lui-même vers le lieu où l'on voulait aller ; le bassin de Tyrnog, qui ne cuisait pas quand on y mettait de la viande pour un lâche ; la pierre à aiguiser de Tudwal, qui n'aiguisait que l'épée des braves ; l'habit de Padarn, qui ne seyait qu'à un noble ; le manteau de Tegan, qu'une femme ne pouvait revêtir, si elle n'était irréprochable [1]. L'animal est conçu d'une manière bien plus individuelle encore : il a un nom propre, des qualités personnelles, un rôle qu'il développe à sa guise et avec pleine conscience. Le même héros apparaît à la fois comme homme et animal, sans qu'il soit possible de tracer la ligne de démarcation des deux natures. Le conte de *Kilhwch et Olwen*, le plus extraordinaire des *Mabino-*

---

[1] On reconnaît ici l'origine de l'épreuve du *court mantel*, un des plus spirituels épisodes de *Lancelot du Lac*.

gion, roule sur la lutte d'Arthur contre le roi-sanglier Twrch-Trwyth, qui, avec ses sept marcassins, tient en échec tous les héros de la Table ronde. Les aventures des trois cents corbeaux de Kerverhenn forment de même le sujet du *Songe de Rhonabwy*. L'idée de mérite et de démérite moral est à peu près absente de toutes ces compositions. Il y a des êtres méchants qui insultent les dames, qui tyrannisent leurs voisins, qui ne se plaisent qu'au mal, parce que telle est leur nature; mais on ne paraît pas leur en vouloir pour cela. Les chevaliers d'Arthur les poursuivent, non pas comme coupables mais comme malfaisants. Tous les autres êtres sont parfaitement bons et loyaux, mais plus ou moins richement doués. C'est le rêve d'une race aimable et douce qui conçoit le mal comme le fait de la fatalité, et non comme un produit de la conscience humaine. La nature entière est enchantée et féconde, comme l'imagination elle-même, en créations indéfiniment variées. Le christianisme se décèle rarement; bien qu'on en sente parfois le voisinage, il n'altère en rien le milieu purement naturaliste où tout se meut. Un évêque figure à table à côté d'Arthur; mais sa fonction se borne strictement à bénir les plats. Les saints d'Irlande, qui apparaissent un moment pour donner leur bénédiction à Arthur et en recevoir des faveurs, sont représentés comme une race d'hommes vaguement connue, et que l'on ne comprend pas. Aucune littérature du moyen âge ne s'est tenue plus éloignée de toute influence monacale. Il faut évidemment supposer que les bardes et les conteurs gallois vivaient fort isolés du clergé, ayant leur culture et leurs traditions tout à fait à part.

Le charme des *Mabinogion* réside principalement dans cette aimable sérénité de la conscience celtique, ni triste ni gaie, toujours suspendue entre un sourire et une larme. C'est le récit limpide d'un enfant, sans distinction de noble ni de vulgaire, quelque chose de ce monde doucement animé, de cet idéal tranquille et calme où nous transportent les stances de l'Arioste. Le bavardage des derniers imitateurs français et allemands du moyen âge ne peut donner une idée de cette charmante manière de raconter. L'habile Chrétien de Troyes lui-même reste en cela, ce me semble, fort au-dessous des conteurs gallois, et, quant à Wolfram d'Eschenbach, il faut avouer que la joie de la première découverte a trop porté les critiques allemands à surfaire ses mérites. Il se perd en d'interminables descriptions et ignore presque complétement l'art du récit.

Ce qui frappe au premier coup d'œil dans les compositions idéales des races celtiques, surtout quand on les compare à celles des races germaniques, c'est l'extrême douceur de mœurs qui y respire. Point de ces vengeances effroyables qui remplissent l'*Edda* et les *Niebelungen*. Comparez le héros celtique et le héros germanique, Beowulf et Pérédur par exemple. Quelle différence ! Là, toute l'horreur de la barbarie dégouttante de sang, l'enivrement du carnage, le goût désintéressé, si j'ose le dire, de la destruction et de la mort ; — ici, au contraire, un profond sentiment de la justice, une grande exaltation de la fierté individuelle, il est vrai, mais aussi un grand besoin de dévouement, une exquise loyauté. L'homme tyrannique, l'*homme noir*, le monstre, ne sont là, comme dans Homère les Lestrigons et les Cyclopes, que pour inspirer l'horreur par le contraste avec des mœurs plus douces ; ils sont à peu près ce qu'est le *méchant* pour l'imagination naïve d'un enfant élevé par sa mère dans les idées d'une douce et pieuse moralité. L'homme primitif de la Germanie révolte par sa brutalité sans objet, par cet amour du mal, qui ne le rend ingénieux et fort que pour haïr et pour nuire. Le héros kymrique, au contraire, même dans ses plus étranges écarts, semble dominé par des habitudes de bienveillance et une vive sympa... pour les êtres faibles. Ce sentiment est un des plus profonds chez les peuples celtiques. Ils ont eu pitié même de Judas. Saint Brandan le rencontra sur un rocher au milieu des mers polaires : il passe là un jour par semaine pour se rafraîchir des feux de l'enfer; un drap qu'il avait donné en aumône à un lépreux est suspendu devant lui et tempère ses souffrances.

Si le pays de Galles a droit d'être fier de ses *Mabinogion*, il n'a pas moins à se féliciter d'avoir trouvé un traducteur vraiment digne de les interpréter. Pour comprendre ces originales beautés, il fallait un sentiment délicat de la narration galloise, une intelligence du naïf, dont un traducteur érudit se serait montré difficilement capable. Pour rendre ces gracieuses imaginations d'un peuple si éminemment doué du tact féminin, il fallait la plume d'une femme. Simple, animée, sans recherche et sans vulgarité, la traduction de lady Charlotte Guest est le miroir fidèle de l'original kymrique. En supposant que, sous le rapport de la philologie, le travail de la noble Galloise soit destiné à recevoir des améliorations, cela n'empêchera pas qu'il ne reste toujours une œuvre d'érudition et de goût fort distinguée [1].

Les *Mabinogion*, ou du moins les récits que lady Charlotte Guest a cru devoir désigner sous ce nom commun, se divisent en deux classes parfaitement distinctes, — les uns se rapportant exclusivement aux

---

[1] M. de la Villemarqué a publié en 1842, sous le titre de *Contes populaires des anciens Bretons*, la traduction française des récits que lady Charlotte Guest avait déjà publiés en anglais à cette époque.

deux presqu'îles de Galles et de Cornouailles et rattachés au personnage héroïque d'Arthur,— les autres, étrangers à Arthur, ayant pour théâtre non-seulement les parties de l'Angleterre restées kymriques, mais la Grande-Bretagne tout entière, et nous ramenant par les personnages et les souvenirs qui y sont mentionnés aux derniers temps de l'occupation romaine. La seconde classe, plus ancienne que la première, au moins pour le fond des sujets, se distingue aussi par un caractère beaucoup plus mythologique, un usage plus hardi du merveilleux, une forme énigmatique, un style plein d'allitérations et de jeux de mots. De ce nombre sont les contes de *Pwyl*, de *Branwen*, de *Manavidan*, de *Math fils de Mathonwy*, le *Songe de l'empereur Maxime*, le conte de *Llud et Llewelys*, et la légende de *Taliésin*. — Au cycle d'Arthur appartiennent les récits d'*Owain*, de *Ghéraint*, de *Pérédur*, de *Kilhwch et Olwen*, et le *Songe de Rhonabwy*. Il faut encore remarquer que, dans cette seconde classe, les deux derniers récits ont un caractère particulier d'ancienneté. Arthur y réside en Cornouailles, et non, comme dans les autres, à Caerléon sur l'Usk. Il y paraît avec un caractère individuel, chassant et faisant lui-même la guerre, tandis que dans les contes plus modernes, il n'est qu'un empereur tout-puissant et impassible, un vrai héros fainéant, autour duquel se groupe une pléiade de héros actifs. Le mabinogi de *Kilhwch et Olwen*[1], par sa physionomie toute primitive, par le rôle qu'y joue le sanglier, conformément aux données de la mythologie celtique, par la contexture du récit entièrement surnaturelle et magique, par d'innombrables allusions dont le sens nous échappe, forme un cycle à lui seul, et nous représente la conception kymrique dans toute sa pureté, avant qu'elle eût été modifiée par l'introduction d'aucun élément étranger. Sans essayer ici l'analyse de ce curieux poëme, je voudrais par quelques extraits en faire comprendre la physionomie antique et la haute originalité.

Kilhwch, fils de Kilydd, prince de Kelyddon, ayant entendu prononcer le nom d'Olwen, fille d'Yspaddaden Penkawr, en devient éperdument amoureux, sans l'avoir jamais vue. Il va trouver Arthur pour réclamer son aide dans la conquête difficile qu'il médite : il ne sait pas en effet quel pays habite la beauté qu'il aime; Yspaddaden d'ailleurs est un affreux tyran qui ne laisse personne sortir vivant de son château, et dont la mort est fatalement liée au mariage de sa fille[2]. Arthur donne à

---

[1] On peut en lire une traduction française, faite d'après la traduction de lady Charlotte Guest, dans la *Revue Britannique*, juillet 1843, et une traduction allemande dans les *Beiträge zur bretonischen und celtisch-germanischen Heldensage*, de San-Marte (A. Schulz); Quedlinburg et Leipsig, 1847.

[2] L'idée de poser la mort du père comme la condition de la

Kilhwch quelques-uns de ses plus braves compagnons pour le seconder dans cette entreprise. Après de prodigieuses aventures, les chevaliers arrivent au château d'Yspaddaden, et parviennent à voir la jeune fille rêvée par Kilhwch. Ils n'obtiennent qu'après trois jours de luttes persévérantes la réponse du père d'Olwen, qui met à la main de sa fille des conditions en apparence impossibles à réaliser. L'accomplissement de ces épreuves forme une vaste chaîne d'aventures, la trame d'une véritable épopée romanesque, qui nous est parvenue d'une manière fort incomplète. Des trente-huit aventures imposées à Kilhwch, le manuscrit dont s'est servie lady Charlotte Guest n'en raconte que sept ou huit. Je choisis au hasard un de ces récits qui me semble propre à donner une idée de la composition tout entière. Il s'agit de retrouver Mabon, fils de Modron, qui fut enlevé à sa mère trois jours après sa naissance, et dont la délivrance est un des travaux exigés de Kilhwch.

« Les compagnons d'Arthur lui dirent : « Seigneur, retourne chez toi; tu ne peux pas poursuivre avec tes hommes d'aussi chétives aventures que celle-ci. » Alors Arthur dit : « Il serait bien, Gwrhyr Gwalstawd Jeithoedd, que tu prisses part à cette recherche, car tu sais tous les langages, même celui des oiseaux

possession de la fille se retrouve dans plusieurs romans du cycle breton, dans *Lancelot* par exemple.

et des bêtes. (Gwrhryr avait cette particularité, que de Gelli Wic en Cornouailles il voyait les moucherons se lever avec le soleil jusqu'à Pen Blathaon, au nord de la Bretagne. Chaque premier mai, jusqu'au jour du jugement, il se bat avec Gwym, fils de Nudd, pour Creiddylad, fille de Llyr [1]. Celui qui alors sera vainqueur possédera la jeune fille.) Pour vous, Kai et Bedwyr, quelque aventure que vous entrepreniez, vous la mènerez à fin. (Kai avait cette particularité, que sa respiration durait neuf jours et neuf nuits sous l'eau, et qu'il pouvait vivre neuf jours et neuf nuits sans dormir. Quand il lui plaisait, il pouvait se rendre aussi grand que les plus grands arbres de la forêt. Bedwyr étendait sa barbe rouge sur les quarante-huit solives de la salle d'Arthur; enterré à sept coudées sous terre, il aurait entendu la fourmi, à cinquante milles de distance, sortir de son nid le matin.) Achevez cette aventure pour moi. »

Ils allèrent en avant, jusqu'à ce qu'ils arrivèrent au merle de Cilgwri. Gwrhyr l'adjura au nom du ciel, disant : « Dis-moi si tu sais quelque chose touchant Mabon, fils de Modron, qui fut enlevé à sa mère lorsqu'il n'était âgé que de trois nuits? » Et le merle répondit : « Quand je vins d'abord ici, il s'y trouvait une enclume de forgeron; j'étais alors un jeune oiseau. Depuis ce temps, l'enclume n'a reçu d'autres coups que ceux de mon bec chaque matin, et maintenant il n'en reste pas la grosseur d'une noix. Cependant que la vengeance des cieux soit sur sur moi si, durant ce temps, j'ai jamais entendu nommer l'homme dont vous parlez! Je veux faire néanmoins ce qui est juste, et ce qu'il convient que je fasse pour une ambassade d'Arthur. Il y a ici une race d'animaux qui fut créée avant moi; je veux vous conduire auprès d'elle. »

Ils allèrent donc jusqu'au lieu où était le cerf de Redynvre : « Cerf de Redynvre, nous venons à toi de la part d'Arthur, parce

[1] Cordélie, fille de Lear.

que nous n'avons pas entendu parler d'un animal plus vieux que toi. Dis, sais-tu quelque chose touchant Mabon, fils de Modron, qui fut enlevé à sa mère lorsqu'il était âgé de trois nuits? » Le cerf répondit : « Quand je vins ici pour la première fois, la plaine tout alentour ne possédait aucun arbre, si ce n'est un jeune chêne qui devint un chêne à cent branches. Ce chêne est mort, et il n'en reste maintenant qu'un tronc desséché. A partir du jour où j'arrivai, je n'ai pas quitté ce lieu, et je n'ai jamais entendu nommer l'homme dont vous parlez. Néanmoins, comme vous êtes des ambassadeurs d'Arthur, je veux vous guider jusqu'à un lieu où il y a un animal qui fut créé avant moi. »

Ils allèrent donc jusqu'au hibou de Coum Cawlwyd : « Hibou de Coum Cawlwyd, voici une ambassade d'Arthur : sais-tu quelque chose touchant Mabon, fils de Modron, qui fut enlevé à sa mère lorsqu'il n'était âgé que de trois nuits? — Si je le savais, je vous le dirais. Lorsque j'arrivai d'abord ici, la vallée que vous voyez était un vallon boisé. Puis vint une race d'hommes qui arracha les arbres. Un second bois s'éleva, et celui-ci est le troisième. Mes ailes ne sont plus que des moignons desséchés. Pourtant, durant un si long espace de temps, je n'ai jamais entendu parler de l'homme dont vous vous informez. Je veux néanmoins servir de guide à l'ambassade d'Arthur jusqu'à ce que nous arrivions au plus vieil animal du monde et celui qui a le plus voyagé, l'aigle de Gwern Abwy. »

Gwrhyr dit : « Aigle de Gwern Abwy, une ambassade d'Arthur vient à toi pour te demander si tu sais quelque chose touchant Mabon, fils de Modron, qui a été enlevé à sa mère lorsqu'il n'était âgé que de trois nuits. » L'aigle répondit : « Je suis ici depuis un long espace de temps. Quand je vins en ce lieu pour la première fois, il s'y trouvait un rocher dont j'ai becqueté le sommet chaque soir à la lueur des étoiles; maintenant il n'en reste plus la hauteur d'un palme. Du jour où je vins ici, je n'ai jamais quitté ce lieu, et jamais non plus je n'ai entendu nommer l'homme dont vous parlez, si ce n'est une fois que j'allai chercher ma nourriture jusqu'à Llyn Llyw. Quand j'arrivai là, je saisis de mes serres un saumon, pensant qu'il me servirait pour longtemps de nourriture; mais il m'entraîna dans l'abime, et j'eus grand'peine à lui échapper. Ensuite j'allai l'attaquer avec tous mes parents pour tenter de le détruire; mais il m'envoya des messagers, et fit la paix avec moi. Il vint même me supplier d'ôter de son dos cinquante harpons qui s'y trouvaient. S'il ne peut vous donner des renseignements sur l'homme dont vous parlez, je ne sais qui le pourra. »

Ils allèrent donc en ce lieu, et l'aigle dit : « Saumon de Llyn Llyw, je viens à toi avec une ambassade d'Arthur pour te demander si tu sais quelque chose touchant Mabon, fils de Modron, qui a été enlevé à sa mère lorsqu'il n'était âgé que de trois nuits ? — Tout ce que je sais, je te le dirai. A chaque marée, je remonte la rivière jusqu'à ce que j'arrive près de Glocester; là j'ai trouvé des douleurs telles que je n'en vis jamais ailleurs de semblables. Et afin que vous puissiez ajouter foi à ce que je vous dis, que deux d'entre vous montent sur mes épaules. Je les porterai jusqu'à cet endroit. » Kai et Gwrhyr Gwalstawd Jeithoedd montèrent donc sur les épaules du saumon, et ils arrivèrent sous les murs d'une prison. Là ils entendirent de grands gémissements et de grandes lamentations qui sortaient du donjon. Gwrhyr dit : « Qui se lamente dans cette maison de pierre ? — Hélas! celui qui est ici n'a que trop sujet de se lamenter. C'est Mabon, fils de Modron, qui est ici emprisonné. Nulle captivité ne fut jamais si cruelle que la mienne, ni celle de Lludd Llaw Ereint, ni celle de Greid, fils d'Ĕri. — As-tu l'espérance d'être délivré pour de l'or, de l'argent, des présents, ou par des combats et par la force? — Je ne puis être délivré que par la force... »

Nous ne suivrons pas le héros kymrique à travers des épreuves dont le dénoûment est prévu. Ce qui frappe surtout dans ces étranges récits, c'est la place qu'y tiennent les animaux transformés par l'imagination galloise en créatures intelligentes. Aucune race ne conversa aussi intimement que la race celtique avec les êtres inférieurs, et ne leur accorda une aussi large part de vie morale [1]. L'association intime de l'homme et de l'animal, les fictions, si chères à la poésie du moyen âge, du *chevalier au lion*, du *chevalier au faucon*, du *chevalier au cygne*, les vœux consacrés par la présence d'oiseaux réputés nobles, tels que le faisan, le héron, sont autant d'imaginations bretonnes. La littérature ecclésiastique elle-même présente des traits analogues : la mansuétude pour les animaux éclate dans toutes les légendes des saints de Bretagne et d'Irlande. Un jour, saint Keivin s'endormit en priant à sa fenêtre les bras étendus ; une hirondelle, apercevant la main ouverte du vieux moine, trouva la place excellente pour y faire son nid ; le saint à son réveil, voyant la mère qui couvait ses œufs, ne voulut pas la déranger, et attendit pour se relever que les petits fussent éclos.

Cette touchante sympathie tenait elle-même à la vivacité toute particulière que les races celtiques ont portée dans le sentiment de la nature. Leur mythologie n'est qu'un naturalisme transparent, non pas ce na-

---

[1] Voir surtout les récits de Nennius et de Girault de Cambrie. Les animaux y occupent au moins autant de place que les hommes.

turalisme anthropomorphique de la Grèce et de l'Inde, où les forces de l'univers, érigées en êtres vivants et doués de conscience, tendent de plus en plus à se détacher des phénomènes physiques et à devenir des êtres moraux, mais un naturalisme réaliste en quelque sorte, l'amour de la nature pour elle-même, l'impression vive de sa magie, accompagnée du mouvement de tristesse que l'homme éprouve quand, face à face avec elle, il croit l'entendre lui parler de son origine et de sa destinée. La légende de Merlin est le reflet de ce sentiment. Séduit par une fée des bois, il fuit avec elle et devient sauvage. Les messagers d'Arthur le trouvent chantant au bord d'une fontaine; on le ramène à la cour; mais le charme l'emporte; il revient à ses forêts, et cette fois pour toujours. Viviane lui a bâti sous un buisson d'aubépine une prison magique. Là il prophétise l'avenir des races celtiques; il parle d'une jeune fille des bois tantôt visible, tantôt invisible, qui le retient captif par sa magie[1]. — Plusieurs légendes d'Arthur sont empreintes du même caractère. Lui-même devint dans l'opinion populaire comme un esprit des bois. « Les forestiers, en faisant leur ronde au clair de la lune, dit Gervais de Tilbery, entendent souvent un grand bruit de cors et rencontrent des troupes

[1] La Villemarqué, *Contes populaires des anciens Bretons*, t. Ier, p. 45.

de chasseurs ; quand on leur demande d'où ils viennent, ces chasseurs répondent qu'ils font partie de la suite du roi Arthur[1]. » Les imitations françaises des romans bretons conservèrent elle-mêmes l'impression un peu affadie de l'attrait qu'a la nature pour l'imagination des races celtiques. Yblis, l'héroïne de Lancelot, l'idéal de la perfection bretonne, passe sa vie avec ses compagnes dans un jardin, au milieu des fleurs auxquelles elle rend un culte. Chaque fleur cueillie de ses mains renaissait à l'instant, et les adorateurs de sa mémoire s'obligeaient, quand ils coupaient une fleur, à en semer une autre à sa place.

Le culte des forêts, des fontaines et des pierres s'explique par ce naturalisme primitif, que tous les conciles tenus en Bretagne s'attachent à proscrire. La pierre, en effet, semble le symbole naturel des races celtiques. Immuable comme elle, c'est un témoin qui ne meurt pas. L'animal, la plante, la figure humaine surtout, n'expriment la vie divine que sous une forme déterminée ; la pierre, au contraire, apte à recevoir toutes les formes, a été le fétiche des peuples enfants.

[1] Cette manière d'expliquer tous les bruits inconnus des bois par la *Chasse Arthur* se retrouve encore dans plusieurs provinces. Pour bien comprendre le culte de la nature et, si j'ose le dire, du paysage chez les Celtes, voir Gildas et Nennius, p. 131. 136, 137, etc. (Édit. San-Marte, Berlin, 1844.)

Pausanias vit encore debout les trente pierres carrées de Pharæ, portant chacune le nom d'une divinité. Le *men-hir*, qui se rencontre sur toute la surface de l'ancien monde, qu'est-ce, si ce n'est le monument de l'humanité primitive, un vivant témoignage de sa foi au ciel[1] ?

On a souvent observé que la plupart des croyances populaires qui vivent encore dans nos différentes provinces sont d'origine celtique. Un fait non moins remarquable, c'est la forte teinte de naturalisme qui domine dans ces croyances. Aussi, chaque fois que le vieil esprit celtique apparaît dans notre histoire, on voit renaître avec lui la foi à la nature et à ses magiques influences. Une de ces manifestations les plus caractérisées me semble être celle de Jeanne d'Arc. Cette espérance indomptable, cette fermeté dans l'affirmation de l'avenir, cette croyance que le salut du royaume viendra d'une femme, tous ces traits, si éloignés du goût ancien et du goût germanique, sont à beaucoup d'égards cel-

---

[1] Il est douteux, toutefois, que les monuments qu'on appelle en France *celtiques* (*men-hir*, *dol-men*, etc.) viennent des Celtes. Je pense, avec M. Worsaae et les antiquaires de Copenhague, que ces monuments appartiennent à une humanité plus ancienne. Jamais, en effet, aucune branche de la race indo-européenne n'a bâti de la sorte. (Voir deux articles de M. Mérimée dans l'*Athenæum français*, 11 sept. 1852 et 23 avril 1853.)

tiques. Le souvenir du vieux culte s'était perpétué à Domremy, comme dans tant d'autres endroits, sous forme de superstition populaire. La chaumière de la famille d'Arc était ombragée d'un hêtre fameux dans le pays, et dont on faisait le séjour des fées. Dans son enfance, Jeanne allait suspendre à ses branches des guirlandes de feuillage et de fleurs, qui disparaissaient, disait-on, pendant la nuit. Les actes de son procès parlent avec épouvante de cette innocente pratique comme d'un crime contre la foi, et pourtant ils ne se trompaient pas complétement, les impitoyables théologiens qui jugèrent la sainte fille ! Sans qu'elle le sût, elle était plus celtique que chrétienne. Elle a été annoncée par Merlin ; elle ne connaît pas le pape et l'Église ; elle ne croit que la voix de son cœur. Cette voix, elle l'entend dans la campagne, au bruit du vent dans les arbres, quand son ouïe est frappée de sons mesurés et lointains. Durant son procès, fatiguée de questions et de subtilités scolastiques, on lui demande si elle entend ses voix : « Menez-moi dans un bois, dit-elle, et je les entendrai bien [1]. » Sa légende se teignit des mêmes couleurs : la nature l'aimait ; les loups ne touchaient jamais les brebis de son troupeau ; quand elle était pe-

---

[1] « Dixit quod si esset in uno nemore, bene audiret voces venientes ad eam. »

tite, les oiseaux venaient manger son pain dans son giron, comme privés[1].

III

Les *Mabinogion* ne se recommandent pas seulement à notre étude comme manifestation du génie romanesque de la race bretonne. C'est par eux que l'imagination galloise a exercé son influence sur le continent, qu'elle a transformé au douzième siècle la poétique de l'Europe, et réalisé ce prodige que les créations d'une race à demi vaincue soient devenues la fête universelle de l'imagination du genre humain.

[1] Depuis que ces vues, auxquelles je ne voudrais pas que l'on prêtât plus de corps qu'il n'appartient à un aperçu fugitif, ont paru pour la première fois, des considérations analogues ont été développées, en formules un peu trop positives, ce semble, par M. H. Martin. (*Hist. de Fr.*, t. VI, 1856.) Les objections qu'on y a opposées sont venues, pour la plupart, de ce que très-peu de personnes savent comprendre avec délicatesse ces sortes de questions relatives à l'esprit des races. Il arrive souvent que la résurrection d'un vieil esprit national se produit sous une forme très-différente de celle à laquelle on se serait attendu, et par des individus qui n'ont aucune conscience du rôle ethnographique qu'ils remplissent.

Peu de héros doivent moins qu'Arthur à la réalité. Ni Gildas ni Aneurin, ses contemporains, n'en parlent. Bède ne connaît pas même son nom; Taliésin et Liwarc'h-Hen ne le présentent qu'en seconde ligne. Dans Nennius, au contraire, qui vivait vers 850, la légende est pleinement éclose. Arthur est déjà l'exterminateur des Saxons; il n'a jamais subi de défaite; il est le suzerain d'une armée de rois. Enfin dans Geoffroy de Monmouth, la création épique est achevée. Arthur règne sur le monde entier; il conquiert l'Irlande, la Norvége, la Gascogne, la France. Il donne à Caerléon un tournoi où assistent tous les rois de la terre; il y met sur sa tête trente couronnes et se fait reconnaître suzerain de l'univers. Il est si peu croyable qu'un petit roi du sixième siècle, à peine remarqué de ses contemporains, ait pris dans la postérité des proportions si colossales, que plusieurs critiques ont supposé que l'Arthur légendaire et le chef obscur qui a porté ce nom n'ont rien de commun l'un avec l'autre, que le fils d'Uther Pendragon est un héros tout idéal, un survivant de la vieille mythologie kymrique. En effet, dans les symboles du néo-druidisme, c'est-à-dire de cette doctrine secrète, issue du druidisme, qui se prolongea jusqu'en plein moyen âge sous forme de franc-maçonnerie, nous retrouvons Arthur transformé en personnage divin et jouant un rôle purement mythologique. Il faut avouer au moins que, si derrière la fable se cache ici quelque réalité, l'histoire ne nous offre aucun moyen de l'atteindre. On ne peut douter que la découverte du tombeau d'Arthur dans l'île d'Avalon en 1189 ne soit une invention de la politique normande, comme en 1283, en l'année même où Édouard I*er* poursuivait les restes de l'indépendance galloise, son diadème fut retrouvé fort à propos et réuni aux autres joyaux de la couronne d'Angleterre.

On s'attend naturellement à voir Arthur, devenu le représentant de la nationalité galloise, soutenir dans les *Mabinogion* un personnage analogue à ce rôle, et y servir, comme dans Nennius, la haine des vaincus contre les Saxons. Il n'en est rien. Arthur, dans les *Mabinogion*, n'offre aucun caractère de résistance patriotique ; son rôle se borne à réunir autour de lui les héros, à entretenir la police de son palais, à faire observer les lois de son ordre de chevalerie. Il est trop fort pour que personne songe à l'attaquer. C'est le Charlemagne des romans carlovingiens, l'Agamemnon d'Homère, un de ces personnages neutres qui ne servent que pour l'unité du poëme. L'idée de la lutte contre l'étranger, l'antipathie du Saxon, n'apparaît pas une seule fois. Les héros des *Mabinogion* n'ont pas de patrie ; chacun d'eux combat pour montrer son excellence personnelle et par goût des aventures, mais non pour défendre une cause nationale. La Bretagne est l'univers : on ne suppose pas qu'en dehors du monde kymrique il y ait d'autres nations et d'autres races.

C'est par ce caractère d'idéal et de généralité que la fable d'Arthur exerça sur le monde entier un si étonnant prestige. Si Arthur n'avait été qu'un héros provincial, le défenseur plus ou moins heureux d'un petit pays, tous les peuples ne l'eussent pas adopté, pas plus qu'ils n'ont adopté le Marco des Serbes, le Robin Hood des Saxons. L'Arthur qui a séduit le monde est le chef d'un ordre égalitaire où tous s'asseoient à la même table, où l'homme ne vaut qu'à proportion de sa bravoure et de ses dons naturels. Qu'importaient au monde le sort d'une presqu'île ignorée et les combats livrés pour elle? Ce qui l'a enchanté, c'est la cour idéale où préside Gwenhwyvar (Genièvre), où, autour de l'unité monarchique, se réunit la fleur des héros, où les dames, aussi chastes que belles, aiment suivant les lois de la chevalerie, où le temps se passe à écouter des contes, à apprendre la civilité et les belles manières. Voilà le secret de la magie de cette Table-Ronde autour de laquelle le moyen âge groupa toutes ses idées d'héroïsme, de beauté, de pudeur et d'amour. Il ne nous convient pas de rechercher si l'idéal d'une société douce et polie au milieu du monde barbare est dans tous ses traits une création purement bretonne, si l'esprit des cours du continent n'en a pas fourni, à quelques égards, le modèle, et si les *Mabinogion* eux-mêmes n'ont pas subi parfois le contre-coup des imitations françaises[1] ; il nous suffit que l'ordre nouveau de sentiments que nous venons d'indiquer se soit, durant tout le moyen âge, obstinément attaché aux canevas des romans kymriques. Une telle association n'a pu être fortuite ; si les imitations ont toutes une couleur si tranchée, c'est qu'évidemment cette même couleur se trouvait dans l'original avec un caractère particulier d'énergie. Comment expliquer sans cela qu'une tribu oubliée aux confins du monde ait imposé ses héros à l'Europe, et accompli dans le domaine de l'imagination une des révolutions les plus singulières dont l'histoire des lettres ait gardé le souvenir ?

Si l'on compare, en effet, la littérature européenne avant l'introduction des romans kymriques sur le continent à ce qu'elle devint lorsque les trouvères se mirent à puiser aux sources bretonnes, on reconnaît

---

[1] La rédaction qui nous reste des *Mabinogion* est postérieure à ces imitations, et le *livre rouge* renferme plusieurs contes empruntés aux trouvères français. Mais il est impossible de soutenir que les récits vraiment gallois viennent d'un semblable emprunt, puisqu'il y en a parmi eux que les trouvères français n'ont jamais connus, et qui ne pouvaient avoir d'intérêt que pour les pays bretons.

sans peine qu'un élément nouveau est entré avec les récits bretons dans la conception poétique des peuples chrétiens et l'a profondément modifiée. Le poëme carlovingien, par sa contexture et par les moyens qu'il met en œuvre, ne sort pas de la donnée classique. Les mobiles qui font agir l'homme y sont les mêmes que dans l'épopée grecque. Les éléments romantiques par excellence, la vie des forêts et l'aventure mystérieuse, le sentiment de la nature et cet entraînement d'imagination qui fait courir sans cesse le guerrier breton après l'inconnu, rien de tout cela ne se fait jour encore. Roland ne diffère des héros d'Homère que par son armure : par le cœur, il est frère d'Ajax ou d'Achille. Perceval, au contraire, appartient à un autre monde, séparé par un abîme de celui où s'agitent les héros de l'antiquité.

C'est surtout en créant le caractère de la femme, en introduisant dans la poésie, auparavant dure et austère, du moyen âge les nuances de l'amour, que les romans bretons réalisèrent cette curieuse métamorphose. Ce fut comme une étincelle électrique : en quelques années, le goût de l'Europe fut changé. Presque tous les types de femmes que le moyen âge a connus, Genièvre, Iseult, Énide, viennent de la cour d'Arthur. Dans les poëmes carlovingiens, la femme est nulle, sans caractère et sans individualité; l'amour y est brutal, comme dans le roman de *Ferabras*, ou à peine

indiqué, comme dans la chanson de Roland[1]. Dans les
Mabinogion, au contraire, le rôle principal appartient
toujours aux femmes. La galanterie chevaleresque,
qui fait que le bonheur du guerrier est de servir
une femme et de mériter son estime, cette croyance
que l'emploi le plus beau de la force est de sauver et de
venger la faiblesse, tiennent, je le sais, à un tour d'i-
magination qui s'empara de presque tous les peuples
de l'Europe au douzième siècle ; mais on ne peut douter que ce tour d'imagination n'ait d'abord trouvé son
expression littéraire chez les peuples bretons. Un des
traits qui surprennent le plus dans les *Mabinogion* est
la délicatesse du sentiment féminin qui y respire. On
n'y rencontre pas une légèreté ni un mot grossier. Il
faudrait citer en entier les deux romans de *Pérédur* et de *Ghéraint* pour faire comprendre une telle
innocence; or la naïveté de ces charmantes compositions nous défend de songer qu'il y eût en cela quelque arrière-pensée. Le zèle du chevalier à défendre
l'honneur des dames n'est devenu un euphémisme
goguenard que chez les imitateurs français, qui trans-
formèrent la virginale pudeur des romans bretons en
une galanterie effrontée, si bien que ces compositions,
si chastes dans l'original, devinrent le scandale du

[1] Voir P. Paris, *les Chansons de geste* (Paris, Techener, 1859),
p. 7 et suiv.

moyen âge, provoquèrent les censures et furent l'occasion des idées d'immoralité qui, pour les personnes religieuses, s'attachent encore au nom de *roman*.

Certes, la chevalerie est un fait trop complexe pour qu'il soit permis de lui assigner une seule origine. Disons, cependant, que l'idée d'envisager l'estime d'une femme comme l'objet le plus élevé de l'activité humaine et d'ériger l'amour en principe suprême de moralité n'a assurément rien d'antique, rien de germanique non plus. Est-ce dans l'*Edda* et dans les *Niebelungen*, au milieu de ces redoutables emportements de l'égoïsme et de la brutalité, qu'on trouvera le germe de cet esprit de sacrifice, d'amour pur, de dévouement exalté qui fait le fond de la chevalerie? Quant à chercher parmi les Arabes, ainsi qu'on l'a voulu, l'origine de cette institution, entre tous les paradoxes littéraires auxquels il a été donné de faire fortune, celui-ci est vraiment un des plus singuliers. Conquérir la femme dans un pays où on l'achète! rechercher son estime dans un pays où elle est à peine regardée comme susceptible de mérite moral! Aux partisans de cette hypothèse je n'opposerai qu'un seul fait: la surprise qu'éprouvèrent les Arabes de l'Algérie, quand, par un souvenir assez malencontreux des tournois du moyen âge, on chargea les dames de distribuer les prix aux courses du Beïram. Ce qui semblait au chevalier un honneur sans égal parut aux Arabes une humiliation et presque une injure.

L'introduction des romans bretons dans le courant de la littérature européenne opéra une révolution non moins profonde dans la manière de concevoir et d'employer le merveilleux. Dans les poëmes carlovingiens, le merveilleux est timide et conforme à la foi chrétienne : le surnaturel est produit immédiatement par Dieu ou ses envoyés. Chez les Kymris, au contraire, le principe de la *merveille* est dans la nature elle-même, dans ses forces cachées, dans son inépuisable fécondité. C'est un cygne mystérieux, un oiseau fatidique, une main qui apparaît tout à coup, un géant, un tyran noir, un brouillard magique, un dragon, un cri qu'on entend et qui fait mourir d'effroi, un objet aux propriétés extraordinaires. Rien de la conception monothéiste, où le merveilleux n'est qu'un *miracle*, une dérogation à des lois établies. Rien non plus de ces personnifications de la vie de la nature, qui forment le fond des mythologies de la Grèce et de l'Inde. Ici, c'est le naturalisme parfait, la foi indéfinie dans le possible, la croyance à l'existence d'êtres indépendants et portant en eux-mêmes le principe de leur force : idée tout à fait contraire au christianisme, qui, dans de pareils êtres, voit nécessairement des anges ou des démons. Aussi ces individus étranges sont-ils toujours présentés comme en dehors de l'Église, et, quand le chevalier de la Table-Ronde les a vaincus, il leur impose d'aller rendre hommage à Genièvre et se faire baptiser.

Or, s'il est en poésie un merveilleux que nous puissions accepter, c'est assurément celui-là. La mythologie classique, prise dans sa naïveté première, est trop hardie, — prise comme simple figure de rhétorique, trop fade pour nous satisfaire. Quant au merveilleux chrétien, Boileau a raison : il n'y a pas de fiction possible avec un tel dogmatisme. Reste donc le merveilleux purement naturaliste, la nature s'intéressant à l'action et devenant acteur pour sa part, le grand mystère de la fatalité se dévoilant par la conspiration secrète de tous les êtres, comme dans Shakespeare et l'Arioste. Il serait curieux de rechercher ce qu'il y a de celtique dans le premier de ces poëtes; quant à l'Arioste, c'est le poëte breton par excellence. Toutes ses machines, tous ses moyens d'intérêt, toutes ses nuances de sentiment, tous ses types de femmes, toutes ses aventures, sont empruntés aux romans bretons.

Comprend-on maintenant le rôle intellectuel de cette petite race qui a donné au monde Arthur, Genièvre, Lancelot, Perceval, Merlin, saint Brandan, saint Patrice, presque tous les cycles poétiques du moyen âge, et n'est-ce pas une destinée frappante que celle de quelques nations qui seules ont le droit de faire accepter leurs héros, comme s'il fallait pour cela un degré tout particulier d'autorité, de sérieux et de foi? Chose étrange! ce furent les Normands, c'est-à-dire de tous les peuples peut-être le moins sympathique aux Bretons, qui firent la renommée des fables bretonnes. Spirituel et imitateur, le Normand devint partout le représentant éminent de la nation à laquelle il s'était d'abord imposé par la force. Français en France, Anglais en Angleterre, Italien en Italie, Russe à Novogorod, il oublia sa propre langue pour parler celle du peuple qu'il avait vaincu et devenir l'interprète de son génie. Le caractère vivement accusé des romans gallois ne pouvait manquer de frapper des hommes si prompts à saisir et à s'assimiler les idées de l'étranger. La première révélation des fables bretonnes, la chronique latine de Geoffroy de Monmouth, parut, vers 1137, sous les auspices de Robert de Glocester, fils naturel de Henri Ier. Henri II se prit de goût pour les mêmes récits. A sa demande, Robert Wace écrivit en français, en 1155, la première histoire d'Arthur, et ouvrit la voie où marchèrent après lui une nuée de poëtes ou d'imitateurs français, provençaux, italiens, espagnols, anglais, scandinaves, grecs, géorgiens, etc. Il ne faut pas rabaisser la gloire des premiers trouvères qui firent passer dans une langue lue et comprise alors d'un bout à l'autre de l'Europe des fictions qui, sans eux, fussent sans doute restées à jamais obscures. Il est difficile, cependant, de leur attribuer une part d'invention qui permette de leur décerner le titre de créateurs. Les nombreux passages où l'on sent qu'ils ne comprennent pas bien l'original qu'ils imitent et où ils cherchent à donner une signification naturelle à des circonstances dont la portée mythologique leur échappait, suffisent pour prouver qu'ils s'en tenaient d'ordinaire à un calque assez fidèle des canevas qu'ils avaient sous les yeux.

Quel rôle la Bretagne armoricaine a-t-elle joué dans la création ou la propagation des légendes de la Table Ronde? C'est ce qu'il est impossible de dire avec précision; et, à vrai dire, une telle question devient secondaire, quand on s'est fait une juste idée des liens de fraternité intime qui ne cessèrent, jusqu'au douzième siècle, d'unir les deux branches des peuples bretons [1]. Que les traditions héroïques du pays de Galles aient longtemps continué de vivre dans la branche de la famille kymrique qui vint s'établir en Armorique, on n'en

---

[1] Je ne citerai qu'une seule preuve; c'est une loi d'Édouard le Confesseur : « Britones vero Armorici quum venerint in regno isto, suscipi debent et in regno protegi sicut probi cives de corpore regni hujus; exierunt quondam de sanguine Britonum regni hujus. » Wilkins, *Leges anglo-saxonicæ,* p. 206.

peut douter, quand on retrouve Ghéraint, Urien, d'autres
héros encore devenus des saints en Basse-Bretagne,
et surtout quand on voit un des épisodes les plus
essentiels du cycle arthurien, celui de la forêt de
Brocéliande, placé dans le même pays. Un grand
nombre de faits recueillis par M. de la Villemarqué[1]
prouvent, d'un autre côté, que les traditions susdites
ont produit en Bretagne un vrai cycle poétique, et que
même, à certaines époques, elles ont dû repasser la
Manche, comme pour raviver les souvenirs de la mère
patrie. Le fait de Gauthier Calenius, archidiacre d'Oxford, rapportant de Bretagne en Angleterre (vers 1125)
le texte même des légendes qui furent traduites en latin
dix ans après par Geoffroy de Monmouth, est ici
décisif. Je sais qu'aux lecteurs des *Mabinogion* une telle
opinion paraîtra d'abord surprenante. Tout est gallois
dans ces fables : les lieux, les généalogies, les habitudes ; l'Armorique n'y est représentée que par Hoël,
personnage important sans doute, mais qui n'est pas
arrivé à la renommée des autres héros de la cour d'Arthur. Comment d'ailleurs, si l'Armorique a vu naître

[1] *Les romans de la Table-Ronde et les contes des anciens Bretons* (Paris, Didier, 1859), p. 20 et suiv. Dans les *Contes populaires des anciens Bretons*, dont l'écrit précité peut être considéré comme une nouvelle édition, le savant auteur avait un peu exagéré l'influence de la Bretagne française. Dans la première rédaction de cet article, je l'avais au contraire trop méconnue.

le cycle arthurien, n'y trouve-t-on pas quelques traces de cette brillante éclosion[1] ? — Ces objections, je l'avoue, m'ont longtemps arrêté ; mais je ne les trouve plus insolubles. Et d'abord, il est une classe de *Mabinogion* (ceux d'Owain, de Ghéraint, de Pérédur) qui ne renferme point de désignation géographique très-précise. En second lieu, la littérature nationale écrite s'étant moins bien défendue en Bretagne que dans le pays de Galles contre l'invasion de la culture étrangère, on conçoit que le souvenir des vieilles épopées s'y soit plus effacé. La part littéraire des deux pays reste ainsi assez distincte. La gloire de la Bretagne française est dans ses chants populaires ; mais c'est seulement dans le pays de Galles que le génie des peuples bretons est arrivé à se fixer en des œuvres authentiques et en des créations achevées.

[1] M. de la Villemarqué en appelle à des chants populaires encore vivants en Bretagne, et où Arthur serait célébré. En effet, on peut lire dans ses *Chants populaires de la Bretagne* (t. Ier, p. 83 et t. II, p. 412 (1846) deux poëmes où figure le nom de ce héros.

IV

En comparant le cycle breton tel que les trouvères français l'ont connu et le même cycle tel qu'on le retrouve dans le texte des *Mabinogion*, on pourrait être tenté de croire que l'imagination européenne, en s'emparant de ces brillantes fables, y ajouta quelques thèmes poétiques inconnus aux Gallois. Deux des héros les plus célèbres des romans bretons du continent, Lancelot et Tristan, ne figurent pas dans les *Mabinogion*; la donnée du Saint-Graal, d'un autre côté, s'y présente avec un caractère tout différent de celui que nous lui trouvons chez les poëtes français et allemands. Toutefois une étude plus attentive démontre que ces éléments, en apparence ajoutés par les poëtes français, sont en réalité d'origine kymrique. Et d'abord, M. de la Villemarqué a parfaitement démontré que le nom de Lancelot n'est qu'une traduction de celui du héros gallois *Maël*, qui présente, en effet, avec le Lancelot des romans français, la plus parfaite analogie [1].

---

[1] *Ancelot* est le diminutif d'*Ancel*, et veut dire serviteur, page, poursuivant. *Maël* a encore aujourd'hui dans les dialectes kym-

La contexture, les noms propres, tous les détails du roman de Lancelot présentent, d'ailleurs, la physionomie bretonne la plus prononcée[1]. Il en faut dire autant du roman de Tristan. On peut même espérer que cette curieuse légende se retrouvera complète dans quelque manuscrit gallois : le docteur Owenn assure en avoir vu un exemplaire, dont il ne put obtenir la communication.

Quant au Saint-Graal, il faut avouer que la coupe mystique, objet des recherches du *Perceval* français et du *Parcival* allemand, n'a pas à beaucoup près, chez les Gallois, la même importance. Elle ne figure dans le roman de Pérédur que d'une façon épisodique, et sans intention religieuse bien arrêtée.

> Pérédur et son oncle discouraient ensemble, lorsqu'ils virent entrer dans la salle deux jeunes servants. Ils portaient une lance d'une longueur démesurée, de la pointe de laquelle coulaient à terre trois gouttes de sang.
>
> Quand la compagnie vit cela, elle se mit à pleurer et à gémir; mais le vieillard n'en continua pas moins de causer avec Pérédur; et, comme il n'apprit point à Pérédur la raison de ce qui se passait, Pérédur n'osa la lui demander.

riques la même signification. Le surnom de *Poursigant*, qu'on trouve porté par quelques Gallois au service de la France dans les premières années du quatorzième siècle, est sans doute aussi une traduction de *Maël*.

[1] Voir l'excellente analyse de M. Fauriel, insérée dans le t. XXII de l'*Histoire littéraire de la France*.

Et quand les cris furent un peu apaisés, on vit venir deux jeunes filles avec un bassin dans lequel était une tête d'homme nageant dans le sang.

Et alors la compagnie poussa une clameur telle, qu'on ne pouvait l'entendre sans effroi ; et à la longue elle se tut.

Cette étrange merveille reste une énigme jusqu'à la fin du récit. Alors un jeune homme mystérieux apparaît à Pérédur, lui apprend que la lance d'où coulait le sang est celle avec laquelle son oncle a été blessé, que le bassin contient le sang et la tête d'un de ses cousins, tué par les sorcières de Kerloiou, et qu'il a été prédit que lui, Pérédur, serait leur vengeur. En effet, Pérédur va convoquer la Table-Ronde ; Arthur et ses chevaliers viennent et tuent les sorcières de Kerloiou.

Que si maintenant nous passons au roman français de Perceval, toute cette fantasmagorie revêt une signification bien différente. La lance est celle avec laquelle Longus perça le flanc du Christ, le *graal* ou bassin est celui où Joseph d'Arimathie recueillit le sang divin. Ce vase miraculeux procure tous les biens de la terre et du ciel ; il guérit les blessures, et se remplit au gré du propriétaire des mets les plus exquis. Il faut être en état de grâce pour en approcher ; il n'y a qu'un prêtre qui en puisse raconter les merveilles. Trouver ces reliques sacrées à travers mille épreuves, tel est l'objet de la chevalerie à la fois mondaine et mystique de Perceval. A la fin, il se fait prêtre; il emporte e graal et la lance dans son ermitage ; le jour de sa mort, un ange les enlève au ciel. Ajoutons qu'une foule de traits prouvent que dans l'esprit du trouvère français le graal se confondait avec l'eucharistie. Dans les miniatures qui accompagnent parfois le roman de Perceval, le graal a la forme d'un ciboire, apparaissant à tous les moments solennels du poëme comme un secours miraculeux.

Ce mythe bizarre, si différent du simple récit que nous offre le récit gallois de Pérédur, est-il réellement kymrique, ou bien faut-il y voir une création originale des trouvères, entée sur une souche bretonne ? Nous croyons avec M. de la Villemarqué[1] que cette étrange fable est bien essentiellement kymrique. Dès le huitième siècle, un ermite breton eut une vision sur Joseph d'Arimathie et le plat de la Cène, et en écrivit l'histoire qu'on appela du *Gradal*. Toute la mythologie celtique est pleine des merveilles d'une chaudière magique, sous laquelle neuf fées soufflent en silence, vase mystérieux, qui inspire le génie poétique, donne la sagesse, révèle l'avenir, dévoile les secrets du monde. Un jour que Bran le Béni chassait en Irlande,

---

[1] Voir l'excellente discussion de ce curieux problème dans l'Introduction des *Contes populaires des anciens Bretons*, t, I, p. 181 et suiv.

sur le bord d'un lac, il en vit sortir un homme noir portant sur son dos un énorme chaudron, et suivi d'une sorcière et d'un nain. Ce chaudron était l'instrument de la puissance surnaturelle d'une famille de géants. Il guérissait tous les maux et ressuscitait les morts, mais sans leur rendre l'usage de la parole : allusion au secret de l'initiation bardique; la discrétion de Perceval forme de même tout le nœud de la quête du Saint-Graal. Le graal nous apparaît ainsi, dans son acception primitive, comme le mot de passe d'une sorte de franc-maçonnerie, qui se conserva dans le pays de Galles longtemps après la prédication de l'Évangile, et que nous retrouvons si caractérisée dans la légende de Taliésin. Le christianisme greffa sa légende sur la donnée mythologique, et une telle transformation se fit sans doute par la race kymrique elle-même. Si le récit gallois de Pérédur n'offre point les mêmes développements que le roman français de Perceval, c'est parce que le livre rouge de Herghest nous présente une version moins avancée que celle qui servit de type à Chrétien de Troyes. Remarquons, d'ailleurs, que même dans Perceval l'idée mystique n'est pas encore complètement développée, que le trouvère semble traiter ce thème étrange comme un récit qu'il a trouvé tout fait et dont il ne voit pas bien le sens. Le motif qui met Perceval en campagne dans le roman français aussi bien que dans le récit gallois est un motif de famille ; il cherche le Saint-Graal comme un talisman pour guérir son oncle le *Roi-pêcheur*, en sorte que la pensée religieuse est encore subordonnée à l'intention profane. Dans la version allemande, au contraire, pleine de mysticisme et de théologie, le graal a un temple et des prêtres. Parcival, devenu un héros purement ecclésiastique, parvient à la dignité de roi du graal par son enthousiasme religieux et sa chasteté[1]. Enfin les remaniements en prose, plus modernes encore, distinguent nettement les deux chevaleries, l'une mondaine, l'autre mystique ; Perceval y devient le modèle du chevalier spirituel. Ce fut la dernière des métamorphoses que lui fit subir cette fée toute-puissante qu'on appelle l'imagination humaine, et il était juste qu'après avoir couru tant de hasards il vînt sous le froc se reposer de ses aventures.

[1] Il est, du reste, remarquable que tous les héros bretons, dans leur transformation dernière, sont à la fois galants et dévots. Une des dames les plus célèbres de la cour d'Arthur, Luned, devient une sainte, martyre de sa chasteté, dont on fait la fête le 1ᵉʳ août. C'est elle qui figure dans les romans français sous le nom de *Lunette*. V. lady Charlotte Guest, I, 113-114.

V

Quand on cherche à déterminer dans l'histoire des races celtiques le moment précis où il faut se placer pour apprécier l'ensemble de leur génie, on se trouve ramené au sixième siècle de notre ère. Les races ont presque toujours une heure prédestinée, où, passant de la naïveté à la réflexion, elles déploient pour la première fois au soleil tous les trésors de leur nature. Le sixième siècle fut pour les races celtiques ce moment poétique d'éveil et de première activité. Le christianisme, jeune encore parmi elles, n'a pas complétement étouffé le culte national ; le druidisme se défend dans ses écoles et ses lieux consacrés ; la lutte contre l'étranger, sans laquelle un peuple n'arrive jamais à la pleine conscience de lui-même, atteint son plus haut degré de vivacité. C'est l'époque de tous les héros restés populaires, de tous les saints caractéristiques de l'Église bretonne ; c'est enfin le grand âge de la littérature bardique, illustré par les noms de Taliésin, d'Aneurin, de Liwarc'h-Hen.

A ceux qui verraient avec quelque scrupule manier comme historiques ces noms à demi fabuleux, et qui hésiteraient à accepter comme authentiques des poëmes arrivés jusqu'à nous à travers une si longue suite de siècles, nous répondrons que les objections, qu'on a élevés contre l'ancienneté de la littérature bardique, objections dont W. Schlegel se fit l'interprète contre M. Fauriel, ont complétement disparu devant les investigations d'une critique éclairée et impartiale [1]. Cette fois, par une rare exception, l'opinion sceptique s'est trouvée avoir tort. Le sixième siècle, en effet, est pour les peuples bretons un siècle parfaitement historique. Nous touchons cette époque de leur histoire d'aussi près et avec autant de certitude que l'antiquité grecque ou romaine. On sait, il est vrai, que jusqu'à une époque assez moderne, les bardes continuèrent à composer des pièces sous les noms devenus populaires d'Aneurin, de Taliésin, de Liwarc'h-Hen; mais aucune confusion n'est possible entre ces fades exercices de rhétorique et les morceaux vraiment anciens qui portent le nom des poëtes précités, morceaux pleins de traits personnels, de circonstances locales, de passions et de sentiments individuels.

Telle est la littérature dont M. de la Villemarqué

[1] Ceci ne s'applique pas évidemment à la langue des poëmes en question. On sait que le moyen âge, étranger à toute idée d'archéologie, rajeunissait les textes à mesure qu'il les copiait, et qu'un manuscrit en langue vulgaire n'atteste ordinairement que la langue contemporaine de celui qui l'a copié.

a voulu réunir les monuments les plus anciens et les plus authentiques dans ses *Bardes bretons du sixième siècle*[1]. Le pays de Galles a reconnu le service que notre savant compatriote a rendu par là aux études celtiques. Nous l'avouons pourtant, aux *Bardes* nous préférons beaucoup les *Chants populaires de la Bretagne*. C'est par ce dernier ouvrage que M. de la Villemarqué a vraiment bien mérité des études celtiques, en nous révélant une charmante littérature, où éclatent mieux que partout ailleurs ces traits de douceur, de fidélité, de résignation, de timide réserve, qui forment le caractère des peuples bretons[2].

[1] Paris et Rennes, 1850.

[2] Non pas que ce curieux recueil doive être accepté sans contrôle, ni que la confiance absolue avec laquelle on l'a cité n'ait eu certains inconvénients. Nous croyons que, quand M. de la Villemarqué veut commenter les morceaux qu'il aura l'éternel honneur d'avoir le premier mis au jour, sa critique est loin d'être à l'abri de tout reproche, et que plusieurs des allusions historiques qu'il pense y trouver sont des hypothèses plus ingénieuses que solides. Le passé est trop vaste et nous est arrivé d'une manière trop fragmentaire pour que de pareilles coïncidences soient vraisemblables. Les célébrités du peuple sont rarement celles de l'histoire, et, quand les bruits des siècles reculés nous sont arrivés par deux canaux, l'un populaire, l'autre historique, il est rare que ces deux formes de la tradition soient pleinement d'accord l'une avec l'autre. M. de la Villemarqué suppose aussi trop volontiers que le peuple répète durant des siècles des chants qu'il ne comprend qu'à moitié. Lorsqu'un chant cesse d'être

Le thème de la poésie des bardes du sixième siècle est simple et exclusivement héroïque ; ce sont toujours les grands motifs du patriotisme et de la gloire : absence complète de tout sentiment tendre, nulle trace d'amour, aucune idée religieuse bien arrêtée ; mais seulement un mysticisme vague et naturaliste, reste de l'enseignement druidique, et une philosophie morale, tout exprimée en triades, analogue à celle qui s'enseignait dans les écoles moitié bardiques, moitié chrétiennes de saint Cadoc et de saint Iltud [1]. La forme du style, singulièrement artificielle et travaillée, accuse l'existence d'un enseignement savant, possédant de longues traditions. Une nuance de plus, et l'on tombera dans la rhétorique pédante et maniérée. La littérature bardique, en se prolongeant durant tout le moyen âge, n'évita pas cet écueil. Elle finit par n'être plus qu'un ensemble assez fade de procédés de style et de métaphores convenues [2].

intelligible, il arrive presque toujours que le peuple l'altère pour le rapprocher de sons familiers à son oreille et qui aient pour lui une signification. N'est-il pas à craindre d'ailleurs que, dans ce cas, l'éditeur, avec la meilleure foi du monde, ne prête au texte quelque inflexion légère afin d'y trouver le sens qu'il désire ou qu'il a dans l'esprit ?

[1] Docteurs de l'église bretonne, communs à l'Armorique et au pays de Galles.

[2] Un savant Gallois, M. Stephens, dans son *Histoire de la litté-*

L'opposition du bardisme et du christianisme se révèle dans les pièces qu'a traduites M. de la Villemarqué par une foule de traits originaux et touchants. Les combats qui ont déchiré l'âme des vieux poëtes, leur antipathie pour les hommes gris du monastère, leur conversion triste et pénible, se retrouvent dans leurs chants. La douceur et la ténacité du caractère breton peuvent seules expliquer comment une hétérodoxie aussi avouée se maintint en présence du christianisme dominant, et comment de saints personnages, Kolumkill par exemple, prirent la défense des bardes contre les rois qui voulaient les supprimer. La lutte se prolongea d'autant plus que le christianisme, chez les races celtiques, n'employa jamais la force pour détruire les cultes rivaux, et qu'il laissa du moins aux vaincus la liberté de la mauvaise humeur. La croyance aux prophètes, indestructible chez ces races, créa, en dépit de la foi, le type antichrétien de Merlin et le fit accepter de l'Europe entière. Gildas et les Bretons orthodoxes ne cessent de tonner contre les prophètes et de leur opposer les bardes Élie et Samuel, qui ne prophétisaient que pour le bien ; au douzième siècle, Girault de Cambrie vit encore un prophète dans la ville de Caerléon.

rature kymrique (Llandovery, 1849), a fort bien exposé ces transformations successives.

Grâce à cette tolérance, le bardisme se continua jusqu'au cœur du moyen âge sous forme de doctrine secrète, avec un langage de convention et des symboles empruntés presque tous à la divinité solaire d'Arthur. C'est ce qu'on appelle le néo-druidisme, sorte de druidisme subtilisé et réformé sur le modèle du christianisme, que l'on voit devenir de plus en plus obscur et mystérieux, jusqu'au moment où l'on en perd la trace. Un curieux morceau de cette école, le dialogue d'Arthur et d'Eliwlod, nous a transmis les derniers soupirs de cette dernière protestation du naturalisme expirant. Eliwlod, sous la forme d'un aigle, initie le dieu aux sentiments de résignation, de sujétion, d'humilité que le christianisme opposait à la fierté païenne. L'héroïsme recule pas à pas devant la grande formule que le christianisme ne cessa de répéter aux races celtiques pour les détacher de leurs souvenirs : « Il n'y a de grand que Dieu. » Arthur se laisse persuader d'abdiquer sa divinité et finit par réciter le *Pater*.

Je ne connais pas de plus curieux spectacle que celui de cette révolte des mâles sentiments de l'héroïsme contre le sentiment féminin qui coulait à pleins bords dans le culte nouveau. Ce qui exaspère, en effet, les vieux représentants de la société celtique, c'est le triomphe exclusif de l'esprit pacifique, ce sont les hommes vêtus de lin et chantant des psaumes, dont la voix est triste, qui prêchent le jeûne et ne connaissent plus les héros[1]. On sait le parti que l'Irlande a tiré de ce thème dans les dialogues qu'elle aime à établir entre les deux représentants de sa vie profane et religieuse, Ossian et saint Patrice[2]. Ossian regrette les aventures, les chasses, le son du cor et les vieux rois. « S'ils étaient là, dit-il à saint Patrice, tu ne parcourrais pas les campagnes avec ton troupeau psalmodiant. » Patrice cherche à le calmer par de douces paroles, et quelquefois pousse la condescendance jusqu'à écouter ses longues histoires, qui paraissent médiocrement l'intéresser. « Voilà mon récit, dit le vieux barde en terminant ; quoique ma mémoire s'affaiblisse et que le souci ronge mon être, je veux continuer à chanter les actions du passé et à vivre de l'ancienne gloire. Maintenant je suis vieux ; ma vie se glace et toutes mes joies dispa-

---

[1] L'antipathie que le peuple armoricain attribue aux nains et aux korigans contre le christianisme tient également au souvenir d'une opposition que rencontra l'Évangile à ses débuts. Les korigans, en effet, sont pour le paysan breton de grandes princesses qui ne voulurent pas accepter le christianisme quand les apôtres vinrent en Bretagne. Elles haïssent le clergé et les églises ; les cloches les font fuir. La Vierge surtout est leur grande ennemie ; c'est elle qui les a chassées des fontaines, et le samedi, jour qui lui est consacré, quiconque les regarde peignant leurs cheveux ou comptant leur trésor est sûr de périr. (La Villemarqué, *Chants populaires*, Introduction.)

[2] Voir miss Brooke, *Reliques of Irish Poetry* (Dublin, 1789),

raissent. Ma main ne peut plus tenir l'épée, ni mon bras manier la lance. Parmi les clercs se prolonge ma triste dernière heure, et ce sont des psaumes qui tiennent maintenant la place des chants de victoire. »
— « Laisse là ces chants, dit Patrice, et n'ose plus comparer ton Finn au Roi des rois, dont la puissance est sans bornes ; courbe devant lui les genoux, et reconnais-le pour ton maitre. » Il fallut céder, en effet, et la légende veut que le vieux barde ait fini sa vie dans le cloitre, parmi les clercs qu'il avait tant de fois rudoyés, au milieu de ces chants qu'il ne connaissait pas. Ossian était trop bon Irlandais pour qu'on pût se résoudre à le damner. Merlin lui-même dut céder au charme nouveau. Il fut, dit-on, converti par saint Colomban, et la voix populaire lui répète sans cesse dans les ballades ce doux et touchant appel : « Merlin, Merlin, convertissez-vous ; il n'y a d'autre devin que Dieu. »

VI

On se formerait une idée tout à fait incomplète de la physionomie des races celtiques, si on ne les étudiait

pages 57 et suiv., 73 et suiv. L'intérêt de ces poëmes a été très-bien aperçu par M. Ozanam.

dans le côté le plus singulier peut-être de leur développement, je veux dire dans leurs antiquités ecclésiastiques et dans leurs saints. A part la répulsion passagère que la mansuétude chrétienne eut à vaincre dans les classes de la société qui se voyaient amoindries par l'ordre nouveau, on peut dire que la douceur de mœurs et l'exquise sensibilité des races celtiques, jointes à l'absence d'une religion antérieure fortement organisée, les prédestinaient au christianisme. Le christianisme, en effet, s'adressant de préférence aux sentiments humbles de la nature humaine, rencontrait ici des disciples admirablement préparés ; aucune race n'a si délicatement compris le charme de la petitesse ; aucune n'a placé l'être simple, l'*innocent*, plus près de Dieu. Aussi est-ce merveille comme la religion nouvelle prit facilement possession de ces peuples. A peine la Bretagne et l'Irlande réunies comptent-elles deux ou trois martyrs ; elles sont réduites à vénérer comme tels leurs compatriotes tués dans les invasions anglosaxonnes et danoises. Ici apparaît dans tout son jour la profonde différence qui sépare la race celtique de la race germanique. Les Germains ne reçurent le christianisme que tard et malgré eux, par calcul ou par force, après une sanglante résistance et avec de terribles soulèvements. Le christianisme, en effet, était par plusieurs côtés antipathique à leur nature, et l'on conçoit les regrets des germanistes purs, qui aujourd'hui encore reprochent au culte nouveau de leur avoir gâté leurs mâles ancêtres. Il n'en fut pas de même chez les peuples celtiques ; cette douce petite race était naturellement chrétienne. Loin de les altérer et de leur enlever quelques-unes de leurs qualités, le christianisme les achevait et les perfectionnait. Comparez les légendes relatives à l'introduction du christianisme dans les deux pays, la *Kristni-Saya*, par exemple, et les charmantes légendes de Lucius et de saint Patrice. Quelle différence ! En Islande, les premiers apôtres sont des pirates convertis par hasard, tantôt disant la messe, tantôt massacrant leurs ennemis, tantôt reprenant leur première profession d'écumeurs de mer : tout se fait par accommodement et sans foi sérieuse. En Irlande et en Bretagne, la grâce opère par les femmes, par je ne sais quel charme de pureté et de douceur. La révolte des Germains ne fut jamais bien étouffée ; jamais ils n'oublièrent les baptêmes forcés et les missionnaires carlovingiens appuyés par le glaive, jusqu'au jour où le germanisme reprend sa revanche, et où Luther, à travers sept siècles, répond à Witikind. Dès le troisième siècle, au contraire, les Celtes sont déjà de parfaits chrétiens. Pour les Germains, le christianisme ne fut longtemps qu'une institution romaine imposée du dehors ; ils n'entrèrent dans l'Église que pour la troubler, et ne réussirent que très-difficilement à se former un clergé national. Chez les Celtes, au contraire, le christianisme ne vient pas de Rome ; ils ont leur clergé indigène, leurs usages propres, ils tiennent leur foi de première main. On ne peut douter, en effet, que, dès les temps apostoliques, le christianisme n'ait été prêché en Bretagne, et plusieurs historiens ont pensé, non sans quelque vraisemblance, qu'il y fut apporté par des chrétiens judaïsants ou par des affiliés de l'école de saint Jean. Partout ailleurs le christianisme rencontra comme première assise la civilisation grecque ou romaine. Ici, il trouvait un sol nouveau, d'un tempérament analogue au sien, et naturellement préparé pour le recevoir.

Peu de chrétientés ont offert un idéal de perfection chrétienne aussi pur que l'église celtique aux sixième, septième, huitième siècles. Nulle part peut-être Dieu n'a été mieux adoré en esprit que dans ces grandes cités monastiques de Hy ou d'Iona, de Bangor, de Clonard, de Lindisfarne. Une des formes les plus distinguées du christianisme, trop distinguée sans doute pour la mission populaire et pratique que l'Église avait à remplir, le pélagianisme vint de là. C'est chose vraiment admirable que la moralité fine et vraie, la naïveté, la richesse d'invention qui distinguent les légendes des saints bretons et irlandais. Nulle race ne

prit le christianisme avec autant d'originalité, et, en
s'assujettissant à la foi commune, ne conserva plus
obstinément sa physionomie nationale. En religion,
comme en toute chose, les Bretons recherchèrent l'isolement et ne fraternisèrent pas volontiers avec le
reste du monde. Forts de leur supériorité morale,
persuadés qu'ils possédaient la véritable règle de la
foi et du culte, ayant reçu leur christianisme d'une
prédication apostolique et tout à fait primitive, ils
n'éprouvaient aucun besoin de se sentir en communion avec des sociétés chrétiennes moins nobles que la
leur. De là cette longue lutte des Églises bretonnes
contre les prétentions romaines, si admirablement racontée par M. Augustin Thierry[1] ; de là ces inflexibles
caractères de Colomban et des moines d'Iona défendant
contre l'Église entière leurs usages et leurs institutions ; de là enfin la position fausse des peuples celtiques dans le catholicisme, quand cette grande force,
de plus en plus envahissante, les eut resserrés de
toutes parts et obligés de compter avec elle. N'ayant
pas de passé catholique, ils se trouvèrent déclassés à

---

[1] *Hist. de la conq.*, l. I. Les objections présentées par M. Varin
et par quelques autres savants contre le récit de M. Thierry n'atteignaient que quelques circonstances secondaires, qui ont été
rectifiées dans l'édition publiée après la mort de l'illustre historien.

leur entrée dans la grande famille, et ne purent jamais arriver à se créer une métropole ecclésiastique. Tous leurs efforts et toutes leurs innocentes supercheries pour attribuer ce titre aux églises de Dol et de Saint-David échouèrent contre l'accablante divergence de leur passé ; il fallut se résigner à être d'obscurs suffragants de Tours et de Cantorbéry.

Du reste, même de nos jours, cette puissante originalité du christianisme celtique est loin d'être effacée. Les Bretons de France, quoique ayant ressenti le contre-coup des révolutions que le catholicisme a subies sur le continent, sont, à l'heure qu'il est, une des populations chez lesquelles le sentiment religieux a conservé le plus d'indépendance. Les nouvelles dévotions n'y trouvent aucune faveur ; on y est fidèle aux vieux cultes et aux vieux saints ; les cantiques religieux y ont une ineffable harmonie[1]. L'Irlande garde de même, en ses provinces reculées, des formes de culte tout à fait à part, et auxquelles rien dans le reste de la chrétienté ne saurait être comparé. L'influence du catholicisme moderne, ailleurs si destructive des usages nationaux, a eu ici un effet tout contraire, le clergé ayant dû cher-

---

[1] Voir surtout les beaux cantiques sur le paradis, publiés par M. de la Villemarqué, *Chants populaires*, t. II, p. 461 et suiv. et *La Légende celtique* (1859), p. 528-29.

cher un point d'appui contre le protestantisme dans l'attachement aux pratiques locales et aux coutumes du passé.

C'est le tableau de ces institutions chrétiennes tout à fait distinctes de celles du reste de l'Occident, de ce culte parfois étrange, de ces légendes de saints marquées d'un cachet si profond de nationalité, qui fait l'intérêt des écrits relatifs aux antiquités ecclésiastiques de l'Irlande, du pays de Galles et de la Bretagne armoricaine. Aucune hagiographie n'est restée plus exclusivement nationale que celle des peuples celtiques : jusqu'au douzième siècle, ces peuples ont admis dans leur martyrologe très-peu de saints étrangers. Aucune aussi ne renferme autant d'éléments naturalistes. Le paganisme celtique opposa si peu de résistance au culte nouveau, que l'Église ne se crut pas obligée de déployer contre lui la rigueur avec laquelle elle poursuivait ailleurs les moindres vestiges de mythologie. L'essai consciencieux de W. Rees sur les *Saints du pays de Galles*, celui du révérend John Williams, ecclésiastique fort instruit du diocèse de Saint-Asaph, sur les *Antiquités ecclésiastiques des Kymris*[1], suffisent pour faire comprendre l'immense valeur qu'aurait une histoire complète et intelligente des Églises celtiques avant leur absorption dans l'Église romaine. On pourrait y joindre le

[1] *The Ecclesiastical Antiquities of the Cymry* (London, 1844).

docte ouvrage de dom Lobineau sur les *Saints de Bretagne*, réédité de nos jours par M. l'abbé Tresvaux, si la demi-critique du bénédictin, bien pire que l'absence totale de critique, n'eût altéré ces naïves légendes, et n'en eût retranché, sous prétexte de bon sens et de révérence religieuse, ce qui en fait pour nous l'intérêt et le charme.

L'Irlande surtout dut offrir dans ces siècles reculés une physionomie religieuse tout à fait à part, et qui paraîtrait singulièrement originale, s'il était donné à l'histoire de la révéler tout entière. En voyant, aux sixième, septième et huitième siècles, ces légions de *saints* irlandais qui inondent le continent et arrivent de leur île apportant avec eux leur opiniâtreté, leur attachement à leurs usages, leur tour d'esprit subtil et réaliste; en voyant jusqu'au douzième siècle les *Scots* (c'est le nom que l'on donnait aux Irlandais) servir de maîtres en grammaire et en littérature à tout l'Occident, on ne peut douter que l'Irlande, dans la première moitié du moyen âge, n'ait été le théâtre d'un singulier mouvement religieux. Philologues studieux et hardis philosophes, les moines hibernais furent surtout des copistes infatigables, et c'est en partie grâce à eux que le travail de la plume devint une œuvre sainte. Columba, averti secrètement que sa dernière heure est proche, achève une page de psautier qu'il a commencée, écrit au bas qu'il lègue la continuation à son successeur, puis s'en va à l'église pour mourir. Nulle part la vie monastique ne devait trouver de sujets si dociles. Crédule comme l'enfant, timide, indolent, porté à se soumettre et à obéir, l'Irlandais seul était capable de se prêter à cette abdication complète entre les mains de l'abbé, que nous trouvons si caractérisée dans les monuments historiques et légendaires de l'Église hibernaise. On reconnaît bien le pays où, encore de nos jours, le prêtre, sans provoquer le moindre scandale, peut, le dimanche, avant de quitter l'autel, donner tout haut des ordres pour son dîner, indiquer la ferme où il ira s'attabler et où il entendra les fidèles en confession. En présence d'un peuple qui ne vivait que par l'imagination et les sens, l'Église ne se crut pas obligée d'être sévère pour les caprices de la fantaisie religieuse ; elle laissa faire l'instinct populaire, et de cette liberté sortit le culte le plus mythologique peut-être et le plus analogue aux mystères de l'antiquité que présentent les annales du christianisme, un culte attaché à certains lieux et consistant presque exclusivement en certains actes considérés comme sacramentels.

La légende de saint Brandan est sans contredit le produit le plus singulier de cette combinaison du naturalisme celtique avec le spiritualisme chrétien. Le goût des moines hibernais pour les pérégrinations maritimes à travers l'archipel, tout peuplé de monastères, des mers d'Écosse et d'Irlande[1]; le souvenir de navigations plus lointaines encore dans les mers polaires, fournirent le cadre de cette étrange composition, si riche d'impressions locales. Pline (IV, xxx, 5) nous apprend que déjà de son temps les Bretons aimaient à se hasarder en pleine mer pour chercher des îles inconnues; M. Letronne a prouvé qu'en 795, soixante-cinq ans par conséquent avant les Danois, des moines irlandais abordèrent en Islande et s'établirent sur le littoral. Les Danois trouvèrent dans cette île des livres irlandais, des cloches; les noms de plusieurs localités attestent encore le séjour de ces moines, désignés du nom de *papæ* (pères). Aux îles Færoë, dans les Orcades et les îles Shetland, dans tous les parages en un mot des mers du Nord, les Scandinaves rencontrèrent avant eux ces *papæ*, dont les habitudes contrastaient si étrangement avec les leurs[2]. N'entrevirent-ils pas aussi cette grande terre dont le vague souvenir

---

[1] Les saints irlandais couvraient à la lettre les mers de l'Occident. Un très-grand nombre des saints de Bretagne, saint Tenenan, saint Renan, etc., sont des Irlandais émigrés. Les légendes bretonnes de saint Malo, de saint David, de saint Pol de Léon, sont remplies de voyages analogues vers des îles lointaines de l'Occident.

[2] Voir sur ce sujet les belles recherches de M. A. de Humboldt dans son *Histoire de la géographie du nouveau continent*, t. II.

semble les poursuivre, et que Colomb devait retrouver en suivant la trace de leurs rêves? On sait seulement que l'existence d'une île coupée par un grand fleuve et située à l'occident de l'Irlande fut, sur la foi des Irlandais, un dogme pour les géographes du moyen âge. On racontait que, vers le milieu du sixième siècle, un moine, nommé Barontus, revenant de courir la mer, vint demander l'hospitalité au monastère de Cluainfert. L'abbé Brandan le pria de réjouir les frères par le récit des *merveilles de Dieu qu'il avait vues dans la grande mer*. Barontus leur révéla l'existence d'une île entourée de brouillards, où il avait laissé son disciple Mernoc ; c'est la *terre de promission* que Dieu réserve à ses saints. Brandan, avec dix-sept de ses religieux, voulut aller à la recherche de cette terre mystérieuse. Ils montèrent sur une barque de cuir, n'emportant pour toute provision qu'une outre de beurre pour graisser les peaux. Durant sept années, ils vécurent ainsi dans leur barque, abandonnant à Dieu la voile et le gouvernail, et ne s'arrêtant que pour célébrer les fêtes de Noël et de Pâques, sur le dos du roi des poissons, Jasconius. Chaque pas de cette odyssée monacale est une merveille; chaque île est un monastère où les bizarreries d'une nature fantastique répondent aux étrangetés d'une vie tout idéale. Ici c'est l'*île des Brebis*, où ces animaux se gouvernent eux-mêmes selon leurs propres lois : ailleurs, le paradis des oiseaux, où la race ailée vit selon la règle des religieux, chantant matines et laudes aux heures canoniques ; Brandan et ses compagnons y célèbrent la pâque avec les oiseaux, et y restent cinquante jours, nourris uniquement du chant de leurs hôtes ; ailleurs, l'*Ile Délicieuse*, idéal de la vie monastique au milieu des flots. Aucune nécessité matérielle ne s'y fait sentir; les lampes s'allument d'elles-mêmes pour les offices et ne se consument jamais : c'est une lumière spirituelle ; un silence absolu règne dans toute l'île; chacun sait au juste quand il mourra ; on n'y ressent ni froid, ni chaud, ni tristesse, ni maladie de corps ou d'esprit. Tout cela dure depuis saint Patrice, qui l'a réglé ainsi. La *terre de promission* est plus merveilleuse encore : il y fait un jour perpétuel ; toutes les herbes y ont des fleurs, tous les arbres des fruits. Quelques hommes privilégiés seuls l'ont visitée. A leur retour, on s'en aperçoit au parfum que leurs vêtements gardent pendant quarante jours.

Au milieu de ces rêves apparaît avec une surprenante vérité le sentiment pittoresque des navigations polaires : la transparence de la mer, les aspects des banquises et des îles de glace fondant au soleil, les phénomènes volcaniques de l'Islande, les jeux des cétacés, la physionomie si caractérisée des *fiord* de la Norvége, les brumes subites, la mer calme comme du lait, les îles vertes couronnées d'herbes qui retombent dans les flots. Cette nature fantastique, créée tout exprès pour une autre humanité, cette topographie étrange, à la fois éblouissante de fiction et parlante de réalité, font du poëme de saint Brandan une des plus étonnantes créations de l'esprit humain et l'expression la plus complète peut-être de l'idéal celtique. Tout y est beau, pur, innocent : jamais regard si bienveillant et si doux n'a été jeté sur le monde ; pas une idée cruelle, pas une trace de faiblesse ou de repentir. C'est le monde vu à travers le cristal d'une conscience sans tache : on dirait une nature humaine comme la voulait Pélage, qui n'aurait point péché. Les animaux eux-mêmes participent à cette douceur universelle. Le mal apparaît sous la forme de monstres errants sur la mer, ou de cyclopes relégués dans des îles volcaniques ; mais Dieu les détruit les uns par les autres, et ne leur permet pas de nuire aux bons.

Nous venons de voir comment autour de la légende d'un moine l'imagination irlandaise groupa tout un cycle de mythes physiques et maritimes. Le *Purgatoire de saint Patrice* devint le cadre d'une autre série de fables embrassant les idées celtiques sur l'autre vie et ses états divers[1]. L'instinct le plus profond peut-être

[1] Voir l'excellente dissertation de M. Th. Wright, *Saint Patrick's Purgatory* (London, 1844); les Bollandistes, à la date du

des peuples celtiques, c'est le désir de pénétrer l'inconnu. En face de la mer, ils veulent savoir ce qui se trouve au delà ; ils rêvent la terre de promission. En face de l'inconnu de la tombe, ils rêvent ce grand voyage qui, sous la plume de Dante, est arrivé à une popularité si universelle. La légende raconte que, saint Patrice prêchant aux Irlandais le paradis et l'enfer, ceux-ci lui avouèrent qu'ils seraient plus assurés de la réalité de ces lieux, s'il voulait permettre qu'un des leurs y descendît, et vînt ensuite leur en donner des nouvelles. Patrice y consentit. On creusa une fosse par laquelle un Irlandais entreprit le voyage souterrain. D'autres voulurent après lui tenter l'aventure. On descendait dans le trou avec la permission de l'abbé du monastère voisin, on traversait les tourments de l'enfer et du purgatoire, puis chacun racontait ce qu'il avait vu. Quelques-uns n'en sortaient pas ; ceux qui en sortaient ne riaient plus et ne pouvaient désormais prendre part à aucune gaieté. Le chevalier Owenn y descendit en 1153, et fit une relation de son voyage qui eut un succès prodigieux. — D'autres disaient que quand saint Patrice chassa les *gobelins* (esprits follets) de l'Irlande, il fut fort tourmenté en cet endroit, durant quarante jours, par des légions d'oiseaux noirs.

17 mai ; Gœrres, *Mystique chrétienne*, t. III, et surtout le drame de Calderon, *le Puits de saint Patrice*.

Les Irlandais y allaient et éprouvaient les mêmes assauts, qui leur valaient pour le purgatoire.—Suivant le récit de Girault de Cambrie, l'île qui servait de théâtre à cette superstition bizarre était divisée en deux parties ; l'une appartenait aux moines, l'autre était occupée par des *cacodémons* qui y faisaient la procession à leur manière avec un vacarme infernal. Quelques personnes, pour l'expiation de leurs péchés, s'exposaient volontairement à la fureur de ces êtres méchants. Il y avait neuf fosses où l'on se couchait la nuit, et où l'on était tourmenté de mille manières. Il fallait, pour y descendre, la permission de l'évêque. Celui-ci devait détourner le pénitent de tenter l'aventure et lui exposer combien de gens y étaient entrés qui n'en étaient jamais sortis. Si le fidèle persistait, on le conduisait au trou en cérémonie. On le descendait au moyen d'une corde, avec un pain et une écuelle d'eau, pour le réconforter dans le combat qu'il allait livrer au démon. Le lendemain matin, le sacriste tendait de nouveau une corde au patient. S'il remontait, on le reconduisait à l'église avec la croix et en chantant des psaumes. Si on ne le retrouvait pas, le sacriste fermait la porte et s'en allait. Dans les temps plus modernes, la visite aux îles sacrées durait neuf jours. On y passait sur une barque creusée dans un tronc d'arbre ; on buvait de l'eau du lac une fois par jour ; on faisait des processions et des stations dans les *lits* ou *cellules des saints*[1]. Le neuvième jour, les pénitents entraient dans le puits. On les prêchait, on les avertissait du danger qu'ils allaient courir, et on leur racontait de terribles exemples. Ils pardonnaient à leurs ennemis et se faisaient leurs derniers adieux les uns aux autres, comme s'ils étaient à l'agonie. Le puits, selon les récits contemporains, était un four bas et étroit où l'on entrait neuf par neuf, et où les pénitents passaient un jour et une nuit entassés et serrés les uns contre les autres. La croyance populaire creusa au-dessous un gouffre pour engloutir les indignes et ceux qui ne croyaient pas. Au sortir du puits, on allait se baigner dans le lac, et ainsi l'on avait accompli son purgatoire. Il résulte du rapport de témoins oculaires qu'aujourd'hui encore les choses se passent à peu près de la même façon[2].

L'immense réputation du *Purgatoire de saint Patrice* remplit tout le moyen âge. Les prédicateurs en appelaient à la notoriété publique de ce grand fait contre ceux qui doutaient du purgatoire. En l'an 1358, Édouard III donne à un noble hongrois, venu tout ex-

[1] On trouve l'analogue de ceci dans les *penity* ou cellules des saints de Bretagne du sixième et du septième siècle ; mais il faut observer que la plupart de ces saints étaient Irlandais, et qu'ils auront probablement apporté avec eux l'idée de leur purgatoire.

[2] Voir *Revue britannique*, mars 1842.

près de Hongrie pour visiter le puits sacré, des lettres patentes attestant qu'il avait fait son purgatoire. Les relations de ces voyages d'outre-tombe devinrent un genre de littérature fort à la mode, et ce qu'il importe de remarquer, c'est la physionomie toute mythologique et aussi toute celtique qui y domine. Il est évident, en effet, que nous avons ici affaire à un *mystère* ou culte local antérieur au christianisme, et fondé probablement sur l'aspect physique du pays. L'idée du purgatoire, dans sa forme concrète et arrêtée, fit surtout fortune chez les Bretons et les Irlandais. Bède est l'un des premiers qui en parle d'une manière caractérisée, et le savant M. Th. Wright fait observer avec raison que presque toutes les relations du purgatoire viennent d'Irlandais ou d'Anglo-Saxons qui ont résidé en Irlande, tels que saint Fursy, Tundale, le Northumbrien Drihthelm, le chevalier Owenn. Il est remarquable aussi que les Irlandais pouvaient seuls voir les merveilles de leur purgatoire. Un chanoine de Hemstede, en Hollande, qui y descendit en 1494, ne vit rien du tout. Évidemment cette idée de voyages dans l'autre monde et de catégories infernales, telle que le moyen âge l'accepta, est celtique. La croyance aux trois cercles d'existence se retrouve dans les *Triades*[1]

[1] Série d'aphorismes, sous forme de ternaires, qui nous représentent, avec de nombreuses interpolations, l'antique enseigne-

avec une physionomie qui ne permet pas d'y voir une interpolation chrétienne. Les pérégrinations de l'âme après la mort sont aussi le thème favori des plus anciennes poésies armoricaines. Un des traits par lesquels les races celtiques frappèrent le plus les Romains, ce fut la précision de leurs idées sur la vie future, leur penchant pour le suicide, les prêts et les contrats qu'ils signaient en vue de l'autre monde. Les peuples plus légers du Midi voyaient avec terreur dans cette assurance le fait d'une race mystérieuse, ayant le sens de l'avenir et le secret de la mort. Toute l'antiquité classique est pleine de la tradition d'une île des ombres, située aux extrémités de la Bretagne, et d'un peuple voué au passage des âmes, qui habite le littoral voisin. La nuit, ils entendent les morts rôder autour de leur cabane et frapper à leur porte. Ils se lèvent alors; leur barque se charge d'êtres invisibles; au retour, elle est plus légère. Plusieurs de ces traits, reproduits avec une singulière précision par Plutarque, Claudien, Procope, Tzetzès, feraient croire que la renommée des mythes de l'Irlande pénétra, vers le premier ou le deuxième siècle, dans l'antiquité classique[1]. Plu-

---

ment des bardes, et cette sagesse traditionnelle qui, selon le témoignage des anciens se transmettait en vers mnémoniques dans les écoles des druides.

[1] Voir sur ce sujet les vues ingénieuses de M. F. G. Welcker,

tarque rapporte, par exemple, sur la mer *Cronienne*, des fables identiques à celles qui remplissent la légende de Saint-Malo. Procope, décrivant l'île sacrée de Brittia, divisée en deux parties, l'une délicieuse, l'autre livrée aux êtres malfaisants, et séparées par une mer, semble avoir lu par avance la description que, sept siècles après, Girault de Cambrie donnera du *Purgatoire de saint Patrice*[1]. On ne saurait douter du moins, après les belles recherches de MM. Ozanam, Ch. Labitte, Th. Wright, qu'au nombre des thèmes poétiques dont l'Europe est redevable au génie des Celtes, il faut compter le cadre de la *Divine Comédie*.

On conçoit que cet invincible attrait pour les fables ait dû fort décréditer la race celtique auprès des nations qui se croyaient plus sérieuses. Chose étrange, en effet! tout le moyen âge, en subissant l'influence de l'imagination celtique et en empruntant à la Bretagne et à l'Irlande une moitié au moins de ses sujets poétiques, se crut obligé, pour sauver son honneur, de rabaisser et de plaisanter le peuple auquel il les devait. C'est bien à Chrétien de Troyes, par exemple, qui passa

Kleine Schriften, IIe part., p. 19 et suiv. Comp. la Villemarqué, *Chants popul.* I, 259 et et suiv., 345 et suiv.

[1] Voir aussi un passage fort curieux de Michel Attaliote (onzième siècle), p. 221-222 (édit. Brunet de Presle).

sa vie à exploiter pour son propre compte les romans bretons, qu'il appartient de dire :

> Les Gallois sont tous par nature
> Plus sots que bêtes de pâture.

Ces belles créations, dont le monde entier devait vivre, je ne sais quel chroniqueur anglais crut faire un charmant calembour en les appelant « les niaiseries dont s'amusent les *brutes* de *Bretons*. » Ces admirables légendes religieuses, auxquelles nulle autre église n'a rien à comparer, les Bollandistes devaient les exclure de leur recueil comme des *extravagances apocryphes*. Le penchant décidé de la race celtique vers l'idéal, sa tristesse, sa fidélité, sa bonne foi, la firent regarder par ses voisins comme lourde, sotte, fabuleuse. On ne sut pas comprendre sa délicatesse et sa fine manière de sentir. On prit pour de la gaucherie l'embarras qu'éprouvent les natures sincères et sans replis devant les natures plus raffinées. Le contraste de la légèreté française et de l'opiniâtreté bretonne amena surtout, depuis le quatorzième siècle, les plus déplorables conflits, d'où les Bretons sortaient toujours avec la réputation de mauvaises têtes. Ce fut bien pis encore quand la nation la plus fière de son bon sens se trouva vis-à-vis du peuple qui en est malheureusement le plus dépourvu. La pauvre Irlande, avec sa vieille mythologie, avec son purgatoire de saint Patrice et ses voyages fantastiques de saint Brandan, ne devait pas trouver grâce devant le puritanisme anglican. Il faut voir le dédain des critiques anglais pour ces fables, et leur superbe pitié pour l'Église qui pactise avec le paganisme au point de conserver des pratiques qui en découlent d'une manière si notoire. Assurément voilà un zèle louable et qui part d'un bon naturel; cependant, quand ces imaginations ne seraient bonnes qu'à rendre un peu plus supportables bien des souffrances, pour lesquelles on déclare n'avoir point de remède, ce serait déjà quelque chose. Qui osera dire où est ici-bas la limite de la raison et du songe? Lequel vaut mieux des instincts imaginatifs de l'homme ou d'une orthodoxie étroite qui prétend rester sensée en parlant des choses divines? Pour moi, je préfère la franche mythologie, avec ses égarements, à une théologie si mesquine, si vulgaire, si incolore, que ce serait faire injure à Dieu de croire qu'après avoir fait le monde visible si beau, il eût fait le monde invisible si platement raisonnable.

En présence des progrès de plus en plus envahissants d'une civilisation qui n'est d'aucun pays, et ne peut recevoir d'autre nom que celui de moderne ou européenne, il serait puéril d'espérer que la race cel-

tique arrive dans l'avenir à une expression isolée
de son originalité. Et pourtant nous sommes loin de
croire que cette race ait dit son dernier mot. Après
avoir usé toutes les chevaleries dévotes et mondaines,
couru avec Pérédur le saint Graal et les belles, rêvé
avec saint Brandan de mystiques Atlantides, qui sait
ce qu'elle produirait dans le domaine de l'intelligence,
si elle s'enhardissait à faire son entrée dans le monde,
et si elle assujettissait aux conditions de la pensée moderne sa riche et profonde nature? Il me semble que
de cette combinaison sortiraient des produits fort originaux, une manière fine et discrète de prendre la
vie, un mélange singulier de force et de faiblesse, de
rudesse et de douceur. Peu de races ont eu une enfance poétique aussi complète que les races celtiques :
mythologie, lyrisme, épopée, imagination romanesque,
enthousiasme religieux, rien ne leur a manqué; pourquoi la réflexion leur manquerait-elle? L'Allemagne,
qui avait commencé par la science et la critique, a fini
par la poésie ; pourquoi les races celtiques, qui ont commencé par la poésie, ne finiraient-elles pas par la critique? De l'une à l'autre, il n'y a pas si loin qu'on le
suppose ; les races poétiques sont les races philosophiques, et la philosophie n'est au fond qu'une manière de poésie comme une autre. Quand on songe
que l'Allemagne a trouvé, il y a moins d'un siècle, la

révélation de son génie, qu'une foule d'individualités nationales qui se mblaient effacées se sont relevées tout à coup de nos jours plus vivantes que jamais, on se persuade qu'il est téméraire de poser une loi aux intermittences et au réveil des races, et que la civilisation moderne, qui semblait faite pour les absorber, ne serait peut-être que leur commun épanouissement.

FIN

TABLE

PRÉFACE.	i
M. de Sacy et l'école libérale.	1
M. Cousin.	51
M. Augustin Thierry.	105
M. de Lamennais.	141
Dom Luigi Tosti, ou le Parti guelfe dans l'Italie contemporaine.	205
Les Révolutions d'Italie.	243
L'Histoire secrète de Procope.	269
Les Séances de Hariri.	287
La Farce de Patelin.	303
Souvenirs d'un vieux professeur allemand.	315
L'Académie française.	333
La Poésie de l'Exposition.	355
La Poésie des races celtiques.	375

FIN DE LA TABLE.

PARIS. — IMP. SIMON RAÇON ET COMP., RUE D'ERFURTH, 1.

www.ingramcontent.com/pod-product-compliance
Lightning Source LLC
Chambersburg PA
CBHW060220230426
43664CB00011B/1496